이 책은 부활에 관한 우리 시대 최고의 대변자와 20세기 가장 유명했던 무신론자를 한자리에 앉힌다. 따뜻한 대화체로 쓰였지만 버릴 내용이 하나도 없다. 두 사람의 논쟁에 대한 바게트의 논평만으로도 이 책은 충분히 가치 있다. 부활의 역사성을 변호하고자 하는 모든 이에게 이 책을 기꺼이 추천한다. 이는 격조 있는 논쟁의 전형이다.

J. P. 모어랜드 탤벗 신학교 철학과 교수, 「하나님 나라의 삼각구도」 저자

이 책의 독자로서 나는 가까운 친구 사이의 치열한 대화를 엿듣는 흔치 않은 기쁨을 누렸다. 그들은 중요한 문제에 대해서는 각자의 확고한 입장을 고수하지만 언제나 유머와 관용을 잃지 않는다. 두 사람의 이러한 태도는 책 전반에 따뜻함과 화기애애함을 더해 준다. 철학이나 부활, 혹은 무게 있는 이슈에 대한 논쟁이 어떻게 이루어져야 하는지에 관심 있는 사람이라면 누구에게나 유익할 것이다.

그레고리 E. 겐슬 예일 대학 철학과 교수, 리벤델 연구소 선임연구원

이 책은 예수님의 부활에 관한 저명한 전문가와 20세기 후반 가장 영향력 있는 무신론 철학자의 대화다. 부풀리는 말도, 모욕적인 발언도 없다. 이 책을 통해, 2000년 전 예수님에게 어떤 일이 벌어졌는지에 관해 극단적으로 상반된 관점을 가진 두 지성이 어떻게 지적이고 우호적으로 생각을 교류하는지 엿볼 수 있다.

마이클 R. 리코나 북미선교국 변증학 소장

이 책은 예수님의 부활에 관한 하버마스와 플루의 생생한 대화만 제시하는 것이 아니다. 하나님을 향한 플루의 여정과 바게트의 탁월한 분석은 두 친구의 대화를 풍성하게 해줄 뿐 아니라 철학적·신학적으로 생각할 거리들을 제공한다. 부활에 관한 최고의 자료다!

폴 코팬 팜비치 애틀랜틱 대학 윤리철학과 교수, 「진짜 예수는 일어나 주시겠습니까」 저자

세상에서 가장 중요한 문제에 관한 활기 넘치는 대화! 플루의 질문에 하버마스가 힘있게 답하는 것을 보며 내 안에 소망이 일깨워진다. 그리스도의 부활과 구속의 은혜로 말미암아 우리는 사망의 두려움에서 벗어나 지금부터 영원까지 진정한 생명을 얻게 되었다. 나는 우리 모두가, 특히 생각하는 회의론자들이 이 책을 통해 유익을 얻기 바란다.

켈리 먼로 컬버그 베리타스 포럼 설립자이자 프로젝트 기획자, 「베리타스 포럼 이야기」 저자

세계적으로 영향력 있는 철학자이자 사상가인 게리 하버마스와 앤터니 플루의 따뜻하면서도 열띤 토론을 데이비드 바게트가 능숙하게 정리했다. 하버마스는 그리스도인이자 변증론자이고, 플루는 한때 무신론자였다가 최근 유신론을 수용해 유명해진 철학자다. 이 두 사람의 논쟁은 기독교 신앙의 정수인 예수 그리스도의 부활을 중심으로 이루어지고 있다. 참으로 훌륭한 책이다. 강력하게 추천한다.

크레그 A. 에반스 아카디아 신학교 신약학 교수, 「만들어진 예수」 저자

하버마스와 플루의 대화는 최고 수준의 철학적 사유를 기반으로 한 흥미진진한 대화. 철학에 능통하지 않은 이들도 명쾌하게 이해할 수 있도록 두 사람의 논쟁이 일목요연하게 정리되어 있다. 이 책은 당신을 곰곰이 생각하게 만들 것이다. 이것만으로도 충분하지만, 더 나아가 당신은 두 개의 상충하는 세계관이 어떻게 상호작용하는지를 배우게 될 것이다. 이것이야말로 이 책이 주는 진정한 선물이다.

데럴 박 달라스 신학교 신약학 교수

부활
논쟁

IVP(InterVarsity Press)는
캠퍼스와 세상 속의 하나님 나라 운동을 지향하는
IVF(InterVarsity Christian Fellowship)의 출판부로서
생각하는 그리스도인을 위한 문서 운동을 실천합니다.

Did the Resurrection Happen?
Copyright © Gary R. Habermas, Antony Flew and David J. Baggett 2009
Translated and printed by permission of InterVarsity Press,
P. O. Box 1400, Downers Grove, IL 60515, U. S. A.
All rights reserved.

Korean Edition © 2012 by Korea InterVarsity Press
352-18 Seokyo-Dong, Mapo-Gu, Seoul 121-838 Korea

부활 논쟁

앤터니 플루 · 게리 하버마스 지음
데이비드 바게트 편집
최효은 옮김

차 례

추천의 글 11
감사의 글 13
들어가는 글 한 남자, 우정, 그리고 논쟁 15

1부

앤터니 플루와 게리 하버마스의 2003년 부활 논쟁

예수님의 십자가형, 죽음, 장사, 부활에 관한 역사적 증거 28
부활 주장의 평가 42
부활 현현에 대한 고찰 51
무엇이 증거가 될 수 있는가? 58
부활에 대한 믿음은 타당한가? 65
청중 질문 73

1. 제자들이 예수님의 시신을 훔쳤는가?
    예수님의 신성은 부활로 완성되는가?
2. 바울의 자료는 믿을 만한가?
3. 고대 문서 가운데 무엇이 증거가 될 수 있는가?
4. 부처나 달라이 라마에 대한 증거와는 무엇이 다른가?
5. 플루가 기독교에 반대하게 된 동기는 무엇인가?
6. 인간이 죽으면 그저 존재를 마감하게 되는 것인가?
    '파스칼의 내기'를 따라보는 것은 어떤가?
7. 예수님이 부활하신 것이 아니라면 시신은 어디로 갔는가?
8. 예수님이 하나님의 아들이라면 부활이 과연 기적인가?
9. 하나님이 계시다면 구체적인 증거를 남겨 놓지 않았을까?
    또 증거를 찾는 것은 믿음과 모순되지 않을까?
10. 예수님의 제자들이 기대했던 부활은 무엇이었나?
11. 고대 증거들이 과연 오늘날에도 가치 있는가?

2부

앤터니 플루의 유신론으로의 여정

무신론에서 유신론으로의 순례: 앤터니 플루와 게리 하버마스의 대화 97

앤터니 플루의 유신론 재검토: 「존재하는 신」 논평 121

3부

하버마스와 플루의 대화 검토

부활의 의의 141

역사적 증거 142

부활 추론 161

몇 가지 회의주의적 반대들 169

열 가지 철학적 문제 177

플루의 현재 위치 193

플루는 왜 기독교인이 되어야 하는가 200

부록 베이즈 정리와 부활 215

참고 문헌 221

주 227

인명 찾아보기 249

주제 찾아보기 253

스승이자 동료, 멘토이자 친구인

제리 월스에게

추천의 글

베리타스 포럼(Veritas Forum)은 인생의 가장 어려운 질문을 탐구하고 예수 그리스도가 삶의 모든 영역과 어떤 관련이 있는 분인지를 토론하는 장이다. 이 책의 기초가 된 대화는 바로 그런 토론의 고무적인 사례다. 이 토론은 한쪽이 다른 쪽을 누르고 이기고자 하는 논쟁이 아니라, 인류의 궁극적인 질문 중 하나인 예수 그리스도의 부활에 관해 공동의 탐구를 벌인 과정이다.

나는 2003년 샌 루이스 오비스포(San Luis Obispo)에 위치한 캘리포니아 공과대학에서 열린 베리타스 포럼 영상을 처음 보았을 때, 오랜 친구끼리 나누는 사담을 엿듣는 듯한 느낌이 들었다. 앤터니 플루(Antony Flew)와 게리 하버마스(Gary Habermas)에게서 우리는 자신의 사상이나 아젠다에 집착하는 편협한 지식인이 아니라, 진리에 대한 열정을 기반으로 새로운 증거에 유연하게 반응하며 그 같은 진정성을 서로 존중해 주는 두 친구의 모습을 보게 된다. 진리를 향한 탐구가 무엇인지 보여 주는 매력적이고 개방적이며 논리 정연한 대화의 현장을 담게 된 것은 우리의 영광이다.

궁극적인 진리에 대한 이 대화는 대학을 무대로 하고 있지만, 그들의 진리 탐구는 다양한 인생 단계를 사는 우리 모두를 불러 모은다. 많은 학생들과 구도자들은 플루에게서 한때 무신론자였던 명석하면서도 겸손한 학자를 보게 될 것이며, 그의 여정과 향후 행로는 그들에게 반향을 불러 일으킬 것이다. 플루의 태도는 적대적이고 배타적인 논쟁이 대부분을 차지하고 있는 요즘의 토론 모습과 뚜렷한 대조를 이룬다. 또한 예수 그리스도를 따르는 사람은 이 하루의 대화가 18년간의 우정에서 나온 것임을 기억해야 한다.

많은 이들이 이런 자리가 마련되기를 기다려 왔고 또 실제로 수고를 아끼지 않았다. 그들에게 진심으로 감사드리고 싶다. 특히 제이미 파파스는 캘리포니아 공과대학 베리타스 포럼의 오랜 자문이자 SLO크루세이드(SLOCrusade)의 소장으로, 이 포럼뿐 아니라 다른 베리타스 행사들을 위한 준비기획팀을 이끌었다. 마이크 스완슨은 그해 학생 기획단장으로 수고해 주었고, 테드와 애쉴리 칼라한은 2003년에서 2005년까지 제이미와 다른 팀을 지원하며 전국적인 베리타스 포럼 운동을 도왔다. 그리고 무엇보다 책으로 출간하여 두 사람의 대화에 더 많은 청중을 초대할 수 있도록 허락해 준 플루와 하버마스에게 특별히 감사드린다.

앞으로 이어질 내용들을 따라 예수 그리스도 안에 있는 진정한 생명과 그분의 이야기 속으로 각자의 탐험을 이어 가기 바란다.

다니엘 조(베리타스 포럼 총괄기획자)

| 감사의 글

이 책에 도움을 주신 많은 분들에게 감사한다. 먼저 이 대화를 출판할 수 있도록 조율해 주고 그저 허락만이 아니라 열렬하게 지지해 주신 다니엘 조와 베리타스 포럼 관계자들에게 깊이 감사한다. 특별히 다니엘은 추천의 글을 기꺼이 써 주었다. 이 책은 크레이그 헤이즌과 조 고라 그리고 철학 학술지 "필로소피아 크리스티"(*Philosophia Christi*)가 게리의 두 논문을 재출판할 수 있도록 허락해 주고 전자 사본을 제공해 주었기에 가능했다. 이 두 철학자가 "필로소피아 크리스티"를 통해 발표했던 내용들은 최고 수준의 철학적 논의이며 오늘날의 교회에게 대단히 유익하다. IVP의 앨 쉬와 직원들은 확신을 갖고 이 책이 완성되기까지 모든 노력을 기울여 주었다. 또한 존 아자르, 그레그 바샴, 마크 포먼, 돈 파울러, 빌 어윈, 팀 맥그루, 탐 모리스, 탐 프로벤졸라, 브루스 러셀 그리고 특히 제리 월스 등 애정 어린 비평과 문제 제기를 포함하여 지지와 도움을 아끼지 않

은 동료들과 친구들에게도 감사한다. 논쟁의 대부분을 글로 옮겨 준 훌륭한 연구 조교 스티브 허드슨과 남은 일부를 기록해 준 웨슬리 그러브에게도 감사한다.

들어가는 글_ 데이비드 바게트

한 남자, 우정, 그리고 논쟁

이 책은 한 남자, 우정, 그리고 논쟁에 관한 이야기다. 여기서 남자는 앤터니 플루를 말하고, 우정은 플루와 게리 하버마스의 우정을, 논쟁은 예수님의 부활이 정말 일어났느냐에 관한 두 사람의 대화를 말한다.

플루는 저명한 분석철학자이자 20세기 가장 유명한 무신론자 중 하나다. 하지만 그는 2004년 무신론을 뒤로하고 스스로 유신론자, 더 정확하게는 이신론자라고 선언하며 많은 이들을 놀라게 했다. 그의 회심은 국제적인 관심을 불러일으켰는데, 제이 레노(Jay Leno: 미국 NBC "더 투나잇 쇼" 진행자-역주)가 방송에서 그 사실을 언급할 정도였다.

플루의 오랜 친구 하버마스는 쾌활하고 사교적인 그리스도인 철학자이자 부활의 역사성에 관한 세계적인 권위자다. 플루와 하버마스는 25년간 대화를 해 왔지만 그들의 견해 차이는 장애가 되지 못했다. 오히려 두 사람은 서로 다른 신념에도 불구하고 우정이 어떻게 싹트고 꽃필 수 있는지 보여 주는 실제적인 모델이다. 무신론자와 신자 간의, 또는 다양한 계파의 유신론자 간의 대화에서 적대감과 비방이 만연한 오늘날, 우리는 플루와 하버마스에게서 따뜻함과 품위를 배워야 한다.

C. S. 루이스(Lewis)는 이런 글을 남겼다. "고대인들에게 우정은 최상의 행복이며 모든 종류의 사랑 가운데 가장 인간적인 것일 뿐 아니라, 삶의 면류관이요 미덕의 배움터였다."[1] 루이스는 계속해서 이렇게 썼다.

우정은 순수한 동반자 의식에서 시작된다. 둘이나 그 이상의 사람들이 서로에게서 공통된 사고 방식이나 관심사 또는 취향을 발견했을 때, 특히나 그것이 다른 사람들에게는 잘 없는 것, 혹은 그 순간까지 자신만의 독특한 보물 또는 짐으로 여겨지던 것이라면 더더욱 친밀감을 느끼게 된다. 우정이 싹트기 시작했다는 전형적인 표현은 이것이다. "뭐? 너도? 나는 나만 그런 줄 알았어."[2]

윌리엄 제임스(William James)는 웬델 홈즈(Wendel Holmes)에게 우정에 대해 이렇게 썼다. "나는 우정이야말로…지구상에서 누릴 수 있는 최고의 기쁨이라는 것을 확신하게 되었네. 한 사람의 가치는 그 사람이 얼마나 깊이 우정을 나눌 수 있느냐로 판가름 난다고 볼 수 있을 것 같아."[3]

블레즈 파스칼(Blaise Pascal)은 사람들이 사소한 일에는 지나치게 많은 시간을 허비하면서, 정작 중요한 일에는 너무 적은 시간을 할애한다며 안타까워했다. 우리가 피상적인 것들에 최면에 걸린 듯 관심을 집중하고 시간을 쏟아붓고 있을 때, 플루와 하버마스는 본질적인 문제를 토론하며 우정을 쌓아 갔다. 그들은 1985년 무신론자와 유신론자를 초청해 대화의

장을 마련한 한 컨퍼런스에서 처음 만났고 그 즉시 우정을 키워 가기 시작했다. 그날 저녁 만찬에서 플루와 하버마스는 그해가 가기 전에 버지니아에서 만나 예수님의 부활에 관한 역사적 논증을 주제로 논쟁을 벌이기로 약속했다. 플루는 기적 문제와 데이비드 흄(David Hume)에 대한 세계적인 권위자였고, 하버마스는 당시 삼십 대 중반의 많지 않은 나이에도 불구하고 이미 부활에 관한 전문가로 주목을 받고 있었다. 따라서 이 두 사람의 약속은 특별한 기획으로 관심을 불러 모았다.

실제로도 정말 특별한 논쟁이 이루어졌다! 테리 미티(Terry Miethe) 박사가 사회자로 나선 그 논쟁은, 뒤이어 진행된 대담[하버마스, 플루, 미티, 그리고 데이비드 벡(David Beck) 박사 참여]과 함께 1985년 5월 2일과 3일 양일에 걸쳐 이루어졌다. 3천 명의 관중이 그 현장을 지켜봤고, 다섯 명으로 구성된 두 개의 전문가 패널이 논쟁을 철저히 분석했다. 패널 하나는 철학자들로 구성되었고, 다른 하나는 논쟁 심사 전문가들로 구성되었다. 열 사람으로 구성된 이 그룹은 다양한 세계관을 대표했고, 버지니아 대학, 조지 메이슨 대학 등과 같은 미국 학계의 시각을 반영했다. 미티는 이후 「예수님은 정말 죽음에서 부활하셨나?」(*Did Jesus Rise from the Dead?*)[4]라는 제목으로 당시의 논쟁을 출간했다. 그는 볼프하르트 판넨베르크(Wolfhart Pannenberg), 찰스 하트숀(Charles Hartshorne), 제임스 패커(James Packer) 등에게 논쟁에 관한 논평을 요청했고, 세 학자의 논평은 모두 책에 실리게 되었다. 또한 미티는 하버마스의 최종 변론문도 포함시켰다. 심사 패널들은 7 대 2로 하버마스가 논쟁에서 이겼다고 판정했다 (패널 1명은 기권).

그 후로 20년 동안 하버마스와 플루는 물리적으로나 이념적으로나 대양을 가운데 두고 계속해서 편지를 주고받으며 대화를 나눴다. 하버마스는 이런 말을 했다. "수년에 걸쳐 토니와 수십 통의 서신을 주고받았습니다. 전화 통화를 할 때면 우리는 영국과 미국의 교육 제도 같은 사회 문제를 비롯해 생각나는 것은 무엇이든 논의했습니다."[5] 최근 하버마스는 3년마다 열리는 C. S. 루이스 컨퍼런스인 '옥스브리지'(Oxbridge)에서 다음과 같이 말했다.

토니로 인해 저는 친구의 역할에 대해 많은 생각을 하게 되었습니다. 우리는 오랜 시간 좋은 친구로 지내 왔는데, 그래서 신자와 비신자 간의 우정에 대해 뭔가 할 말이 생겼습니다. 아마도 이것은 C. S. 루이스가 남긴 유산의 또 다른 측면일지 모르겠습니다. 친구라면 서로 다른 견해를 가지고 있다 해도 상호존중을 전제로 대화를 나눌 수 있어야 합니다. 모든 사람이 같은 견해를 가져야 하는 것은 아니니까요. 좋은 우정을 나눈 친구라면 진지한 것이든 사소한 것이든 자유롭게 토론할 수 있어야 합니다. 이것이야말로 최선의 관용이라고 생각합니다[6]

나는 바로 그 옥스브리지 컨퍼런스에서 플루와 하버마스를 처음 만났다. 선명하게 대조적인 두 사람의 모습을 보는 것은 참으로 흥미로웠다. 플루는 수줍음이 많은 대단히 차분하고 신중한 영국 신사인 반면, 하버마스는 외향적이고 패기 넘치는 미국인이었다. 옥스포드 대학의 세인트 캐서린 칼리지 만찬장에서 하버마스를 처음 만났을 때, 나는 알고 보니 그의 아내인 에일린과 대화를 나누고 있었다. 그를 보고 처음 든 생각은 '이 사람이 바로 그 부활 선생이구나!'였다. [두 번째로 든 생각은 '리 스트로벨(Lee Strobel)의 말이 맞구나! 상아탑 속의 학자라기보다는 정말 나이트클럽 경호원처럼 생겼는걸.'[7]] 하버마스와 플루의 우정을 가까이서 지켜보는 것은 큰 자극이 되었다. 그것은 관용을 바탕으로 한 철학적 대화의 훌륭한 본보기였기 때문이다.

그 대화의 연장선으로 볼 때, 이 책이 아마도 두 사람이 나눈 오랜 논쟁의 최종판이 될 것 같다. 1985년 이 후 두 번의 논쟁이 더 있었다. 두 번째 논쟁은 2000년 4월 인스퍼레이션 네트워크(Inspiration Network)에서, 나중에는 "존 앵커버그 쇼"(John Ankerberg Show)에서 열렸는데, 「부활? 무신론자와 유신론자의 대화」(Resurrected? An Atheist and Theist Dialogue)라는 제목으로 출판되기도 했다.[8] 세 번째 논쟁은 2003년 1월 캘리포니아 공과대학에서 열린 베리타스 포럼에서였다. 이 책의 1부는 바로 세 번째 논쟁을 기록한 것으로, 두 사람이 나눈 마지막 공식 대화를 담고 있다. 그들의 비공식 대화는 이후로도 계속되었다.

하버마스는 세 번째 논쟁이 끝나고 두 사람이 각자의 호텔 방으로 헤어지던 순간을 생생히 기억했다. "저는 이미 엘리베이터에서 내렸고, 토니는 더 올라가야 했죠.…그때 저는 일종의 초현실적인 경험을 했습니다. 다시 뒤로 돌아, 엘리베이터 문 사이로 손을 넣어 그의 손을 잡고 흔들었지요. 그리고 이렇게 말했어요. '당신이 그리스도인이 된다면 제게 가장 먼저 알려 주십시오.' 그러자 그가 대답했어요. '충분히 그럴 자격이 있으신 것 같습니다.'"[9]

그 세 번째 논쟁 후 얼마 되지 않아 플루는 하버마스에게 유신론을 생각 중임을 알렸고, 이듬해 1월 아리스토텔레스의 글을 읽으며 유신론 쪽으로 기울고 있음을 인정했다. 그는 증거들이 자신을 움직였고, 그것이 이끄는 곳으로 따라가 볼 용의가 있다고 말했다. 결국 플루는 하나님이 실제로 존재한다는 사실을 믿게 되었음을 깨달았다.

두 사람은 곧 플루의 회심(유신론으로의 회심이지 기독교로의 회심은 아님) 과정을 원고로 남기기 위해 긴 대화를 녹취했고 그 내용을 기록해 두었다. 책이 출판되기 2주 전, 플루의 회심에 관한 기사들로 언론은 떠들썩했다. 그중 한 기사의 제목은 "제대로 들여다보기: 세계에서 가장 유명했던 무신론자가 왜 이제는 하나님을 믿게 되었나?"였고, 하버마스가 가장 좋아했던 기사는 "플루의 쿠데타"였다. 플루의 사상 변화에 대한 두 사람의 대화를 기록한 책은 2005년 「무신론에서 유신론으로의 순례」(*My Pilgrimage from Atheism to Theism*)라는 제목으로 출판되었고, 이 책의 2부에 다시 실렸다.

플루는 2007년 로이 에이브러햄 바기즈(Roy Abraham Varghese)와 함께 쓴 「존재하는 신」(*There Is a God: How the World's Most Notorious Atheist Changed His Mind*, 청림출판)에서 그의 지적 순례를 좀더 자세히 설명한다.[10] 하버마스는 이 책에 대한 논평을 썼는데, 그것 역시 필료소피아 크리스티의 너그러운 허락으로 여기에 다시 실었다.

플루의 지적 정직성과 새로운 증거에 반응하여 기존의 입장을 바꾸는 유연성, 그리고 하버마스와의 우정은 감동적인 이야기다. 하지만 플루와 하버마스는 우리가 두 사람의 이야기를 넘어, 과연 어떤 문제와 쟁점들이 두 사람을 첫 만남부터 친구가 되게 했는지에 주목해 주길 원할 것이다. 그러므로 이 책의 가장 핵심적인 특징은 바로 **논쟁**을 다루고 있다는 점이다. 철학자에게 논쟁은 불쾌하거나 피해야 할 단어가 아니다. 논쟁에는 언성을 높이거나 머리를 잡아 뜯는 행동이 포함되지 않는다. 그것은 본받을 만한 행동도 아니고, 철학자들의 상당수가 대머리인 이유가 될 수도 없다. 논쟁은 정확히 말하면 증거에 대한 합리적인 평가다. 그리고 우리가 이해할 수 있는 사실을 기반으로 해서 무엇이 진리인지를 알아내려는 시도다. 하버마스는 부활에 관한 그런 식의 논쟁을 보여 준다.

이 책은 인류가 제기할 수 있는 궁극적인 질문인 부활에 관한 두 철학자의 세 번째이자 마지막이 될 논쟁을 담고 있다. 이제 플루가 유신론자가 된 만큼 지금이 바로 그동안의 과정을 정리하고 기록으로 남겨 둘 적기다. 그래서 나는 이 책의 3부에서 두 사람 사이에 이루어진 20여 년간의 흥미진진한 대화를 들여다보았다. 먼저 두 사람의 쟁점을 요약하고 그것을 증거와 그 증거를 기반으로 한 추론, 두 개의 부분으로 나누었다. 그리고 그것들을 지지하는 관점과 비판하는 관점으로 검토했다. 나는 어느 한쪽을 대변하는 것이 아니라 나 자신의 입장을 이야기하기 위해 노력했고, 독자들 역시 스스로 자신의 입장을 결정할 여지를 남겼다. 이처럼 이 논쟁에서 철학적으로 중요한 부분이 무엇인지를 규명한 후에는, 다시 플루에게로 관심을 돌려 그가 지적 여정의 어디쯤에 있으며 앞으로 어떤 행보를 보일지 짚어 보았다.

예수님의 부활은 종교철학자들이 논의할 수 있는 가장 중대한 주제임이 틀림없다. 하지만 여기에는 눈에 띄는 두 가지 쟁점이 있다. 즉 부활이라는 사건이 과연 실제인가와 역사적인 증거에 입각하여 그 사건을 이야기할 때 합리적인 이성이 과연 그것을 믿을 수 있느냐이다. 기독교 교리에서는 부활이 실제가 아니라면 기독교 신앙 자체가 헛되다고 말한다. 부활은 언제나 기독교 가르침의 중심에 있어 왔다. 만일 부활이 일어나지 않았다면 기독교는 그저 허구에 불과하다. 이 말은 사도 바울이 단도

직입적으로 정확하고 명백하게 말한 바를 반복한 것이다. 바울은 만일 부활이 일어나지 않았다면 그리스도인의 소망은 공허하며, 만일 그리스도가 죽은 자 가운데서 다시 살지 않았다면 그리스도인은 모든 사람 가운데 가장 불쌍한 사람이라고 말했다(고전 15:19). 그렇기 때문에 부활이 실제로 일어난 사건이라는 점이 받아들여진다면 기독교가 타당성 있는 진리로 받아들여질 가능성도 그만큼 높아질 것이다.

이 책은 부활에 대한 합리적인 믿음을 위해 역사적 사례들을 검토하는데, 이는 약간 다른 문제이기도 하다. 혹자는 부활에 대한 역사적 사례가 부족하면 기독교 역시 허구로 귀결된다고 말하고 싶을지 모르지만, 꼭 그렇지만은 않다. 역사적 사건들 가운데는 오늘날 우리 역량으로 설명해 낼 수 없지만 실제 일어난 일로 받아들여지는 것들이 많이 있다. 부활을 증명하는 효과적인 역사적 사례는 그 사건이 실제 벌어진 것을 확신하지 않는 사람들도 부활에 대한 합리적인 믿음을 가질 수 있게 한다. 하지만 그러한 사례가 없다고 해서 부활 사건이 발생하지 않은 것은 아니다. 이런 경우에는 부활에 대한 합리적인 믿음이 다른 자료에 기인해야 할 것이다.

예를 들어 윌리엄 레인 크레이그(William Lane Craig)는 역사적인 고증 외에도 성령의 증언과 같은 좀더 개인적인 방법으로 부활의 진리를 알 수 있다고 주장했다. 개혁주의 철학자 앨빈 플랜팅가(Alvin Plantinga)도 유사한 주장을 펼쳤는데 기독교의 위대한 교리들은 증거 없이 더 직접적으로 알려질 수 있다고 말했다. 하지만 이것이 사실이라 하더라도 역사적 증거들은 여전히 고려되어야 한다. 실제로 아무런 구체적 증거 없이 교리가 믿어졌다면, 믿어진 후에라도 왜 믿어졌는지 그 이유를 밝혀야 하기 때문이다. 바울 역시 무엇보다도 이와 같은 권고를 하려 했다. 당신의 개인적인 확신은 당신에게는 좋을지 모르나 다른 이들에게는 아무런 도움이 되지 않기 때문이다.

증거를 신중하게 검토하고 평가하는 것이 중요한 이유는 이것만이 아니다. 오늘날 적지 않은 신자들이 이성과 증거의 역할을 폄하하고 있는데, 이는 그들이 지적인 개혁주의 철학자여서가 아니라 신앙 지상주의자(fideist)이기 때문이다. 그들에게 믿음이란, 말 그대로 맹목적이다. 증거를 살펴보는 것을 진정한 믿음에 어긋나는 행동이라고 생각하는 것이다. 그들에게 진정한 믿음은 증거의 부재나 유효한 증거를 간과하는 맹신을 의미한다.

종교적 믿음을 합리성의 결여로 본 계몽사상과 인간의 실존적 주체성을 강조한 통속적인 키르케고르 식 개념은 성경적 믿음에서 완전히 벗어날 뿐 아니라 안셀무스에서 아우구스티누스 그리고 아퀴나스에 이르기까지 수세기에 거쳐 가장 위대한 기독교 지성으로 추앙받은 학자들의 관점과도 무관하다. 마크 트웨인(Mark Twain)이 말한 것처럼, 믿음은 당신이 알고 있는 바와 다른 것이나 증거와 모순되는 것을 믿는 것이 아니다. 제대로 이해한다면 오히려 정반대인데, 그것은 남편이나 아내가 상대방의 충실함을 신뢰하는 것과 비슷하다. 그것은 확고한 증거를 기반으로 한 선택일 수도 있고, 그 사람의 성품에 대한 믿음일 수도 있으며, 그 혹은 그녀가 자신이 한 약속을 지킬 것이라는 확신일 수도 있다. 성경적인 믿음이란 하나님의 약속과 성품의 신실하심에 대한 흔들림 없는 신뢰다. 이것은 그분이 존재하신다는 것을 맹목적으로 믿는 것이 아니라, 그분이 존재할 뿐 아니라 우리의 불신앙에도 불구하고 신실하시다는 것을 믿는

지속적이고도 원칙에 입각한 신뢰다.

  그리스도인에게 부활의 역사적 증거는 오늘날 신자와 비신자 모두에게 만연해 있는, 기독교 신앙이 증거를 기반으로 하지 않은 (맹목적인) 믿음이라는 생각에 대한 강력한 해독제가 될 것이다. 그것은 전혀 사실이 아니며, 오히려 그리스도인이 지적인 사고와 무관하다는 생각을 심어 주는 데 더욱 효과적일 뿐이다.

  이제 긴 말은 이쯤에서 접고, 정말 중요한 역사적 사건에 대한 하버마스와 플루의 마지막 대화에 귀를 기울여 보자.

1부

앤터니 플루와 게리 하버마스의
2003년 부활 논쟁

캘리포니아 공과대학, 2003년 1월 3일

플루와 하버마스의 부활 논쟁

오늘 저녁 우리가 다룰 문제는 '나사렛 사람 예수가 과연 죽은 자들 가운데서 다시 살아나셨는가?'입니다. 이것은 정말로 중요한 문제입니다. 사도 바울은 만일 예수님이 다시 살아나지 않으셨다면 그의 믿음과 그리스도인의 믿음은 모두 헛되다고 말했습니다. 그렇기에 이 질문은 대단히 중요합니다.

오늘 우리는 이 질문에 대한 답을 찾기 위해 세계적으로 저명한 학자들을 모셨습니다. 참으로 기대되는 자리입니다. 또 캘리포니아 공과대학 철학과 조 린치(Joe Lynch) 교수님이 오늘의 사회를 맡아 주실 것입니다.

오늘의 진행 방식에 대해 간략히 설명해 드리겠습니다. 지난해에도 유사한 질문을 가지고 논의를 했었는데요. 올해는 좀더 비공식적인, 어쩌면 좀더 공식적인 논의를 하려고 합니다. 린치 교수님은 사회자로서 이 두 신사 분들에게 질문을 던지고, 우리 앞에 놓인 질문의 토론 진행을 도와주실 것입니다. 린치 교수님에 대해 다시 한 번 간단히 소개해 드리자면, 교수님은 이곳 캘리포니아 공과대학 철학과 교수로 재직 중이십니다. 철학 고전에서부터 종교철학, 동양철학, 정신철학에 이르기까지 다양한 분야를 가르치고 계시기 때문에 오늘 이 자리를 주관하는 데 적임자가 아닐 수 없습니다. 교수님은 클레어몬트 대학에서 철학 박사 학위를 받으셨고 존 힉(John Hick) 등과 함께 수학하셨습니다. 이제 린치 교수님이 나오셔서 오늘 토론을 이어 갈 두 분을 소개해 주시겠습니다. 린치 교수님을 환영해 주시기 바랍니다.

예수님의 십자가형, 죽음, 장사, 부활에 관한 역사적 증거

사회자 안녕하세요. 조 린치입니다. 오늘 이 자리에 우리와 함께 해주실 저명한 철학자 두 분을 소개해 드리겠습니다. 제 왼쪽에 계신 분은 앤터니 플루 교수님입니다. 저와 함께 종교철학을 공부하신 분이라면 교수님의 글을 매 학기마다 읽으셨을 겁니다. 매우 유명한 영국인 철학자이시며, 저도 오늘 오전에 알게 된 사실입니다만, 플루 교수님은 영국 공군(Royal Air Force)에 있는 정보원들에게도 상당히 영향력 있으시다고 합니다(플루는 '날았다'라는 뜻이므로—편집자 주). 아주 재미있는 이야기죠. 교수님은 철학 전 분야에 걸쳐 글을 많이 쓰셨고, 오늘의 논의 주제와 관련된 「신, 자유, 불멸」(God, Freedom, and Immorality), 「무신론적 인본주의」(Atheistic Humanism) 같은 책도 내신 바 있습니다. 제목만 들어도 플루 교수님이 오늘 토론에서 어떤 입장을 취하실지 짐작할 수 있으시겠죠.

오른쪽에 계신 분은 제 고향이기도 한 버지니아의 리버티 대학 철학과학과장이신 게리 하버마스 교수님입니다. 하버마스 교수님도 많은 철학 논문과 책을 출판하셨는데 교수님의 전문 분야는 부활을 둘러싼 철학적 주제들입니다. 좋은 토론이 이루어질 수밖에 없을 것 같습니다. 토론이 끝난 후에는 청중 여러분에게도 질문할 기회를 드리겠습니다.

이제 본격적인 토론을 시작하는 의미에서 여러분 앞에 놓인 화면을 봐 주시기 바랍니다. '알려진 역사적 사실들'이라는 제목이 보이실 겁니다. 토론에 들어가기 위해 먼저 의견을 공유해야 할 부분을 제시했습니다. 의견이 공유된 출발점이 없으면 토론이 이루어지기 어렵습니다. 그저 사람들이 각자의 생각을 던지는 데서 그칠 뿐이지요. 제가 이 내용들을 죽 읽어 보겠습니다. 그리고 먼저 플루 교수님에게 마이크를 돌려 교수님의 의견을 들어 보도록 하겠습니다. 교수님이 자신의 입장을 말씀하시는 가운데 자연스럽게 토론이 시작되리라 생각합니다.

1. 예수님은 십자가 처형으로 죽임당했다.
2. 그는 장사되었다.
3. 예수님의 죽음은 그의 제자들에게 절망감을 안겨 주었다. 예수님의 삶이 끝났다고 믿었기 때문이다.
4. 위의 사실들만큼 널리 받아들여지지는 않지만, 많은 학자들이 예수님의 무덤이 며칠 후 비어 있는 채로 발견되었다고 인정한다.
5. 제자들은 부활하신 예수님의 현현이라고 믿게 된 사건들을 여러 번 경험했다.
6. 제자들은 예수님과 함께했었다는 사실을 밝히는 것조차 두려워하던 상태에서 그분의 죽음과 부활을 선포하는 담대한 자들로 변화되었다.

7. 이 메시지는 초대교회 설교의 핵심이었다.

8. 이 메시지는 특히, 얼마 전 예수님이 죽고 장사되었던 곳인 예루살렘에서 선포되었다.

9. 이 가르침의 결과로 교회가 탄생했고 성장했다.

10. 일요일이 예배를 드리는 날이 되었다.

11. 의심 많던 야고보는 부활하신 예수님을 보고 믿게 되면서 회심했다.

12. 몇 년 후 바울도 부활하신 예수님의 현현이라고 믿게 된 사건을 경험한 후 회심했다.[1]

자, 플루 교수님, 이제 교수님께서 어느 부분에 동의하시고 어느 부분에 동의하실 수 없는지 말씀해 주십시오.

플루   음, 십자가 처형에 대해서는 물론 동의합니다. 이미 충분한 증거가 있으니까요. 그럼 그 처형으로 인해 예수님이 죽으셨을까요? 저는 그렇다고 생각합니다만, 이 점을 한번 생각해 봅시다. 빌라도는 분명 십자가 처형에 관한 경험이 많았을 텐데, 여섯 시간 만에 예수님이 죽으셨고 또 십자가에서 시신이 내려졌다는 사실을 듣고 놀랐습니다. 현대에 와서 알게 된 다른 사실들을 종합해 보면, 예수님은 완전히 사망한 것이 아니라 일종의 소생을 했을 가능성이 있습니다.

다음으로 수긍하기 어려운 점은 과연 실제로 장사지낸 증거가 있느냐 하는 점입니다. 물론 아리마대 요셉이 예수님을 장사지내겠다고 요청한 증거가 있고, 또 무덤이 비어 있었다는 증거도 있습니다. 하지만 과연 그 무덤이 누군가로 채워진 적이 있었느냐 하는 점에 대해서는 증거가 없습니다.

예수님이 죽은 자들 가운데서 다시 사셨고 이곳저곳을 돌아다니신 것이 맞다면, 제가 짚고 넘어가고 싶은 또 다른 부분은 그럼 그다음 단계는 무엇이었냐는 것입니다. 짐작컨대 그분은 다시 장사되지 않았고, 아마도 천국으로 올라간 것 같습니다. 그렇다면 이것은 무슨 의미입니까? 예수님의 몸이 일으켜졌고 어찌된 영문인지 알 수 없지만 사라져 버렸다는 것인가요? 그 사이 무슨 일이 일어났었는지 예상하기 위해 필요한 정보가 없지는 않습니다. 부활을 완성하기 위해 우리는 실제로 죽음이 있었고 매장이 이루어졌다고 가정할 수 있습니다. 그런데 다음 단계에 대해서는 분명한 것이 아무것도 없는 것 같습니다.

사회자 게리, 이것에 대해 할 이야기가 있으십니까?

하버마스 물론이죠. 2분, 아니 더 빨리도 끝낼 수 있을 것 같습니다. 농담이고요. 제대로 말씀드려 보겠습니다. 토니, 예수님이 십자가에 달리셨다는 사실을 수용하셨고 그것에 대해 이렇게 말씀하셨죠? '내 생각에는 그가 죽은 것 같다'고요. 혹시 이런 의미로 말씀하셨던 건가요? '죽었다고 생각하지만 확신하지는 않는다.' 혹은 '죽은 것 같기는 한데, 일단 한번 살펴볼 필요가 있다.' 어떤 식으로 생각하고 계신 건가요?

플루 그런 의미는 아니었습니다. 빌라도는 예수님이 너무 일찍 죽었다고 생각했습니다. 교수님도 알다시피 빌라도는 예수님이 죽었다는 보고를 듣고 깜짝 놀랐습니다. 어쨌든 그는 로마 제국에 적대적인 유대 지역을 관할하면서 십자가형으로 처벌해 본 경험이 많았으니까요.

하버마스 맞습니다. 마가복음 15장에 그렇게 기록되어 있지요. 먼저 질문 하나 드리겠습니다. 교수님은 마가복음의 기록을 신뢰하시는 것 같은데요, 맞나요?

플루 그렇습니다.

하버마스 교수님의 질문에 자세하게 답변하자면 시간이 좀 걸릴 것 같네요. 일단 교수님은 마가복음이 좋은 자료가 된다고 하셨습니다. 그렇다면 먼저 십자가형에 대해 몇 가지 말씀드리겠습니다. 여러 가지 이유로 우리는 십자가형과 십자가에서 벌어진 일에 대해 많은 사실을 알고 있습니다. 안타깝게도 최근까지도 십자가 처형이 이루어진 사례가 있었습니다. 뿐만 아니라 상당수의 의사들이 십자가 실험을 위해 자원자를 모집하기도 했습니다. 제가 알기로 그 의사들 가운데 적어도 한 명은 자원자들에게 십자가에 올라가 매달린 채 일어나 볼 것을 요청했습니다.

그들은 무엇을 알아냈을까요? 십자가에서는 죽은 시늉을 할 수 없다는 것입니다. 물론 교수님이 예수님이 죽은 척했다고 말씀하신 것은 아닙니다만, 사람이 십자가에서 산 채로 내려올 수는 없습니다. 못을 꼭 사용해야 하는 것도 아닙니다. 전형적인 십자가일 필요도 없습니다. 대다수 의료 연구진의 의견에 따르면 장시간 매달려 있는 것만으로도 다음과 같은 일들이 벌어진다고 합니다. 만일 머리보다 팔이 더 높이 들린 상태로 매달려 있으면 늑간근, 흉근, 삼각근 등 폐 주변 근육에 몸의 무게가 실리고 이로 인해 폐에 압박이 가해집니다. 몸의 무게가 이 근육들을 끌어내리면 몸은 십자가 아랫부분으로 처지게 되고 무릎이 꺾여 몸 전체가 고꾸라집니다. 그러면 질식하기 시작하는 것입니다.

독일 쾰른에서 몇 해 전 한 의사가 남자 자원자들을 벽에 묶은 적이 있었습니다. 그것이 실험의 전부였는데 자원자들은 최장 12분 만에 의식을 잃었습니다. 의식을 잃고 나면 그 자세로는 더 이상 생명을 유지할 수 없습니다. 그렇기 때문에 십자가 달려 있을 때 발이 묶여 있거나 못 박혀 있다면, 그것을 지지대 삼아 폐 주변 근육을 완화시키기 위해 몸을 밀어 올릴 수 있지요. 하지만 그 상태를 오래 유지할 수는 없습니다. 특히 못에 박힌 상태라면 말이죠.[2] 중력을 거스르려 해도 온몸이 밑으로 끌어당겨지고 있어, 밀어 올리기를 계속하기가 어렵기 때문입니다. 이처럼 십자가 위에서는 밀어 올리고 내리고를 반복할 수 있는 시간만큼 살아 있을 수 있습니다.

하지만 더 이상 몸을 밀어 올릴 수 없게 되면 몸 전체가 아래쪽으로 고꾸라지는데, 그러면 상대적으로 상황이 빨리 끝나게 됩니다. 그래서 예수님이 십자가에 달려 있는 동안 백부장이 해야 했던 일은 언제 예수님이 서 있고 언제 아래쪽으로 내려와 있느냐를 감시하는 것이었습니다. 만일 예수님이 낮은 위치에서 30분 정도 있었다면 그들은 예수님이 죽었다고 확신했을 것입니다.

또 이것도 한번 짚고 넘어가겠습니다. 십자가 위에서 무슨 일이 벌어졌는지에 대해 십여 편의 의학 논문이 발표되었는데, 그중 하나가 약 15년 전 미국의사협회(American Medical Association) 학회지에 실렸습니다.[3] 메이오 클리닉(Mayo Clinic)의 법의학자를 포함하여 세 명의 학자가 그 논문을 썼는데, 거기에는 예수님의 사망진단서가 포함되어 있었습니다. 그들은 예수님이 쇼크와 울혈성심부전이 복합된 질식으로 사망했다고 결론지었습니다. 이 같은 진단도 예수님의 사망 사실을 확신할 수 있는 또 다른 증거가 될 것입니다.

둘째, 고대 역사에서 수많은 사례를 찾아볼 수 있듯이, 거의 죽어가는 십자가 사형수에게는 일반적으로 최후의 일격, 즉 일종의 안락사가 행해졌습니다. 활과 화살이 사용된 경우도 있었고, 두개골에 타격을 가하는 경우도 있었습니다.[4] 발목을 부러뜨리는 것도 사형수의 죽음을 앞당기는 방법 중 하나였습니다. 십자가에 달린 사람이 다시 몸을 밀어 올릴 수 없으면 질식해 죽을 수밖에 없기 때문이지요. 예수님의 처형을 집행한 사람들은 예수님의 발목을 꺾지는 않았지만 창으로 옆구리를 찔렀다고 기록되어 있습니다. 신약 성경 외의 사료에서도 십자가 사형수들을 창이나 칼로 찌르는 사례들을 발견할 수 있습니다.

기록에 보면 예수님의 옆구리에서는 물과 피가 쏟아져 나왔다고 합니다. 심장 주변에는 심막 혹은 심낭이라고 부르는 일종의 주머니가 있고 이곳에 액체가 저장됩니다. 그래서 의학계의 지배적인 견해에 따르면 예수님이 찔린 곳은 심장인데, 그래야 물이 쏟아져 나온 이유가 가장 잘 설명되기 때문입니다. 앞서 언급한 논문에 따르면 예수님은 창으로 찔리기 전에 이미 죽어 있었다고 볼 수 있습니다. 설령 그렇지 않더라도 창에 심장이 찔리는 순간 사망했을 것입니다.

십자가형을 받은 예수님이 죽으셨다는 데 의문을 제기하는 학자는 오늘날 거의 없습니다. 실제로 예수 세미나(Jesus Seminar) 공동설립자인 존 도미닉 크로산(John Dominic Crossan)은 예수님이 십자기 위에서 죽으셨다는 사실은 그 어떠한 사실들보다도 확실하다고 말했습니다. 왜 그렇게 말했을까요? 십자가형의 진행 과정을 검토했기 때문입니다.[5]

셋째, 150년 전에 자유주의 학자 다비드 슈트라우스(David Strauss)가 주장한 것처럼, '기절설'의 주된 함정은 그것이 조금도 논리적이지 않다는 점입니다. 만일 예수님이 힘이 빠지고 쇠약해져서 죽을 것이라 생각했는데 무덤에서 다시 소생했다면, 우리에게는 또 다른 문제가 생깁니다. 깨어난 예수님은 제자들에게 '나타나러' 가셨습니다. 문제는, 제자들이 그분이 살아 있는 것을 보면서 **부활했다**고 생각할 수는 없었을 것이라는 점입니다. 예수님이 어떤 모습이었을지 한번 상상해 보십시오. 땀에 젖고 상처가 터져 흉한 모습으로 쓰러질듯 비틀거리고 있었을 것입니다. 머리도 감지 못했을 것이고, 가는 곳마다 핏방울이 떨어져 흔적을 남겼을 것입니다. 따라서 제자들은 결코 그가 부활했다는 결론을 내리지 못했을 것입니다. 그저 예수님이 살아 있다고 생각했겠지요. 이것은 엄청나게 중요한 문제입니다. 슈트라우스에 따르면, 예수님을 본 제자들은 부활을 선포하는 대신 의사를 부르러 갔어야 했습니다.[6]

예수님은 자신이 **살아 있었다**는 사실을 제자들에게 확신시켰지만, **부활하신** 예수님이 없다면 기독교 교리가 세워질 기반이 없었을 것입니다. 만일 그가 십자가 처형에도 불구하고 살아남았다면 그 역시 대단한 일이었겠지요. 하지만 제자들이 그가 실제로 죽었다가 다시 살았다는 사실을 믿지 않았다면 신자들의 부활을 받아들일 이유가 없었을 것입니다. 결국 바울과 다른 사도들이 가르친 것처럼 부활이 없었다면 기독교도 없었을 것입니다.

한쪽 구석에서 예수님이 힘겹게 집 안으로 들어오는 것을 보며, 베드로가 "오 세상에, 언젠가 나도 저분처럼 부활한 몸을 갖게 될 거야!"라고 선포하는 모습을 상상할 수 있겠습니까? 그러나 신약 성경에 스무 번 정도 기록되어 있듯이, 신자들은 자신들도 예수님처럼 다시 살아날 것이라고 결론내렸습니다. 여기까지 설명하는 데 너무 오랜 시간이 걸려 죄송합니다만, 교수님께 드리고 싶은 말씀이 몇 가지 더 있습니다.[7] 혹시 예수님의 장사(burial)에 관해서도 듣고 싶으신지 모르겠습니다. 그 전에, 지금까지 제가 한 이야기에 대해 질문이 있다면 말씀해 주십시오.

사회자 [플루에게] 부활에 대한 교수님의 의구심이 예수님이 실제로 죽으셨는지에 얼마나 달려 있는지는 모르겠지만, 하버마스 교수님의 의견에 대해 짚고 넘어갈 부분이 있으신가요?

하버마스 토니, 예수님이 죽으셨다고 생각한다는 말을 하셨죠?

플루 네. 하지만 실제로 장사지낸 증거가 있느냐에 대해서는 여전히 의문이 듭니다. 아시다시피, 저는 부활한 모습을 보는 것은 애도하는 비탄한 심정과 관련 있다고 생각하기 때문입니다. 교수님이 그것을 환각이라고 부를지 단순히 경험이라고 부를지는 모르겠지만, 그러한 경험이 존재한다는 상당히 많은 증거들이 있습니다. 제 주변에 그런 경험을 한 사람은 없지만 매우 보편적인 경험인 것 같습니다. 그래서 저는 제자들이 슬픔에 빠져 환영을 본 것이지 부활한 사람을 실제로 만난 것은 아니라고 생각합니다. 그렇더라도 예수님의 시신을 장사지냈는지 아닌지에 대해서는 여전히 알고 싶습니다.

하버마스 예수님이 정말로 죽으셨다는 것에 대해 다른 질문은 없으신가요? 제 의견에 만족하시나요? 지금까지 제가 드린 말씀이 충분히 타당성 있다고 생각하시는지 궁금합니다.

플루 네, 그렇다고 생각합니다.

하버마스 다행이네요.

플루 네, 하지만 십자가형에 대한 증거들에 비추어 볼 때, 예수님이 일반적으로 사람들이 생각한 것보다 빨리 돌아가신 것은 사실입니다.

하버마스 분명히 밝히지만, 사람이 십자가 위에서 며칠 동안 살아 있을 수도 있습니다. 그렇기에 빌라도가 그런 질문을 했던 것이겠지요. 얼마나 오래 살아 있을 수 있느냐는 얼마나 오래 몸을 끌어 올릴 수 있느냐에 달려 있습니다. 하지만 예수님은 이미 심한 매질을 당하셨습니다. 예수님의 경우에는 이례적인 일들이 많이 행해졌기 때문에 시간이 단축되었던 것으로 보입니다. 십자가에 여섯 시간 동안 달려 계셨지요. 자, 그럼 이제 장사 부분으로 넘어가 볼까요?

사회자　그러지요.

하버마스　먼저 예수님의 시신을 장사지냈느냐 아니냐가 부활 논의에서 언제나 중요한 것은 아님을 말씀드리고 싶습니다. 만약 어떤 사람이 정말로 사망한 것이 맞고, 이후에 당신이 그가 살아 있음을 목격했다면, 설령 그 시신이 어디 있었는지 알 수 없다 해도 그를 봤다는 것이 가장 중요합니다.

하지만 예수님의 장사에 대해 몇 가지 이야기해 보겠습니다.[8] 예수님이 장사되셨다는 사실은 사복음서와 다른 여러 자료에 기록되어 있는데, 우리가 가진 모든 기록이 예수님이 무덤에 장사되셨음을 증언하고 있습니다. 뿐만 아니라 초기 자료들 가운데 이에 반하는 기록은 없습니다. 또 다른 반대 증거가 없다면 이 이중의 검증만으로도 충분할 것입니다.

또한 예수님이 십자가에 달리셨을 때 그 현장에 종교 지도자들이 있었고, 그들은 예수님이 죽기를 바라고 있었습니다. 당시 로마 군인들의 임무는 그 결과를 확인하고 일을 마무리짓는 것이었는데, 거기에는 매장하는 것까지 포함되어 있었습니다. 뿐만 아니라 마태는 순교자 저스틴(Justin Martyr)[9]과 터툴리아누스(Tertullian)[10]와 더불어, 유대인 목격자들이 제자들이 시체를 훔쳐갔을 것이라고 말하면서 예수님의 무덤이 실제로 비어 있었다는 사실을 인정했음을 기록하고 있습니다. 만일 아무도 그곳에 장사된 적이 없었다면 그들의 그런 태도는 있을 수가 없는 일입니다.

추가적으로 말씀드리자면, 많은 저명한 학자들은 마가복음이 그 이전에 쓰인 수난의 기록(pre-Markan Passion narrative)을 참고하여 완성되었다고 믿고 있습니다. 그런데 마가복음은 상당히 이른 시기에 쓰였습니다. 십자가 사건이 있은 후 고작 35년 정도 뒤에 완성되었기 때문이지요. 그렇다면 마가복음이 참고한 사료는 더 앞선 시점에 정리된 것일 테고, 그만큼 더 중요한 역사적 가치를 지닌다고 할 수 있습니다. 또한 예수님의 시신을 요청한 인물로 아리마대 요셉이 기록된 것도 신빙성을 더합니다. 왜냐하면 그는 초기에는 거의 알려지지 않은 사람이었기 때문입니다.

제 생각에 예수님의 시신이 장사되는 것을 본 가장 유력한 목격자들은, 사복음서가 모두 기록하듯이 일요일 아침에 무덤에 와서 예수님의 시신이 없는 것을 처음으로 발견한 여자들인 것 같습니다. 예외가 있긴 하지만 일반적으로 지중해 세계에서는 여성들이 법정에서 증언할 수 없었습니다. 특히 중대한 사안일 경우에는 더욱 그랬고 신뢰받지 못했습니다. 제 요점은, 만일 예수님이 장사되신 이야기를 조작하고자 했다면 여성들의 증언에 기대어 시신이 사라졌다는 점을 주장하려 하진 않았을 거라는 겁니다. 그랬다면 고대 독자들에게 애초에 받아들여지지 않았을 것이 분명합니다.

이처럼 예수님의 시신이 실제로 장사되었다는 것은 대여섯 가지 이유로 증명됩니다. 다른 이유들을 더 제시할 수도 있지만, 아마 이 정도로도 예수님이 묻히셨다는 것에 대해 의문을 제기하는 학자는 없으리라 생각합니다. 만일 그분이 죽으셨다면 어딘가에 묻혔을 겁니다. 어떻게 생각하시나요?

플루 맞습니다.

하버마스 그럼, 예수님의 장사에 대해서는 이쯤에서 이야기를 정리할 수 있겠네요.

플루 어딘가에 묻혀야 하긴 했겠지요. 하지만 꼭 공식적인 무덤일 필요는 없었을 겁니다.

하버마스 하지만 제가 방금 말씀드린 것들은 모두 예수님이 '공식' 무덤에 장사되었음을 뒷받침하는 근거들입니다. 고대 세계에 있었던 일을 증명하는 데 일고여덟 개의 근거가 있다면 상당히 많은 것이지요. 그리고 이건 저의 의견은 아닙니다만 누군가가 이렇게 말했습니다. "장지에서 무슨 일이 벌어졌는지는 잘 모르겠다. 하지만 가장 중요한 것은 예수님이 죽어 있느냐 살아 있느냐." 만일 죽으셨다면 후에 그분을 본 사람이 없어야 합니다. 그러니 이것이야말로 가장 중요한 문제지요.

플루 물론 그렇습니다만, 유대인들의 반대는 이 죽음으로써 논란이 끝이 나는 것에 초점을 두었습니다.

하버마스 교수님 말씀이 맞습니다. 그러나 그들이 예수님의 죽음을 확신하고자 하면 할수록 예수님이 죽으셨고 묻히셨다는 것을 믿을 근거가 더 많아집니다. 유대인들은 그 과정 전체를 똑똑히 확인하고 싶어 했을 테니까요. 그렇지 않나요? 예수님을 십자가에 내버려두고 발길을 돌리지는 않았을 겁니다. 예수님의 처형이 완결되었음을 분명히 해두고 싶었을 거예요. 마태복음이 이 점을 기록하고 있습니다.

플루 네, 저는 제자들 역시 예수님이 과거와 동일한 모습으로 생명을 연장하게 되었다고 믿고 싶지는 않았을 것 같아요. 그렇지 않을까요? 제자들은 종교 지도자들의 신경발작적인 반발에 종지부를 찍고 싶었을 거예요.

하버마스 오늘 오후 강의 중에 교수님은 사도행전이 상당히 신뢰할 만한 자료라고 말씀하셨지요. 거기에는 수수께끼 같은 기록이 하나 있습니다. 길이도 한 절이 채 되지 않고 부연 설명도 없습니다. 하지만 그 구절을 보면 하나님의 말씀이 왕성하여 제자의 수가 많아지고 제사장들도 믿음으로 나아오게 되었다고 기록되어 있습니다(행 6:7). 그들이 본래 기독교 메시지를 극렬히 반대했고 예수님의 삶과 죽음에 관한 이야기를 구체적으로 알고 있던 지도자들임을 감안한다면 참으로 놀라운 기록입니다. 그들은 왜 회심했을까요?

플루 당시 예루살렘에서 벌어졌던 일들은 상당히 혼란스러웠습니다. 반대파들의 행태도 그랬고, 그에 대한 반작용으로 제자들이 행했던 대응도 그랬습니다. 제 말은 당시 유대 지도자들과 그리스도인들의 공식적인 입장 사이에는 커다란 충돌이 있었다는 점입니다.

하버마스 말씀하시니까 생각났는데요. 이 모든 일이 예루살렘에서 벌어졌다는 사실 자체가 '공식적인' 장사가 이루어졌음을 지지하는 또 하나의 근거가 됩니다. 예를 들어, 매우 인기 있던 이 지역의 성인이 죽었다고 해 봅시다. 그리고 거기서 1킬로미터도 안 되는 곳에 묻혔다고 합시다. 그런데 장사된 지 겨우 3일 만에 사람들이 그의 무덤이 비었다고 이야기하기 시작합니다. 그러면 그 이야기를 믿든 안 믿든 많은 사람이 그 사실을 확인하러 그곳에 가볼 것입니다. 먼 길이 아니니까요. 로마나 도쿄 같은 먼 나라 도시에서 벌어졌다면 대부분은 가보지 않을 것입니다. 하지만 그 무덤이 바로 우리 동네 어귀, 몇 구역 지나면 쉽게 닿을 수 있는 곳에 있다면 사람들은 그 이야기가 사실인지 직접 가서 확인해 볼 것입니다. 이와 유사하게 예수님이 정말로 죽으셨고 장사되신 것이 아니라면 예루살렘이야말로 그런 선포가 이루어지기 어려운 곳입니다. 안 그렇습니까? 많은 사람이 일요일 오후에 산책을 하면서도 들러 볼 수 있기 때문이죠. 즉, 실제 사실이 아니었다면 예루살렘에서는 부활이 선포될 수 없었을 것입니다. 그래서 메시지가 최초로 예루살렘에서 선포되었다는 사실 자체도 중요합니다. 그 도시 안에 허황된 주장을 견제할 증거가 있었기 때문입니다. 사람들은 최초의 선포가 예루살렘에서 이루어졌기 때문에 더더욱 그 선포가 진실인지 아닌지를 판단할 수 있었을 것입니다.

플루 네, 모든 시나리오가 예루살렘에서 이루어졌지요. 정말 중요한 장소입니다. 변두리 지역에서 예루살렘 성 안으로 들어갔다는 것만으로도 전통적 권위에 대한 결정적인 도전이었습니다. 성전에 들어갔다는 것 또한 권위에 대한 도발이었고요. 그렇지 않습니까?

하버마스 나중에 로마에 가서 기독교 메시지를 전했던 것도 로마 입장에서는 눈엣가시였습니다. 수에토니우스(Suetonius)나 다른 역사가들이 쓴 책에서 알 수 있듯이 로마는 황제 숭배 지역이었으니까요.

플루 맞습니다.

하버마스 빌라도가 예수님에게 어떤 질문을 했었는지 기억하십니까?

플루 네.

하버마스 "네가 유대인의 왕이냐?"(막 15:2)였습니다. 제 생각에는 예수님이 로마 제국에 직접적인 위협을 가했던 것은 아니었을 겁니다. 유월절에 모인 군중 때문에 이야기가 달라졌던 것이지요.

플루 분명히 그랬을 겁니다. 왜냐하면 당시 유대인들은 로마 제국의 주된 위협 요소였기 때문이지요. 현대 이스라엘 지역 밖에 있는, 제국의 다른 지방으로 이동한 유대인들이 상당수 있었기 때문에 유대인들의 수는 일반적으로 알고 있던 것보다 훨씬 많았습니다. 유대인들은 큰 무리였을 뿐만 아니라 놀랍도록 교육을 잘 받은 민족이었습니다. 아마 로마 황제에게는 특별히 골치 아픈 집단이었을 것입니다.

하버마스   더욱이 유월절이 되면 그들이 예루살렘으로 돌아오기 때문에 그것만으로도 로마 군인들은 긴장할 수밖에 없었을 것입니다.

플루   로마 제국은 이미 유대인들과 한두 번 대대적인 갈등을 겪었고, 또 머지않아 큰 분쟁을 한 번 치르게 됩니다.

하버마스   그게 주후 66년이지요.

플루   네, 그렇습니다.

부활 주장의 평가

사회자   [플루에게] 교수님께서는 분명 뭔가 석연치 않은 부분이 있으실 텐데요. 그런데—제가 잘못 이해한 것이라면 정정해 주십시오—교수님은 저희가 제시한 사실들이 논란의 여지가 없다는 듯이 순순히 받아들이시는 것 같습니다. 제가 교수님의 속내를 감히 들여다보건대, 아마도 이 근거들이 사실이라고 가정하더라도 그 결론으로서 부활보다 더 나은 설명이 있다고 생각하시는 것은 아닌지요? 어떻게 생각하십니까?

플루   부활에 대한 믿음은 예수님이 부활했다는 것을 믿는 것 이상의 믿음이 있어야 합니다. 예수님이 부활한 후에 일어난 일은 다음과 같습니다. 먼저 예수님은 운 좋게도, 부활을 경험한 다른 성경 인물들이 누렸던 그 이상의 지위를 얻었습니다. 성경에 보면 부활을 경험한 사례가 더러 기록되어 있지 않습니까? 예를 들면 나사로가 여기 포함되겠지요. 그는 심지어 예수님보다 더 오래 죽어 있다 살아났습니다. 또 구약 성경을 보아도 최소한 한두 사례는 더 찾을 수 있습니다. 열왕기상에 하나, 열왕기하에 하나 있고, 성경 다른 곳에도 유사한 이야기가 기록되어 있습니다. 하지만 분명 그들의 부활은 예수님의 부활이 기독교라는 종교에 끼친 영향에 비하면 미비했습니다. 물론 예수님의 부활은 그 성격이 다른 어떤 이야기들보다도 흥미롭고 극적이어서 예수님의 카리스마적인 성격을 형성하는 데도 크게 기여했지요. 최근 저는 이슬람의 마호메트와 예수님을 비교해 보았는데요. 그 결과 예수님의 부활은 그분의 생애와 말씀 등을 고려할 때 분명 나사로의 부활보다 역사적으로 흥미로운 '무언가' 있다고 받아들이지 않을 수 없었습니다. 하지만 그 무언가가 제게는 도통 명쾌하게 다가오질 않습니다.

하버마스 만일 기독교가 믿는 바와 같이, 나사로는 다시 죽어야만 했고 예수님은 그럴 필요가 없었다면, 그것은 세상에 엄청난 변화를 가져올 만한 일입니다.

플루 네, 그건 분명합니다.

하버마스 예수님의 주장을 염두에 둔다면 특히 그렇지요.

플루 그렇죠. 맞습니다.

하버마스 남들과 다른 특이한 주장은 누구라도 펼칠 수 있습니다. 하지만 역사상 다른 종교와 비교할 만한 사례가 없는 **독특한** 주장을 하고 그런 후 죽은 자들 가운데서 살아났다면, 그것은 참으로 의미심장한 일이 아닐 수 없습니다. 어쨌든 죽은 사람이 뭔가를 할 수는 없을 테니, 예수님 역시 죽으셨다면 스스로의 힘으로 부활한 것은 아닐 겁니다.

플루 그렇겠죠.

하버마스 그렇다면 만일 예수님이 생전에 독특한 주장을 펼쳤고, 또 그렇게 주장한 대로 누군가가 그를 죽은 자들 가운데서 일으켰다면, 과장이 아니라 사람들은 대체로 이런 반응을 보일 것입니다. "우와! 저분은 도대체 누구지?" 신약 성경에는 부활의 증거가 많이 제시되어 있고 이로 인해 부활의 중요성이 입증되는데, 오늘밤 우리로 하여금 논의를 시작하게 한 역사적 사실들 중에도 그러한 역할을 하는 것들이 있습니다. 교수님께서는 부활을 인정하지 않고 계시는데요. 그렇다면 저에게는 부활의 증거라고 여겨지는 역사적 사실들을 교수님은 다른 어떤 식으로 설명하실 수 있으신가요?

플루 저는 예수 그리스도의 부활에 특별한 의미를 부여하는 것이 그분 스스로가 가진 특성 외에 다른 무엇이 더 있는지 알고 싶습니다. 다시 말하면, 그분은 부활한 후 다른 곳으로 가게 되어 있었지요, 그렇지 않나요?

하버마스 제가 볼 때 부활을 증명하는 최고의 증거는 사도 바울이라는 인물입니다. 아무리 회의적인 시각을 가진 학자라 하더라도, 심지어 마이클 마틴(Michael Martin)이나 G. A. 웰스(Wells) 같은 비판적인 학자들도, 바울이 부활하신 예수님이라고 믿게 된 그 현현의 목격자라고 인정했습니다. 예수님의 동생이었던 야고보에 대해서도 마찬가지입니다. 야고보는 예수님의 생애 내내 믿지 않는 사람이었습니다. 이것 역시 거의 모든 학자들이 인정하는 사실입니다. 이 두 사람, 예수님의 동생 야고보와 바울은 본인들이 부활하신 예수님을 만났다고 확신하기 전까지는 믿지 않는 사람이었습니다. 바울이 직접 체험하여 얻은 증거는 그로 하여금 강력한 예수님의 증인이 되도록 만들었습니다.

플루 맞습니다.

하버마스　신약학 학자들 가운데 바울이 고린도전서를 기록했다는 것을 부인하는 사람은 거의 없습니다. 바울은 자신이 부활한 예수님을 보았다고 몇 차례 언급했습니다. 9:1에서 그는 이렇게 묻습니다. "내가…사도가 아니냐? 예수 우리 주를 보지 못하였느냐?"[11] 그리고 15:3-4에서는 다른 이에게서 전해들은 사실을 다음과 같이 전합니다. "내가 받은 것을 먼저 너희에게 전하였노니 이는 성경대로 그리스도께서 우리 죄를 위하여 죽으시고 장사지낸 바 되었다가 성경대로 사흘 만에 다시 살아나사…" 그리고 바울은 예수님의 현현을 본 개인과 집단들을 나열한 후 다음과 같이 덧붙입니다. "맨 나중에…내게도 보이셨느니라." 그리고 세 구절을 지나 다음과 같이 결론내립니다. "그러므로 나나 그들이나 이같이 전파하매…." 이와 같이 바울은 자신의 경험만을 기록한 것이 아니라 다른 사도들의 경험과 또 그들이 예수님의 부활에 관해 무엇을 설교하였는지 알려 주기도 했습니다.

바울의 또 다른 편지라고 여겨지는 갈라디아서 1장과 2장을 보면, 바울은 두세 번 예루살렘을 방문했습니다. 그는 당시 가장 유명했던 세 명의 그리스도인, 베드로와 요한 그리고 예수님의 형제 야고보를 모두 만났습니다. 이들은 모두 바울보다 먼저 예수님을 믿은 사람입니다. 바울은 자신이 전한 복음의 메시지를 그들 앞에 내놓아 내용을 검증받습니다(갈 2:2). 사도들은 바울의 메시지를 인정했고 아무것도 더하지 않았습니다(2:6). 나쁜 의미로 말하는 것은 아닙니다만, 오늘날의 시각으로 봤을 때 바울은 상당히 강박적인 사람이었다고 할 수 있습니다. 자신이 전하는 메시지를 확인받기 위해 예루살렘까지 왔기 때문입니다. 예루살렘까지의 여정은 그저 비행기를 타고 한 시간 정도 이동하면 되는 것이 아니었습니다. 그랬더라면 안락한 여행이었겠지요. 바울은 갈라디아서 1장에서 처음으로 예루살렘을 방문하고, 2장에서 두 번째로 방문합니다. 사도행전 15장을 어떻게 해석하느냐에 따라 세 번째 방문을 했을 수도 있습니다. 이와 같이 바울은 자신이 전하는 복음의 메시지의 진정성을 확인하기 위해 주요 사도들과 만나려고 예루살렘을 두세 번 방문했습니다. 그리고 그들도 자신과 같은 메시지를 전하고 있었다고 보고합니다. 그렇다면 우리는 무엇을 확인하게 됩니까? 최초의 사도들은 자신들이 부활하신 예수님의 현현을 보았다는 것을 전적으로 확신하고 있었습니다. 이 자료들에 대해 이보다 더 나은 설명이 있을 수 있을까요?

플루 그러면 그 사도들은 예수님이 전에 이미 말했거나 혹은 예수님에 대해 이미 말해지는 사실들을 반복해서 전하고 있었던 건가요? 아니면 전혀 새로운 메시지를 전하고 있었던 건가요?

하버마스 질문의 요점을 잘 모르겠습니다.

플루 쉽게 말해 당시 사도들은 이미 예수님이 전에 했던 주장들을 반복해서 말하고 있었던 것 아닌가요?

하버마스 그들은 복음의 메시지가 진리라는 그들의 믿음을 반복해서 전하고 있었습니다. 그들이 부활하신 예수님을 보았다는 사실도 함께 전했고요.

플루 네, 네.

하버마스 그러므로 우리는 아주 이른 시기의 증언을 가지고 있습니다. 실제로 가장 비판적인 학자들도 바울이 사도들의 증언을 받은 시점을 주후 35년쯤이라고 추정합니다. 그 시점은 예수님이 십자가형을 받은 지 겨우 5년 후입니다. 하지만 이 시점은 사도들의 메시지가 형성된 시점을 말하는 것이 아니라 바울이 예루살렘으로 올라가서 그 메시지를 들은 때를 말합니다.

좀더 구체적으로 따져 보겠습니다. 예수님의 십자가형이 이루어진 시점을 주후 30년이라고 본다면 일반적으로 바울의 회심은 그보다 1, 2년 후라고 추정됩니다. 일단 2년 후라고 해두죠. 그러면 32년입니다. 그리고 바울은 갈라디아서 1장에서 회심한 지 3년 후 다른 사도들을 만나러 예루살렘에 올라갔다고 설명합니다. 2년에 3년을 더하면 5년이고, 대략 35년이 됩니다. 이와 같이 바울은 바로 자신의 기록을 통해 구체적인 연대를 제공합니다. 독일 역사학자 한스 폰 캄펜하우젠(Hans von Campenhausen)은 고린도전서 15장과 갈라디아서 1, 2장 같은 서신은 우리가 고대 문서에서 얻고 싶은 모든 검증 정보를 제공해 준다고 말했습니다.[12]

플루 아, 그렇군요.

하버마스 고대 역사에서 1세기 혹은 그 이상의 격차가 생기는 것은 상당히 빈번한 일입니다.

플루 네, 맞습니다.

하버마스 여기서 우리는 부활 사건이 일어난 지 5년 후에 나온 증언을 접합니다. 그런데 그 시점은 바울이 그 증언을 다른 제자들로부터 듣게 되는 시점입니다. 그들은 바울이 듣는 시점보다 먼저 부활을 알고 있었습니다. 그런데 바울이 들은 시점이 5년 후였다면 그 증언은 부활과 매우 가깝습니다. 바울은 자신이 "제때에 나지 못한 사람"(고전 15:8)과도 같이 늦게 믿음을 가졌다고 말했습니다. 다른 제자들은 바울보다 먼저 그리스도인이 되었습니다. 바울은 5년 후에 증언을 들었고, 그들은 그것보다 먼저 부활을 증언하고 있었습니다. 그러므로 부활과 초기 증언 사이에는 간격이 거의 없습니다.

플루 네, 바울도 유사한 환상을 보았습니다. 그런데 예수님의 미래에 관한 사실이 추가로 필요하지 않을까요? 우리에게는 부활한 예수님에 관한 환상 등을 보았다는 사람들이 있고, 또 예수님은 어딘가 다른 곳으로 가게 되어 있었습니다. 아닌가요?

사회자 어떤 점이 마음에 걸리시는 건가요?

플루 음, 예수님은 이 지구상에 계속 남아 있으려 했던 것이 아닙니다. 그렇죠?

하버마스 그것이 왜 문제가 되죠? 만일 예수님이 부활하셨다면 그는 어디든 원하는 곳으로 갈 수 있었을 것입니다. 그렇지 않나요? 왜 천국으로 돌아갈 거라는 것이, 물론 예수님이 천국으로 가시기는 했습니다만, 죽음 가운데서 살아난 자에게 문제가 될까요? 제 생각에 더 큰 기적은 부활 그 자체입니다. 그렇지 않을까요? 이렇게 생각해 보겠습니다. 만일 예수 그리스도가 스스로 주장하던 바로 그런 존재라면, 그리고 그것을 증명하기 위해 부활하셨다면, 저는 그가 어디로 가든지 방해하지 않을 것입니다.

플루 네. 하지만 그는 스스로 하나님의 아들이라고 주장했습니다.

하버마스 맞습니다.

플루 그것은 좀 엉뚱한 주장처럼 들립니다. 우주의 통치자와 특별한 관계에 있다는 그 주장이 무슨 의미인지 제게는 그다지 명료하게 이해되지 않습니다.

하버마스 네. 그 관계를 독특한 관계라고 주장하셨지요. 또 자신이야말로 그런 관계를 가진 유일한 존재라고 하셨고요.

플루 네, 물론 저도 그 같은 주장이 독특하다는 것은 압니다. 하지만 그 말에 포함된 의미가 무엇인지 잘 모르겠습니다. 물론 삼위일체 교리가 발전되었지만, 부드럽게 말해서, 그 역시 믿기 어렵습니다.

하버마스 스스로 하나님의 아들이며 우주의 주관자인 하나님과 특별한 관계에 있다고 주장하는 사람이 있다면 교수님은 어떻게 하시겠습니까? 그 사람은 그 외에도 꽤나 흥미로운 여러 주장들을 펼쳤습니다. 죄를 용서한다고 주장하자 유대 지도자들은 이렇게 반응했지요. "이봐, 그게 대체 무슨 말이지? 그것은 신성모독이야." 하지만 그는 맞받아쳤습니다. "당신들에게 내가 죄를 용서할 수 있다는 것을 증명해 보이기 위해 이 사람을 고치겠소." 그는 또한 자신이 '사람의 아들'이라고 말했는데, 그것은 통속적으로 알려진 것처럼 인간성을 의미하는 말이 아니었습니다. 1세기 유대 문헌을 살펴보면 당시 '사람의 아들'이라는 말은 신성 주장에 가까운 것이었습니다. 예수님이 처형당하는 데 이 주장도 한 원인이 되었을 겁니다. 예수님은 자신에 대해 이런 주장을 했고 하나님과 특별한 관계에 있다고 말했습니다. 그러자 사람들이 묻습니다. "그것을 우리가 어떻게 아는가?" 예수님이 대답합니다. "내가 죽은 자들 가운데서 일어날 것이오." 그리고 예수님은 실제로 그렇게 하셨습니다. 이를 통해 예수님이 어떤 메시지를 전하고 있는지 아시겠습니까? 받아들이기에는 너무 부담스럽다고 생각하시나요?

플루 네, 좀 부담스럽습니다. 그리고 여전히 혼란스러운 주장입니다.

하버마스 하지만 부활을 말하면서 예수님은 자기 말에 돈을 건 것과 같습니다. 제 말의 의미를 아시겠지요?

플루   네, 물론입니다.

하버마스   부활할 거라는 주장을 하는 것과 실제로 그렇게 다시 살아나는 것은 전혀 다른 문제죠. 특별한 일입니다.

플루   그렇지요.

하버마스   무엇보다도 다른 종교의 창시자들에게서는 그러한 주장을 찾아볼 수 없고요.

플루   분명히 그렇죠.

하버마스   주장 자체가 예외적이라고 해서 그 주장이 사실이 되는 것은 아니죠. 그저 주장을 특별하게 만들 뿐이지요.

플루   물론 그렇습니다.

하버마스   그리고 다른 종교인들을 보면 자신들의 창시자가 부활했다고 주장하는 경우는 없습니다. 이런 점까지 더하면, 부활에 대한 주장은 참으로 특별합니다.

플루   이슬람의 경우를 보면 그 어떤 기적 주장도 찾아볼 수 없습니다. 아퀴나스가 「대이교도대전」(*Summa Contra Gentiles*)에서 주장했던 점이 바로 그것입니다. 다른 종교의 창시자들은 기적을 주장하지 않았다는 것이죠. 혹시 다른 종교에 그런 사례가 있나요?

하버마스   글쎄요. 최소한 주요 종교 창시자들에 대해서는 없습니다. 오하이오 주에 위치한 마이애미 대학 고대사 교수인 에드윈 야마우치(Edwin Yamauchi)는 세계 주요 종교의 창시자들 가운데 그 종교 초기의 중요 문서에서 기적을 행했다는 기록이 나오는 경우는 전혀 없다고 말했습니다.[13]

플루   제 생각에도 그게 맞습니다.

하버마스 다시 한 번 정리하자면, 여기 여러 주장들이 있습니다. 그리고 예수님은 모든 것을 부활에 걸었습니다. 그것이 가장 큰 사건입니다. 그래서 그리스도인들이 부활을 그렇게나 대단하게 여기는 것입니다.

플루 네.

부활 현현에 대한 고찰

사회자 플루 교수님, 초점이 조금 이동한 것처럼 보입니다. 부활은 결코 일어난 적 없었다는 것이 교수님의 주장인가요? 아니면 부활이 사람들로 하여금 예수님이 하나님의 아들이라는 환상에 젖은 주장을 하게 만들었다는 것인가요? 환영이나 다른 것으로 더 잘 설명될 수 있는 것이 그런 환상적인 주장들인가요, 아니면 부활 사건 그 자체인가요?

플루 글쎄요. 저는 이 상황이 대단히 혼란스럽습니다. 설령 부활이 일어났다고 인정한다 해도, 그것은 너무나도 특이한 사건이라 그것에 대해 뭐라고 말해야 할지 모르겠습니다. 저는 부활 현현의 객관성을 믿지 않습니다. 죽은 몸이 부활했다는 주장이 있다는 것은 알겠지만, 그 주장은 현현에 근거하고 있는 것 같습니다.

하버마스 옳은 지적이십니다.

플루 저는 현현 사건이 부활 주장의 적절한 기초가 될 수 없다고 생각합니다. 요즘은 초자연적 현상이라고 부르지만, 예전에는 심령학 연구라고 불렸던 분야와 비교해 생각해 보는 것이 좋을 것입니다. 그 분야에서는 어떤 현상이 정말로 일어났다는 주장을 확립하기 위해서는 증거가 특별하게 많아야 합니다. 기적이라 여겨지는 일들도 이런 식으로 평가되어야 합니다. 누구든지 기적 문제를 다룰 때는 그 사건이 일어나지 않았을 것이라는 상당히 완고한 전제를 가지고 접근해야 합니다. 부활도 매우 특별한 사건이고, 그 특별함은 그것이 유일한 사건이라는 점에 근거합니다.

하버마스 알겠습니다. 그렇다면 어떻게 말씀하시겠습니까? 여기 역사적 사실들이 있습니다. 그리고 이것들은 상당히 특별한 자료들입니다.

플루 네.

하버마스 부활 말고 다르게 설명할 수 있다면 어떤 것이 가능할까요?

플루 글쎄요. 아마 그리스도의 활동이 연속적인 것이었다는 설명이겠지요. 예수님의 현현들로 뒷받침될 수 있으니까요.

하버마스 그런데 만일 예수님이 나타나셨다면, 그분이 정말로 죽은 후에 다시 나타나셨다면…

플루 하지만 제가 보기에 그럴 것 같지는 않습니다. 그를 보았다고 생각했던 사람들이 굉장히 많이 있습니다만, 그러한 주장이 펼쳐졌던 것은…

하버마스 우리가 가진 이 역사적 자료들에 대해 더 나은 설명은 무엇인가요?

플루 저는 그것이 애도로 인해 생겨난 현현이었다고 생각합니다.

하버마스 '진짜' 현현은 아니었다는 말씀이시죠?

플루 네, 그렇습니다. 현현처럼 보였던 것이라고 생각합니다. 그들은 그것을 현현이라고 불렀겠지요. 과거의 철학자들이라면 아마 감각 자료(sense data)라고 불렀을 것입니다.

하버마스 알겠습니다. 그렇다면 교수님께서 애도 현현이라고 부르는 것은 곧 환영을 말씀하시는 것이지요?

플루 그렇게 부르고자 하신다면, 좋습니다. 맞습니다.

하버마스 단어로 말하지 않으면 마치 부활을 말씀하시는 것처럼 들리기 때문입니다. 교수님이 의미하시는 바가 그것은 아니라는 것을 압니다.

사회자 만일 그랬다면 오늘 논쟁은 대단히 짧아졌겠지요. 그렇지 않습니까?

하버마스 바로 이 캠퍼스에서 '앤터니 플루가 부활을 인정한다고 말했다!'고 외치실 뻔했습니다. 하지만 그렇게 되지는 않았네요. 플루 교수님이 말씀하신 애도 현현은 애도로 인해 생겨난 환영을 말합니다. 그렇죠? 몇 해 전 우리는 이 애도 현현에 관해서 3시간 이상 논쟁한 적이 있습니다.[14]

환영 가설과 관련하여, 그것이 애도와 관련된 것이든 아니면 다른 종류이든, 이만큼 많은 난점을 지닌 자연주의 가설은 없을 것입니다.[15] 환영 가설의 문제점을 몇 가지만 간략히 말씀 드리겠습니다. 먼저 여러 사람들이 동일한 환영을 보지는 않습니다. 환영은 꿈만큼이나 객관성을 결여하는 것입니다. 환영의 정의만 봐도 알 수 있지만 그것은 어떤 한 개인이 자신만의 정신적 이미지를 만들어 내는 것입니다. 교수님이 만들어 내신 개인적인 이미지를 제가 공유할 수는 없습니다.

환영은 종종 일반적으로 생각하는 것보다 더 극단적입니다. 환영은 무언가를 착각해서 다른 것으로 받아들이는 것과는 다릅니다. 환영에는 객관적인 외부 대응물이 없습니다. 마치 제가 돌아가신 할머니가 제 옆에 계신 것을 보고 대화를 나누지만 실제로 그 자리에는 아무것도 없는 것과 같습니다. 그렇기 때문에 환영은 극단적일 뿐 아니라 매우 사적인 것입니다. 그래서 부활하신 예수님을 보았다고 스스로 믿는 사람들이 여럿 있어도 그들이 동일한 환영을 공유할 수는 없습니다. 그래서 환영 가설은 지지되기 어렵습니다.

예를 들어 앞서 고린도전서 15장에 나오는 바울 이전의 현현 사건들을 언급했었는데, 그 목록이 아주 이른 시기의 것이라는 데는 이론의 여지가 없는 것 같습니다. 현현을 개인적으로 본 사람들도 있습니다. 베드로, 야고보, 그리고 후에 바울이 여기 속합니다. 하지만 집단적으로 본 경우도 세 가지가 열거됩니다. 열두 제자들에게, 모든 사도들에게, 그리고 5백 명의 사람들에게 한 번에 현현이 목격되었습니다.

환영은 집단적으로 목격되기가 대단히 어렵습니다. 같은 것을 함께 환영으로 볼 수는 없기 때문입니다. 또 다른 큰 문제는 다양한 상황의 사람들이 개입되었다는 점입니다. 남자도 있었고 여자도 있었으며, 야외에 있던 사람과 실내에 있던 사람도 있었습니다. 걷고 있던 사람, 서 있던 사람, 앉아 있던 사람도 있었습니다. 이런 다양한 상황도 환영 가설을 약화시킵니다.

뿐만 아니라 당시에 제자들은 최상의 정신 상태였다고 보기 어렵습니다. 앞서 언급한 역사적 사실처럼 그들은 환멸을 느끼고 있었고 절망에 빠져 있었습니다. 그런데 약물이 투여되지 않은 상태에서 환영을 보는 것은 지각이 고조되어 있는 상태인 경우가 대부분입니다.

또 다른 커다란 문제는 빈 무덤입니다. 만일 그들이 환각에 빠져 있었던 거라면 무덤에는 어떤 시신이 있었을 것입니다. 하지만 예루살렘에, 산책 삼아 찾아가 볼 수 있었던 그 무덤에는 아무것도 없었습니다. 환영이 최상의 설명이라면 그렇지 않았겠지요.

다른 것이 아직 여럿 있지만 한 가지만 더 이야기해 보겠습니다. 일반적으로 환영은 삶을 바꾸어 놓지 않습니다. 환영을 일으키는 흔한 원인은 배고픔이나 목마름 같은 신체적인 결핍입니다. 미국 특수부대(Navy Seal)

의 연구에 따르면, 그러한 이유로 환각에 빠진 병사들은 동료가 말을 걸면 거기에서 벗어나게 된다고 합니다. 한 병사는 문어가 자신에게 손짓하며 웃고 있었다고 말합니다. 또 다른 병사는 돌고래가 자신의 머리 위를 뛰어 다니는 것 같아 노를 꺼내 들고 휘저었다고 합니다. 또 한 병사는 기차가 자신들을 향해 달려오는 것 같아 바닷물에 뛰어들었다고 합니다. 이러한 경험들은 분명히 객관적인 것은 아닙니다. 돌고래나 기차, 문어 등에 대한 환영을 본 병사들과 인터뷰를 하였을 때 그들은 두 가지 주요 이유 때문에 더 이상 그 환영을 믿지 않는다고 답했습니다. 그런 일은 실제로 일어나지 않았고 또 자신들의 동료들은 그것을 보지 못했기 때문입니다.

이제 이 같은 두 가지 이유를 부활 현현에 적용해 보겠습니다. '내 동료들이 그것을 보지 않았고 (개인적인 환각의 경우라면) 이러한 일은 일어나지 않는다(데이비드 흄을 인용하자면, 죽은 사람은 다시 일어나지 않으므로). 그래서 그들은 그 환각에서 깨어났을까요?

그 외에도 많은 문제들이 있습니다. 야고보와 바울도 큰 문제입니다. 왜냐하면 그들은 불신자였기 때문에 환영을 만들어 냈을 가능성이 거의 없습니다.

사회자 [하버마스에게] 질문 하나만 드려도 될까요? 그렇다면 우리의 문제는 불가능성을 비교해 보는 일인가요? 이런 종류의 집단 환영을 경험할 가능성이 극도로 희박하다고 해도 그것이 어느 정도일까요? 죽은 사람이 부활하고 그 사람이 실제 하나님의 아들이었을 가능성과 비교해서 말이죠. 제게는 전자보다 후자가 더 가능성이 없어 보입니다.

하버마스 지금 사회자께서는 바로 여기 앉아 계신 학자의 주장을 인용하고 계십니다. 알고 계셨나요?

사회자 플루 교수님은 세계적인 철학자이시니까요.

하버마스 네, 맞습니다. 플루 교수님은 「철학대사전」(*Encyclopedia of Philosophy*)의 '기적' 부분을 쓰셨고 거기서 사회자께서 질문하신 것과 같은 문제를 제기하셨죠.[16] 참으로 거대한 질문입니다. 하지만 제게 그 문제는 이렇게 여겨집니다. 집단 환영 혹은 부활, 어떤 것이 더 일어날 가능성이 낮을까요? 일견 부활이 집단 환영보다 더 이상하다고 여겨질 수도 있습니다. 설령 집단 환영에 대한 역사적 기록이 전무하다 하더라도 말입니다. 여전히 부활이 더 낯설게 느껴지죠.

여기서 중요한 문제는 그런 환영들이 한 번만 예외적으로 생겨난 것이 아니라는 점입니다. 만일 우리가 가진 보고가 사실이라면, 현현은 믿지 않는 자들에게도, 5백 명에 이르는 집단에게도, 모든 사도들, 모든 제자들, 그리고 여자들에게도 목격되었습니다. 이처럼 몇 개의 집단이 있습니다. 이제 묻고 싶습니다. 여러 개의 집단 환영과 단 한 번의 부활 중 어떤 것이 더 가능성이 높을까요? 그저 한 집단에게만 나타났던 것은 아닙니다. 물론, 저는 이 문제가 확률의 문제라는 사회자의 지적에 동의합니다.

사회자 좋습니다. 그런데 저는 그러한 보고들을 꼭 그렇게 진지하게 받아들여야 하는지 모르겠습니다. 어떤 사람들은 자신이 현현을 보았다고 했지만 실제로는 아닐 수 있습니다.

플루 그리고 5백 명이 보았던 환상의 경우에는 우리가 믿을 만한 증거가 없습니다. 바울에게도 나타났다는 등 다른 내용이 덧붙지 않았다면 그 자체로는 믿기 어렵습니다. 제가 보기에는 그 말은, "아, 그렇지, 5백 명이 함께 본 적도 있었어"라는 말처럼 그냥 던져진 말인 것 같습니다. 그 부분을 볼 때 항상 아주 어색하고, 인위적이고, 그럴듯하지 않은 첨가처럼 느껴집니다.

하버마스 그 보고가 진지하게 받아들여지는 이유는 그것이 고린도전서 15장, 바울 이전에 형성된 목록에 포함되어 있기 때문입니다. 바울은 그 목록을 누군가로부터 건네받았고 비평가들은 그 시기와 장소를 주후 35년 예루살렘이라고 추정하고 있습니다. 그래서 이 목록은 대단히 진지하게 받아들여지는 것입니다.

이 부분은 신앙고백문입니다. 바울답지 않은 용어 사용, 형식을 갖춘 목록, 전후 문맥과 구별되는 구문 형태 등을 보고 그렇게 판단합니다. 신약 성경에는 이런 신앙고백문이 여러 곳에 나타나는데, 신약 성경이 쓰이기도 전 이른 시기에 구전으로 형성된 것들입니다. 바울은 그것을 '받았다'고 말하는데, 대부분의 비평 학자들은 그 시기와 장소를 주후 35년 예루살렘으로 봅니다. 학자들이 5백 명의 목격담을 진지하게 받아들이는 이유는 그것이 바울이 고린도전서 15장에 기록한 목록에 포함되었고, 그 목록은 증거들 중에서도 가장 오래된 것이기 때문입니다.

플루 글쎄요. 그렇다면 제게는 도리어 그 주장이 약화되는 것으로 보입니다.

하버마스 왜 문제가 되나요? 제 말은, 만일 예수님이 더 많은 수의 사람들을 한 자리에서 가르치셨던 적이 있다면(유명한 5천 명과 4천 명을 먹이신 사건처럼), 부활 현현의 장소에 수천 명이 있었고 그중에 5백 명이 그것을 보았다는 것을 선험적으로 이상하게 여길 이유가 있을까요?

플루 글쎄요. 5천 명을 먹인 사건도 저로서는 대단히 믿기 어려운 것 중 하나입니다.

하버마스 제가 하고 싶은 말은, 예를 들어 유월절 같은 시기에 사람들이 모였다면 5백 명이 모이는 것은 문제가 아니라는 것입니다. 문제는 얼마나 많은 사람이 모였느냐가 아니라…

플루 하지만 5백 명의 사람들이 동일한 환상을 보았다는 것은 5백 명이 함께…

사회자 물고기를 먹었다는 것보다 놀라운 것이죠.

플루 네, 모였다는 것보다 놀라운 것입니다. 제가 보기에는 이 부분이 다른 모든 주장보다 훨씬 더 놀라운 주장이며, 그렇기에 훨씬 더 강력한 증거가 필요합니다.

하버마스 그렇다면 예수님이 열두 제자에게 동시에 나타나셨다는 주장은 어떻게 생각하십니까? 혹은 사도들에게 나타나셨다는 것에 대해서는요? 그 점은 받아들일 만하다고 생각하시나요?

플루 글쎄요.

하버마스 만일 그들 중 누군가에게 나타나셨다면, 부활은 정말로 일어난 것입니다.

무엇이 증거가 될 수 있는가?

사회자 [플루에게] 질문 하나 드려도 되겠습니까? 교수님께서는 부활 현현은 증거로 인정하지 않고 계신데요. 그렇다면 부활이 일어났다는 것을 증명하기 위해서는 어떤 증거가 필요한 것인가요? 증거가 될 만한 것이 있습니까? 아니면 원칙적으로 부활이라는 것이 지나치게 개연성이 떨어지는 일이라 그 어떤 것도 증거가 될 수 없는 것입니까? 비디오가 남아 있다면 증거가 될 수 있을까요? 잘 모르겠네요.

플루 아, 그렇겠네요.

사회자 비디오라면 도움이 되겠군요.

하버마스 우연찮게 제게 사진 몇 장이 있습니다. 이따가 판매도 할 것입니다.

플루 특별 할인 판매군요.

하버마스 오늘밤에만요. 좋은 질문입니다, 린치 교수님. 어떤 것이 훌륭한 증거가 될 수 있을까요?

플루 저는 아무런 대답도 할 수 없을 것 같습니다. 네, 모르겠어요.

하버마스 그럼 이렇게 질문 드리겠습니다. 교수님께서는 "신학과 반증 가능성"(Theology and Falsification)이라는 논문을 쓰셨지요?[17]

플루 네.

하버마스 1955년에 쓰신 것으로 알고 있습니다.

플루 1955년에 출판되었죠. 네, 맞습니다.

하버마스 네, 훌륭한 논문이었습니다. 반증될 수 없는 주장은 믿을 수 없다고 하셨습니다.

플루 물론입니다.

하버마스 교수님의 관점은 반증될 수 있는 것인가요?

플루 저의 불신 말입니까?

하버마스 구체적으로 부활에 대한 교수님의 불신이요.

플루 네.

하버마스 우리에게는 역사적 사실들의 목록이 있고 교수님께서는 매번 그 역사적 사실들에 대해 자연적인 가능성을 제기하십니다. 그리고 그 가능성은 또 여러 답변으로 반박됩니다. 그렇다면 과연 어떤 지점에 이르러야 교수님께는 부활이 실제 사건으로 보이기 시작할까요? 또는 반대로, 어떤 지점에 이르러야 교수님의 관점이 반증될 수 있다, 혹은 없다는 결론에 이르게 될까요?

플루 솔직히 답변을 드리자면 저도 잘 모르겠습니다. 확실한 답을 드릴 수 없군요.

하버마스 지금 플루 교수가 플루 교수에게 응답하고 있다는 것을 아시지요?

플루 네, 네. 그런데 불신에 대한 반증 불가능성은 믿음에 대한 반증 불가능성과는 조금 다른 문제라고 생각합니다.

하버마스 하지만 만일 교수님 자신의 관점을 반증할 수 없다면, 그리고 부활에 대해 그럴듯한 응답이 없다면, 교수님께 남은 것은 그저 '글쎄, 어쨌든 나는 그다지 믿고 싶지 않아'뿐입니다. 물론 그것 역시 교수님의 권리입니다.

플루 네.

하버마스 그렇다면, 부활에 관한 교수님의 입장이 반증 불가능하다고 생각하시는 겁니까?

플루 네. 그러나 저는 압도적인 확신이 드는 무언가를 생각하는 것은 언제든 가능하다고 생각합니다.

하버마스 부활이 교수님의 신념을 반증할 수 있을까요? 지금까지 논의한 역사적 사실들이 반증을 할 수도 있을까요? 제 말은, 원칙적으로는 부활이 교수님의 신념을 반증한다는 것입니다. 그렇지 않습니까?

플루 네. 아마도 제게는 부활의 이야기를 믿지 않으려는, 극복이 거의 불가능한 경향성이 있는 것 같습니다. 네, 그런 것 같습니다. 제가 보기에 부활은 이 우주 안에서 벌어지는 다른 모든 것들과 너무나도 일관성이 없기 때문입니다.

하버마스 어쩌면 우주도 다를 수 있습니다. 그것은 또 다른 이슈입니다만, 아마도…

플루 네.

하버마스 어쩌면 이 문제는 교수님이 가진 체계의 다른 많은 부분들에도 의문을 제기하게 만드는 특이점들 중 하나일지도 모르겠습니다.

플루 네, 맞습니다. 방금 지적하신 부분에 대한 답변은 분명히 '그렇다'입니다. 네, 그 모든 일이 일어났다면 그것은 아주 특별한 것입니다. 솔직히 말해서 살과 피가 있는 피조물을 제자들이 보았다는 사실 자체가 믿기지 않습니다.

하버마스 하지만 정말 보았다면 멋진 일이었겠지요. 그렇지 않나요?

플루 도마가 그를 엄지로 만져보고, 아니 그냥 손가락이었나요? 그런 모든 일들 말입니다. 모든 이야기가 너무 그럴듯하지 않습니다. 여기 로스앤젤레스에서조차도 그런 일은 전혀 벌어질 것 같지 않습니다!

하버마스 일전에 임사체험(near-death experience, NDE)에 대한 강의를 한 적이 있습니다. 분명히 말씀 드리지만 임사체험은 부활이 아닙니다. 하지만 뇌파가 세 시간 동안이나 멈추어 있었는데도 그 시간 동안 무엇을 보았고 어떠한 일이 벌어졌는지를 기억해 내는 사례가 보고된 적 있습니다. 이러한 현상들은 시야를 조금 더 넓혀 줍니다. 임사체험 보고들은 우리에게 이런 말을 해주는 것 같습니다. '와, 이 세상은 내가 생각했던 것

과는 다를 수도 있겠구나.'

플루 네, 한번 살펴보아야 할 사례네요. 그간 그러한 사례들은 초감각적 지각 현상으로 간주되어 연구되었습니다. 또 역행 감각 지각이 존재한다는 이론은 문제점들이 있었고요.

하버마스 하지만 그렇다 할지라도, 뭔가 특별한 사례를 보고 있지 않습니까? 만일 우리가 사후의 생명을 죽음 후의 초감각적 지각과 같은 것으로 정의한다면 어떻게 반응하시겠습니까? 제가 드리고 싶은 말씀은, 이 초감각적 지각이라는 개념이 우리가 결론에 이르는 것을 지연시킬 수도 있겠습니다만, 만일 뇌가 기능하고 있지 않는 동안에 벌어진 일들을 보고하는 사람들이 있다면, 그리고 그런 사람들이 현재 건강하게 살아 있다면, 엄밀하게 검증된 수십 개의 유사한 사례가 존재한다면…

플루 하지만 그들이 경험한 것은 뇌사상태에서 초감각적으로 사물을 지각한 것입니다. 그렇지 않습니까?

하버마스 뇌사상태라, 맞습니다. 우리의 논제에서 벗어나는 이야기를 하려는 것이 아닙니다. 저는 그저, 세상이 우리가 생각했던 모습대로가 아님을 일깨워 주는 것들이 존재한다는 말을 하려는 것입니다.

플루 아, 그럼요.

하버마스 제가 드리고 싶은 말씀은 그게 전부입니다.

사회자 [하버마스에게] 그 점에 대해 제가 질문 하나 드려도 괜찮을까요? 그런 것들은 제게 이런 질문을 떠올리게 합니다. 만일 이 세계가(여기서 세계라 함은 자연의 법칙을 말합니다) 우리가 이해하던 모습과 다르다면, 부활에 대한 그리스도인들의 믿음은 우리가 아직 밝혀내지 못한 자연 질서의 일부일까요, 혹은 초자연적인 개입이었을까요?

하버마스 예수님은 자신이 누구인지를 보이기 위해 죽은 자들 가운데서 다시 살 거라는 특별한 주장을 하셨습니다. 쉽게 말해 예수님은 '나는 이 만유의 하나님을 아는 유일한 존재다. 그리고 그분이 이 점을 확증하기 위해 나를 죽은 자 가운데서 다시 일으키실 것이다'라고 말씀하신 것입니다. 이러한 주장을 종합해 보면, 초자연적인 결론에 이르게 됩니다. 예수님은 지금 우주만물의 하나님이 자신에게 어떤 일을 행하고 계시다고 주장하고 있기 때문입니다. 그 부분이 초자연적인 연결 고리입니다.

자연적인 측면에서 보자면, 누군가 제게 이런 말을 할 수도 있습니다. "만일 우리가 미래에 적절한 설명을 찾아내면 어떻게 되는가? 백 년 후에 뭔가 이해할 수 있는 것을 찾아낸다면 말이네." 만일 그렇다면 저는 그저 다른 과학적 주장들을 대하는 것과 동일한 반응을 할 것 같습니다. "그것은 백 년 후에 생각해 보지요. 지금은 우리가 가진 자료로 판단해야 합니다. 우리는 지금 우리가 가진 것들만 다룰 수 있을 뿐입니다." 제 생각에는 이 점에 대해서는 우리가 동의할 수 있을 것 같습니다. 우리는 현재 가진 것들을 가지고 현재의 결정을 할 수 있을 뿐입니다. 그래서 직접적인 답변을 하자면, 예수님은 특별한 주장을 하셨고 부활은 만유의 하나님이 그를 위해 하신 행동입니다. 그러므로 저는 이것을 초자연적이라고 말하고 싶습니다.

사회자 네, 이런 생각이 들었는데요. 만일 부활이 초감각적 현상이었다면 어떤 사람이 그런 능력을 가졌는데 그 능력이 어떤 것인지를 자신도 몰랐을 수 있습니다. 한번은 제가 강의를 들었는데 예수님의 십자가 위에서의 죽음이 진짜가 아니고 요가를 수련하며 익힌 기술이었다는 내용이었습니다. 저도 1년 정도 요가를 배웠는데 아직 '십자가형에서 살아남는 법'이라는 수업을 받지 못했습니다. 제가 결석한 날 수업을 했었나 봅니다.

그런데 예수님이 그런 주장을 했다는 것으로부터 유일성을 추론할 수 있는 근거가 무엇인지 궁금합니다. 교수님은 부활 현현이 실제였다는 강력한 역사적 증거들이 있다고 주장하십니다. 또 예수님은 하나님이 존재하시고 '나는 하나님의 아들이다'라는 주장도 하셨습니다. 하지만 저는 이 같은 주장과, 이 세계가 우리가 아는 것과 다를 수 있다는 관점을 양립하기 어려운 것 같습니다. 왜냐하면 세계가 우리가 아는 것과 다르다고 하면 그것 역시 우리가 아직은 잘 모르는 자연적 현상이지 않을까요? 제가 보기에는 그리스도인의 관점은 좀 다를 수 있을 것 같습니다. 혹시 자연적인 것이 축적되어 어떤 식으로든 초자연적인 것이 될 수는 없을까요?

하버마스 교수님이 언급하시는 것이 임사체험 연구와 관련된 것이라면, 저는 사후세계가 자연의 영역이라고 생각하지 않습니다. 뿐만 아니라 사후세계는 부활한 존재들이 거주하는 영역의 일부라고 생각합니다. 그렇기 때문에 임사체험 관련 증거를 제시함으로써 자연에서 초자연의 영역으로 이동하려는 것이 아니라 초자연적 현상의 또 다른 사례를 제공하려는 것입니다. 이렇게 함으로써 부활이 다른 비교 대상이 전혀 없는 새로운 개념을 도입한다는 주장을 막을 수 있을 것입니다.

부활 그 자체는 자연적으로 설명하기에 꽤 까다로운 주제입니다. 데이비드 흄은 사람이 죽음에서 돌아올 수 있다면 기적이라고 말했습니다.[18] 그러니 우리는 '초자연'을 얻기 위해 '초자연 아닌 것'들을 긁어모을 수 없습니다. 부활 자체가 모든 자연의 법칙을 뛰어넘는 대단히 초자연적인 주장으로 보입니다. 교수님께서 요가 수업에 대하여 농담을 하셨는데요. 만일 누군가가 물속에서 십 분 동안 나오지 못한다면 그는 죽을 것입니다. 요가를 했든 하지 않았든 말입니다. 십자가에 달린 사람은, 제가 앞서 말씀드린 것이 사실이라면, 죽은 것입니다.

사회자 거기에 대해서는 전혀 의심하지 않습니다.

하버마스 어쨌든 제가 하는 병리학자 한 분이 모형 십자가에 잠시 매달리셨습니다. 그분이 말씀하시길 겨우 2분이 지나자 가슴에서 찢어질 듯한 고통을 경험했다고 했습니다. 만일 누군가 십자가 위에서 몸을 밀어 올리지 못하고 고꾸라진 자세로 매달린다면 그 어떤 사전 훈련을 하더라도 숨을 쉴 수 없습니다. 십자가형에는 자체 검열 시스템이 내장되어 있는 것입니다. 교수님이 이 점에 의문을 제기하시는 것이 아닌 줄 압니다. 교수님이 요가를 언급하셨기 때문에 그저 이 점을 되풀이해 말씀드리는 것입니다. 십자가는 죽음을 보장하는 자체 검열 시스템이 내장되어 있습니다.

부활에 대한 믿음은 타당한가?

사회자 자, 플루 교수님, 교수님의 입장에 입각해 생각해 보면 우리가 가진 역사적 사실들에 대한 최선의 설명은 일종의 환각인 거네요. 그렇다면 집단적 환각이 이루어질 가능성이 희박하다는 것에 대해서는 뭐라고 대답하시겠습니까? 제가 알기에 교수님은 집단주의자는 아니신데요, 그러나 이것은 집단주의적 해석이 될 수도 있을 것 같습니다.

플루 우리의 본래 논제로 돌아왔군요. 저는 도무지 극복할 수 없어 보이는 불신을 가지고 있다고 말씀드려야 할 것 같습니다. 부활은 제가 이 세상에서 경험해 본 것들과 너무나 달라서 그것을 과연 어떻게 이해하고 받아들여야 할지 정말 모르겠습니다.

하버마스 '극복할 수 없는 불신앙'은 반증 불가능한 건가요?

사회자 교수님의 관점에서는 만일 무언가가 반증될 수 없다면 그것은 의미가 없는 것이겠지요.

플루 아니요, 아닙니다. 그렇지 않습니다. 이 우주가 제가 과거에 생각했던 것과는 전혀 다른 모습이라고 명확하게 드러나는 일련의 발전이 이루어질 수 있다고 생각합니다. 하지만 부활의 경우는 이런 일이 벌어질 것이라고 생각하지 못할 것입니다. 그리스도인들은 이 사건이 유일하고 중심적인 사건이라고 믿습니다. 기독교 신자라면 누구나 지금 우리가 논의하고 있는 이러한 사실들, 혹은 사실이라 주장되고 있는 것들이 인류 역사에서 가장 중요하다고 말할 것입니다. 그들은 다른 경험이나 사건 중에서 유비가 될 만한 것을 제시하지 못합니다. 이것은 본질적으로 이 세상에 대한 유일무이한 신적 개입입니다. 그리스도인의 주장이 대략 이렇지 않습니까?

하버마스 상당히 중요한 주장이라고 할 수 있죠.

플루 네.

사회자 그렇다면 이제 교수님이 보시는 바에 따르면 부활을 믿는 사람들의 믿음은 타당하지 않다는 것인가요? 그들의 믿음은 정당화될 수 없다?

플루 아니요. 제가 절대적인 확신을 가지고 그들의 믿음이 정당하지 않다고 말씀드리고 싶지는 않습니다. 왜냐하면 합리적인 사람이 믿을 만한 이유를 가지고 믿은 것도 결과적으로 엄청난 실수로 밝혀질 수 있기 때문입니다.

사회자 그렇다면 부활을 믿는 것은 커다란 실수지만 합리적인 것인가요?

플루 아니요. 저는 다른 사람들이 부활을 믿는 것이 비합리적이라고 말하고 싶지는 않습니다. 제게도 그들이 부활을 믿는 것은 전적으로 합리적인 것으로 여겨집니다. 하지만 저는 부활을 도무지 생각할 수가 없다는 것입니다. 이 세상에서 벌어지는 다른 어떤 것들과도 달라 보이니까요.

제가 보통 이 문제를 접근하는 방식을 설명하기 위해 제가 좋아하는 예를 들어 보겠습니다. 탱크 부대의 지휘관은 자신이 가진 첩보에 따라 부대를 안전한 길목으로 이동시키고 있습니다. 그는 그러한 자신의 판단이 자신이 옳다고 여길 이유가 충분했습니다. 대체로 그 정보가 옳았기 때문입니다. 그런데 부대가 적의 함정에 빠져 많은 병사들이 학살되었다고 해 봅시다. 우리는 그 지휘관이 비이성적이었다고 말할 수는 없습니다. 이 같은 생각은 다른 여러 상황들에도 확대 적용될 수 있습니다. 예를 들어 신의 존재에 대한 최근의 논증들에도 말입니다. 이미 신의 존재를 믿고 있는 사람들에게는 빅뱅 이론이 신의 존재에 대한 확증이라고 믿는 것이 상당히 합리적이겠지요.

만일 신이 우주만물을 창조한 목적이 창세기가 보여 주듯이 인간을 만들기 위해서이고, 신이 그 우주를 시작하게 만들었을 뿐 드러나게 영향을 미치지는 않는다면, 그래서 그 결과 인간이 합리적이고 자유로운 존재가 되었다면, 신은 이 세계를 중세의 모든 과학자들이 믿었던 것과 같이 온 우주의 중심으로 창조했을 것이 분명합니다. 하지만 이러한 관점은 코페르니쿠스의 과학적 업적으로 인해 폐기되었습니다. 그런데 오늘날 우주의 창조주가 물리 상수들을 매우 특별한 방식으로 조화되게 하여 결국은 지구와 인간이 출현하도록 계획했다는 아이디어가 있는데, 제가 보기에는 이것을 신이 우주를 창조했다는 사실을 믿을 근거로 삼기에는 앞뒤가 맞지 않습니다. 하지만 이미 믿는 사람들에게는 충분히 합리적인 근거가 됩니다. 이것이 확증입니다. 교수님은 신이 이 모든 것을 지극히 섬세한 방식으로 이미 계획해 두었고, 모든 물리 상수들이 이런 식으로 조합되어 이 모든 일이 벌어진다고 믿고 계시는 거죠?

하버마스 그렇다면 참으로 놀라운 일 아닐까요?

플루 놀랍겠지요.

하버마스 바로 그것이 핵심입니다.

플루 이러한 사안에 있어서 사람들이 근본적으로 동의하지 않을 수 있음을 아는 것이 중요하다고 생각합니다. 양쪽 모두 합리적인 사람들인데도 말입니다. 그들은 자신들이 이미 믿고 있는 것을 기초로 전적으로 합리적으로 생각하고 판단하는 것입니다.

하버마스 교수님이 예로 드신 탱크 부대 예화에 대해 질문을 드리겠습니다. 합리적이었지만 잘못된 결정을 한 지휘관과 관련해서요. 그것이 기독교에 대한 비유로 활용될 수도 있을 텐데요. 문제는 칼은 양방향으로 자를 수 있다는 점입니다. 제 말은 무신론도 탱크 부대 지휘관이 될 수 있다는 말인데요. 그렇지 않은가요?

플루 네, 물론입니다.

하버마스 좋습니다.

플루 그리스도인들에게만 적용되고 다른 이들에게는 적용되지 않는다는 의미로 말씀드린 것은 아닙니다.

하버마스 그렇다면 우리는 다시 앞에 놓인 자료들을 놓고 결정해야 하는 상황으로 돌아왔습니다.

플루 네. 우리 자신의 관점에서, 즉 이 문제를 만나기 전에 가졌던, 우리가 생각하기에 가장 합리적인 신념들에 따라서 결정해야겠지요.

사회자 그렇다면 초월적인 하나님의 존재를 이미 믿고 있었다면, 부활에 대한 믿음 역시 합리적인 것인가요? 아니면 교수님께서는…

플루 합리적이라고 생각합니다. 저는 그것을 신의 존재에 대한 가장 최근의 논점에 비추어 생각해 보았습니다. 그 이론이 나온 것은 오래된 일이죠. 사실 저는 빅뱅 이론이 나올 때 이미 청소년이었습니다. 참 나이가 많지요?

사회자 진행 순서지를 보니 벌써 토론자들께서 정리 발언을 하셔야 할 시간입니다. 그 후에는 청중 질문을 받겠습니다. 플루 교수님, 정리 말씀을 해주시겠습니까?

플루 글쎄요. 저는 제가 꼭 하고 싶었던 말씀을 다 드린 것 같습니다.

하버마스 훌륭한 논증이셨습니다.

사회자 하버마스 교수님, 정리 말씀을 해주시겠습니까?

하버마스 네. 오늘 이 자리를 떠나며 저는 탱크 부대 지휘관을 생각할 것 같습니다. 제가 가진 방법론에 대하여 조금 말씀드리고 싶습니다. 사실 아직 말씀드리지 못한 내용입니다. 제 방법론을 말씀드림으로써 제가 오늘 이야기한 모든 것들에 대한 맥락을 제공할 수 있기를 바랍니다. 부활에 관하여 이야기할 때 저는 성경이 신뢰할 만하다거나 성령의 감화를 받은 기록이라는 가정을 하지 않습니다. 그보다는 최소한의 공통분모에서부터 시작하여 논증을 쌓아 올립니다. 우리는 오늘 일련의 역사적 사실들에서 출발했습니다. 그것이 최선의 방법이라고 생각합니다. 플루 교수님과 저는 기본적으로 그 사실들에 동의합니다. 전에 있었던 논쟁에서 서로 거의 완전히 동의하는 지점에 도달했습니다. 그러니 교수님과 저는 동일한 기반을 가지고 있다고 말할 수 있습니다. 그 기반은 학계 전체가 그리스도인이든 비그리스도인이든 거의 공유하고 있는 것입니다. 이 기초로부터 출발한다면, 그저 그 사실이 성경에서 찾아진다는 이유만으로 반대할 필요는 없어집니다. 어떤 이들은 성경을 자료로 삼는 것 자체를 거부하기도 합니다. 하지만 그런 반응은 핵심을 놓치게 되지요. 중요한 점은 이 사실들이 그 자체로 제대로 된 근거를 가진 역사적 사실이냐의 여부입니다. 토론자의 입장이 무엇이냐에 관계없이 말입니다. 그렇다면 그것들을 역사적 사실로 받아들일 충분한 이유가 있을까요?

저는 신약 성경 외에도 예수님에 관한 비기독교 자료가 열댓 개가 넘는다는 말씀을 드리고 싶습니다. 일반적인 인식과는 달리 예수님은 고대 역사에서 가장 많이 언급된 사람 중 하나입니다. 실제로 예수님에 관한 최초의 언급은 신약 성경보다 기록 연대가 앞선 그리스 역사가에 의해서 이루어졌습니다. 그 역사가는 예수님이 행한 한 가지 기적을 기록했습니다. 오늘밤 저는 부활이 신약 성경에 등장하기 때문에 믿어야 한다고 주장했던 것이 아닙니다. 저는 신약 성경이 평범한 고대 문서라는 전제만으로 논증을 전개했습니다. 다만 플루 교수님께서 오늘 오후에 있었던 강의에서 신약 성경은 상당히 신뢰할 만한 자료라고 언급하신 것만 짚어 두겠습니다. 하지만 그것으로 충분합니다. 심지어 교수님의 가정도 필요 없습니다. 왜냐하면 오늘 우리가 논의를 시작한 사실들의 목록만으로도 제 결론에 도달할 수 있기 때문입니다. 우리는 반드시 사실에 의존해야 합니다.

플루 교수님께서 그리스도인이 부활을 믿는 것은 그리스도인의 신앙 체계 안에서 합리적이라고 하시는 말씀을 들으니 참으로 반갑습니다. 하지만 또 다른 길로도 그러한 믿음에 도달할 수 있다고 생각합니다. 오늘 우리의 목록에서 가장 중요한 역사적 사실은 제자들이 부활하신 예수님을 보았다고 믿었다는 사실입니다. 그들은 부활하신 예수님을 보았다고 생각했습니다. 학자들은 거의 이구동성으로 이렇게 말합니다. '물론 그들은 부활한 예수를 보았다고 생각했지.'

하지만 그들은 **정말로** 예수님이 살아 계신 것을 보았을까요? 바로 이 지점에서 다른 모든 부수적인 이유들을 제시할 필요가 있습니다. 그들의 삶이 변화했고, 그것을 증언하다가 죽는 것도 기꺼이 받아들였습니다. 야고보의 이야기를 어떻게 해석하시겠습니까? 바울은요? 두 사람은 불신자였습니다. 그들 또한 예수님이 자신들에게 나타났다고 믿었습니다. 그러므로 여기 예수님이 자신들에게 나타났다고 믿는 그들의 믿음이 있습니다. 이런 질문을 할 수 있습니다. '내가 아는 과학, 역사, 철학, 혹은 다른 어떤 것으로 자연적인 가설을 만들어 그러한 사실들을 설명할 수 있지 않을까?' 그렇게 시도하며 자료들을 살펴보아도 예수님이 나타나셨던 것처럼 보인다면, 그 결과를 거부하거나 내 신념 체계가 여기에는 제대로 작동하지 않는다고 말하는 것은 문제가 있습니다. 그래도 그 자료와 씨름해야만 합니다. 스스로 인정한 자료들이니까요!

저 역시 십 년 동안 이 문제를 탐구했었습니다. 그리스도인들과 논쟁을 벌여 꽤나 몹쓸 소리를 하기도 했지요. 저는 불교를 받아들이려고 했습니다. 그런데 박사 학위 연구로 부활을 다루게 되었고, 부활이 실제로 일어났다고 생각하게 되었습니다. 하지만 그 후 1995년에 이 모든 것을 직접 검증할 시기가 찾아왔습니다. 제 아내가 위암으로 세상을 떠난 것입니다. 플루 교수님도 몇 주 동안 저희 집에 와서 머무른 적이 있기에 제 아내를 알고 계십니다.

아내의 죽음은 물론 제게 악과 고통의 문제를 가져왔습니다. 이 모든 일이 벌어졌을 때, 한 대학원생이 전화 통화 중에 제게 이렇게 물었습니다. "예수님의 부활이 없었다면 교수님은 어떠셨을까요?" 저는 깨달았습니다. 예수님이 만일 죽은 자 가운데서 살아나셨다면, 그것은 모든 것을 바꾸어 놓습니다. 그것은 제 아내도 예수님처럼 부활할 것이라는 의미이기 때문입니다. 아내의 죽음을 마주하고 앉아 있는 제게 이는 매우 의미심장한 깨달음이었습니다.

오늘밤 내내 언급했던 고린도전서 15장 마지막 구절을 인용하며 말씀을 마치겠습니다. 바울은 죽음을 조롱하고 있습니다. 그는 이렇게 외칩니다. "사망아, 너의 승리가 어디 있느냐. 사망아, 네가 쏘는 것이 어디 있느냐." 바울은 이렇게 말하고 있는 것과 마찬가지입니다. "너는 가진 것이 아무것도 없다. 가진 것이 아무것도 없어." 계속해서 바울은 그 이유가 예수 그리스도의 부활 때문이라고 말합니다. 바울은 학자였습니다. 조금 전 플루 교수님은 그를 대단히 훌륭한 철학자라고 평했습니다. 바울이 기독교로 회심한 이유는 그가 부활하신 예수님을 보았기 때문입니다. 저에게는, 저의 사고 체계 안에서는, 만일 주후 30년에 부활이 일어났다면 그것은 오늘날에도 의미 있는 사건입니다. 제 가족에게나 1995년 우리가 지나온 모든 시련에 대해서나 말입니다. 부활을 믿는다면 여러분은 많은 것을 가지고 있는 것입니다.

청중 질문

1. 제자들이 예수님의 시신을 훔쳤는가?
   예수님의 신성은 부활로 완성되는가?
2. 바울의 자료는 믿을 만한가?
3. 고대 문서 가운데 무엇이 증거가 될 수 있는가?
4. 부처나 달라이 라마에 대한 증거와는 무엇이 다른가?
5. 플루가 기독교에 반대하게 된 동기는 무엇인가?
6. 인간이 죽으면 그저 존재를 마감하게 되는 것인가?
   '파스칼의 내기'를 따라보는 것은 어떤가?
7. 예수님이 부활하신 것이 아니라면 시신은 어디로 갔는가?
8. 예수님이 하나님의 아들이라면 부활이 과연 기적인가?
9. 하나님이 계시다면 구체적인 증거를 남겨 놓지 않았을까?
   또 증거를 찾는 것은 믿음과 모순되지 않을까?
10. 예수님의 제자들이 기대했던 부활은 무엇이었나?
11. 고대 증거들이 과연 오늘날에도 가치 있는가?

사회자 이렇게 해서 공식적인 토론 순서는 마무리되었습니다. 이제 청중 여러분께서 질문해 주시기 바랍니다. 말씀하실 때에는 연설하시는 것이 아니라 질문하시는 거라는 점을 기억해 주십시오. 가능한 간략하게 질문해 주시기 바랍니다.

하버마스 질문자들께서 토론자 중 누구에게 하는 질문인지를 밝히실 겁니까?

사회자 아, 그리고 질문은 구체적으로 두 분 가운데 어느 분께 하시는 것인지를 분명히 해주십시오. 손을 드신 분이 한 분 계시군요. 네, 질문하십시오.

질문자1 사실 두 교수님 모두에게 답을 듣고 싶습니다. 두 가지를 질문하고자 합니다. 첫째로, 예수님의 제자들이 자신들의 운동을 계속하기 위해 그의 시신을 옮기고 숨겼다는 의혹에 대해서는 어떻게 생각하시는지 궁금합니다. 그리고 다른 질문은, 예수님의 신성이 부활에 의존하는가 입니다. 만일 부활이 없었다면 신성도 성립되지 않는 것인가요? 두 가지가 서로 의존적인가요? 이것이 제 질문입니다.

하버마스 네, 두 가지 질문이 있군요. 여기 두 가지 대답을 드리겠습니다. 첫 번째 질문은 제자들이 자신들의 주장을 관철시키기 위해 예수님의 시신을 훔쳐냈다는 가설에 대해 어떻게 생각하느냐였지요? 부활에 대한 설명들의 역사 속에서 이 가설은 1760년 독일의 합리주의자 헤르만 라이마루스(Hermann Reimarus)가 주장했던 이래 어떤 비평적인 학자에 의해서도 지지된 적이 없습니다. 비평가들이 어떤 이론에 대해 관심을 두지 않는다면 왜 그러는지 이유가 있을 것입니다. 사실 그 가설에는 여러 가지 문제가 있습니다.

누군가 자신의 입장을 지키기 위해 죽음을 마다하지 않는다면, 그 입장이 무엇이냐를 떠나 (공산주의를 위해 죽는 무신론자도 있겠지요) 그가 우리를 속이려 한다고 말하기 어려울 것입니다. 그 사람이 정말로 죽음을 받아들였다고 해 봅시다. 그렇다면 이렇게 말할 것입니다. '나는 그의 말을 믿지 못하지만, 어쨌든 그 사람은 자신이 전하던 것을 정말로 믿었던 모양이야.'

플루 교수님은 아마도 무언가를 믿는 행위가 그것을 진리로 만들지는 않는다고 지적할지 모르겠습니다. 맞는 말입니다. 하지만 요점은 이것입니다. 만일 제자들이 자신들이 믿었던 어떤 것 때문에 기꺼이 죽고자 했다면, 이 점에 대해서는 아주 많은 증거들이 있습니다. 원하신다면 초기 기독교 역사에 나타난 증거들을 언급할 수 있습니다. 어쨌든, 그렇다면 제자들은 최소한 그것을 굳게 믿었다는 말입니다. 그렇기 때문에 제자들이 시신을 훔쳤고 부활 현현에 대해 거짓말을 했다는 가설은 커다란 문제를 안고 있습니다. 그들의 행동을 설명하는 것이 거의 불가능하기 때문입니다. 뿐만 아니라 예수님을 따랐던 제자들뿐 아니라 불신자였던 야고보와 바울의 증언도 있습니다. 제자들이 그들의 음모에 야고보와 바울을 어떻게 끌어들일 수 있었겠습니까? 이 밖에도 다른 문제들이 많습니다.

또 다른 질문은 부활 없이 우리가 예수 그리스도의 신성 교리를 가질 수 있느냐였습니다. 이론적으로 예수님은 이렇게 말할 수도 있었습니다. '나는 신이다. 믿거나 말거나.' 혹은 '나는 신이다. 이 사람의 다리를 고쳐 증명하겠다.' 그렇다면 우리는 그 말의 근거를 검토하여 그 말에 대해 어떤 입장을 취할지 생각해야 할 것입니다. 네, 그렇습니다. 그렇게 해서 예수님이 신이라고 하는 주장을 검증해 볼 수도 있을 것입니다. 하지만 제가 드리고 싶은 말씀은, 그런 것은 입증할 가치가 별로 없을 것이라는 점입니다. 뿐만 아니라, 예수님의 주장이 그것이 아니었습니다. 예수님은 '나는 신이다. 죽은 자들 가운데서 부활하여 그것을 보이겠다'라고 하셨습니다. 여기서 예수님은 궁극적인 주장을 하십니다. 사느냐 죽느냐와 같은 식입니다. 그렇기 때문에 바울은 말하길, 만일 그리스도가 다시 사셨으면 기독교 신앙이 진리임을 알 수 있을 것이고, 그렇지 않으면 우리의 믿음은 헛되다고 했습니다.

질문자2 하버마스 교수님께 드리는 질문입니다. 교수님은 바울이 외부에서 신앙고백문을 받았다고 했습니다. 그것이 검증 가능한 성경 외부의 자료입니까?

하버마스 바울은 "내가 받은 것을 너희에게 주노라" 혹은 "내가 받은 것을 너희에게 전하였노니, 이는 성경대로 그리스도께서 우리 죄를 위하여 죽으시고 장사지낸 바 되었다가 성경대로 사흘 만에 다시 살아나사…"라고 말하며 부활 현현을 본 사람들을 열거하였습니다. 이 부분은 바울이 만든 것이 아니라 바울 이전에 모아진 것으로 그가 다른 누군가에게 받은 자료입니다. 그것을 자신의 서신에 포함시킨 것입니다. 이 점과 관련하여 비평가들이 대부분 지지하는 입장은 바울이 주후 35년, 즉 예수님의 십자가 처형으로부터 5년 후, 예루살렘에 방문했을 때 이 자료를 받았다는 것입니다. 이것은 바울의 증언입니다.

질문자2 바울이 그 자료를 누구로부터 받았는지에 대한 정보가 있으십니까?

하버마스 비평 학자들은 갈라디아서 1:18-19에 기록된 바울의 언급을 대단히 중요하게 받아들입니다. 그 내용은 바울이 회심한지 겨우 3년이 지나 예루살렘에 올라갔고, 베드로와 예수님의 형제 야고보를 만났다는 것입니다. 직접적인 방문 목적은 신약 성경이 반복적으로 분명하게 밝히는 대로, 부활을 포함하여 복음의 내용과 관련 있습니다. 몇 구절 아래서 바울은 14년 후 다시 예루살렘을 방문했다고 기록하고 있습니다. 복음의 핵심을 구체적으로 논의하기 위해서였습니다(2:2). 베드로와 야고보, 요한 등 다른 사도들은 그의 메시지에 동의했고 거기에 아무것도 더

하지 않았다고 했습니다(2:6, 9). 그리고 바울은 또 기록하길, 몇 해 후 자신과 다른 사도들은 예수님의 부활에 관해 동일한 내용을 가르쳤다고 했습니다(고전 15:11). 그렇기 때문에 학자들 사이에서는 바울이 아마도 그 신앙고백문을 주후 35년, 그가 예루살렘에 처음 방문했을 때 받았을 거라는 합의가 이루어져 있습니다. 최소한 이 네 명의 주요 사도들이 기독교 역사 초기에 복음의 메시지를 두고 논의했고 세부사항에 대해 합의했다는 점을 알 수 있습니다. 이 점에 의문을 제기하는 학자는 거의 없습니다. 하지만 분명히 기억해야 할 것은 이것은 바울이 그 메시지를 받고 확인하였던 때라는 점입니다. 그에게 전한 다른 사도들은 바울이 오기 전에 이미 그 메시지를 가지고 있었습니다. 또한 그 메시지에 언급된 사건들은 그보다도 앞선 시기에 이루어졌습니다. 그렇기 때문에 우리는 비평 학자들이 지적하는 바와 같이 이 모든 일들이 벌어진 바로 그 시점으로 돌아오게 됩니다.

질문자3 저는 플루 교수님께 증거에 대해서 좀더 구체적인 설명을 듣고 싶습니다. 고대 문서에서는 무엇이 증거로 여겨질 수 있습니까? 하버마스 교수님께서는 신약 성경 밖에서 고려해 볼 만한 자료를 제시하신 것 같습니다. 부활에 관해서는 당시 예수님의 제자가 아니었던 사람이 부활 현현을 보았던 것이 이에 해당할 것 같습니다. 다소 사람 사울이 그런 사례에 포함될 것 같은데요. 제가 보기에는 예수님의 제자들을 박해하던 삶에서 극적으로 변화한 것이 일종의 증거가 될 수 있을 것 같습니다. 그렇다면 사울이 실제로 예수님의 제자가 아니었다는 주장을 지지해 줄 수 있는 외부의 자료가 있나요?

사회자 질문하시는 요지가 다소 사람 사울의 역사적 성격인가요? 아니면 플루 교수님께서 어떤 역사적 증거를 인정하고 있는지를 질문하시는 건가요?

질문자3 기본적으로 바울에 관한 질문인 것 같습니다. 바울에 대해서 묻고 싶습니다. 제가 어려움을 겪고 있는 부분이 그 부분이거든요. 제가 보기에 바울은 자신의 목격담을 펼쳐 보이는데, 그가 정말로 제자가 아니었는지가 확실치 않은 것 같습니다. 한 번의 현현을 본 것으로 모든 것이 너무 갑작스럽게 변했습니다. 이 부분이 조금 걸립니다.

플루 질문의 요지를 명확하게 파악하지 못하겠네요. 하지만 뭔가 말할 것이 있습니다. 바울은 바로 그가 개종자라는 이유 때문에 중요하고도 강력한 증인이 되는 것 같습니다. 그는 이미 믿고 있던 사람이 아니었습니다. 그리고 바울이 본래 믿던 신자가 아니었다는 점은 그가 적극적인 반대자였다는 점 때문에 대단히 명백해집니다. 제 생각에는 이 점이 아마도 증거들 가운데 가장 강력한 것의 하나로 받아들여지는 것은 바로 그가 자신이 본 환상으로 말미암아 개종했기 때문인 것 같습니다. 물론 저는 그 환상의 본질이 애매모호하다고 생각하고 있습니다. 하지만 그래도 바울은 여전히 그 환상으로 인해 기독교 신앙 확산의 적극적인 반대자에서 완전히 회심했습니다.

사회자 플루 교수님은 바울의 이야기를 증거로 인정하기는 했습니다. 하지만 설득되지는 않으셨네요. 하지만 놀랍지 않으십니까? 심지어 사울과 같은 불신자, 박해자조차 하나님을 굳게 믿고 있습니다.

플루 논의할 충분한 가치가 있는 문제입니다. 바울은 가장 강력한 증거입니다. 그가 탁월한 철학적 사고를 했고 주요 개혁가들처럼 지성인이었다는 점을 차치하고도 말입니다.

사회자 그런데 본디오 빌라도에게 예수님이 나타나셨다면 좋았을 텐데요. 그랬다면 더 확실하지 않았을까요?

하버마스 네, 정말 그랬을 것입니다. 하지만 부활 현현이 과연 그를 움직였을지는 모르겠습니다. 제가 이 주제에 대해 탐구하던 때가 생각납니다. 그리스도인들과 논쟁하면서 그렇게 말했습니다. "예수님이 빌라도에게 나타나셨다면 모든 게 명쾌했을 텐데." 물론 예수님은 자신의 형제 야고보에게 나타나셨습니다. 야고보는 외부인은 아니지만 가족 내의 회의주의자였습니다. 이렇게 하여 회심한 회의주의자는 두 명이 되었습니다. 하지만 제가 회의주의자였던 때의 이야기를 하나 해드리겠습니다. 제가 살던 집에는 커다란 나무가 한 그루 있었는데 저는 그 나무를 보며 이런 생각을 했습니다. '만일 하나님이 정말 실재하신다면 이 나무를 쓰러뜨릴 수 있을 거야.' 저는 그 앞에 서서 나무를 한참 노려보았지만 아무 일도 일어나지 않았습니다. '그럴 줄 알았어' 하며 발길을 돌렸죠. 그런데 무슨 일이 벌어졌는지 아십니까? 그날 밤 태풍이 불어서 그 나무가 쓰러진 것입니다. 딱 그 나무 하나 만요. 이후 몇 해 동안 저는 그 나무 앞을 매일 지나다녔지만 제 의심에는 전혀 변화가 없었습니다. 그래서 저는 의문이 듭니다. 부활 현현 자체가 의심을 정말 사라지게 만들까요?

사회자 그것이 플루 교수님을 변화시킬까요?

하버마스 글쎄요. 모르겠습니다.

사회자 하지만 하버마스 교수님은 이제 부활을 믿고 계십니다. 본디오 빌라도에게 예수님이 나타나는 것보다 훨씬 약한 경험을 했는데도 말입니다. 교수님께서 가진 증거로도 충분하군요.

하버마스 제가 무엇을 보고 싶은지 아십니까? 저는 플루가 부활하신 예수님을 보았으면 좋겠습니다.

사회자 저도 사실 플루 교수님께서는 어떤 경험을 하셨는지를 여쭤보고 싶었습니다.

하버마스 어쨌든 여러분 혹시 모르실까 봐 말씀 드리지만, 플루 교수님과 저는 거의 20년을 친구로 지내 왔습니다. 또 여기에서도 며칠 동안 매우 즐거운 시간을 함께 보내고 있습니다. 제가 플루 교수님께 농담하듯 말하는 것들도 사실 모두 존경하는 마음으로 하는 말들입니다. 교수님은 제게 좋은 친구이고 저는 교수님께 진심으로 감사하는 마음을 가지고 있습니다.

사회자 두 분은 서로 언성을 높이시거나 하신 적이 거의 없으시죠. 다음 질문 하실 분은, 여기 가운데 줄에 계시는 분입니다.

질문자4 하버마스 교수님께 드리는 질문입니다. 교수님께서는 우리가 증거에 관심을 가져야 한다고 말씀하셨습니다. 그리고 예수님이 정말로 부활하셨다는 역사적 증거가 아주 많다고 하셨고요. 그런데 우리 시대 14대 환생 부처로 추앙된, 티베트에서 발견된 한 소년에 대해서도 많은 증거가 있다고 합니다. 그 소년은 진짜 14대 환생 부처가 아니라면 몰랐을 많은 것들에 대한 시험을 통과했다고 알려져 있습니다. 그렇다면 우리는 어떤 증거를 믿어야 하는지 어떻게 결정할 수 있을까요?

하버마스 그 주장에 대하여 어떤 것이 증거가 될 수 있느냐는 질문인가요?

질문자4 이런 이야기도 있습니다. 그 소년이 어떤 방으로 달려 들어가 서랍 하나를 가리키며 말했다고 합니다. "내 이가 저기 있어요." 거기에는 13대 달라이 라마의 치아, 틀니가 있었다고 합니다. 사람들은 그 소년을 여러 가지 방법으로 엄격하게 시험했다고 합니다.

사회자 14대 달라이 라마임을 증명하기 위해 사전에 규정된 심사 방법이 있었는지를 여쭤봐도 될까요?

질문자4 그가 14대 달라이 라마임을 증명하기 위해…. 글쎄요. 제가 궁금한 것은 만일 또 다른 종교적 세계관을 지지하는 사실적 증거들이 있다면 교수님은 어떤 역사적 증거들을 취해야 할지를 어떻게 알 수 있으십니까?

하버마스 좋은 질문입니다. 질문자께서는 환생과 같은 것을 말씀하시는 것이죠. 맞습니까? 환생에 관한 저명한 전문가로는 의사이자 버지니아 대학 교수인 이안 스티븐슨(Ian Stevenson)이 있습니다. 여기 계시는 린치 교수님도 그분을 알고 계실 것입니다. 버지니아 대학에서 공부하신 적이 있으시기 때문입니다. 스티븐슨은 환생에 관하여 몇 권의 저서를 집필했는데 관련된 수많은 사례들을 검토하였습니다. 예를 들어 '이 마을에 가서 오른쪽으로 돌아 이런 곳에 가면 이렇게 생긴 조그마한 오두막을 발견하게 될 것이다' 따위의 말을 하는 사람들요. 온갖 경우를 조사해 본 끝에 스티븐슨 박사는 그 모든 자료를 설명할 수 있는 두 가지 이론이 있다는 결론에 이르렀다고 합니다. 하나는 환생이고 다른 하나는 일종의 귀신에 홀렸다는 이론입니다. 그는 두 이론 모두 모든 사례를 설명할 수 있다고 했습니다. 다시 부활의 주제로 돌아가서 질문에 답을 드리자면, 제가 보기에 질문자께서는 알려진 사실을 설명할 수 있는 또 다른 대안을 찾고 싶어 하시는 것 같습니다.

사회자 그렇다면 교수님께서는 달라이 라마가 귀신에 홀렸다는 입장이신가요?

하버마스 아니요. 저는 그분을 만난 적이 없습니다. 이안 스티븐슨을 인용할 수 있어서 다행스러운데요, 스티븐슨은 자료가 둘 중 어느 하나로든 설명될 수 있다고 했습니다. 두 가지 설명이 존재할 수 있으므로 그 문제는 종결된 것이라고 볼 수는 없다는 뜻입니다.

질문자5 저는 플루 교수님께 질문 드리고자 합니다. 교수님이 쓰신 책들은 아직 읽어 보지 못했습니다만, 무엇 때문에 불교나 힌두교의 신이 아니라 예수 그리스도 혹은 기독교의 하나님에 반대하여 교수님의 철학을 세우게 되셨는지 궁금합니다. 기독교에 반대하는 주장을 펼치게 된 동기가 무엇인가요?

사회자 플루 교수님이 대답하시기 전에, 저는 교수님이 다른 종교에도 동일한 기회를 주실 것이라고 생각합니다. [플루에게] 질문자께서는 왜 교수님의 초점이 반힌두교나 반이슬람 등이 아니라 반기독교에 맞추어져 있는지를 궁금해하고 있습니다. 질문에 대한 부분적인 대답으로 저는 오늘 논의가 부활에 관한 것이므로 불교에는 이와 관련해서 비판할 거리가 그다지 많지 않을 것이라는 생각이 듭니다만. 그렇지 않습니까?

플루 네. 부활이 오늘 저녁 행사의 주제였기 때문이었습니다만, 그래도 좀더 말씀을 드리자면 제 대학원 시절 존경했던 지도 교수님이었던 길버트 라일(Gilbert Ryle) 교수님을 인용해야 할 것 같습니다. 여러분 중에도 마음의 개념에 관한 교수님의 책을 들어 보신 분이 있을 텐데요. 한번은 쾌활한 어조로 이런 말씀을 하셨습니다. "내 동료 중에는 내가 편견에 사로잡혀 있다고 생각하는 사람들이 있어. 하지만 내가 보기엔 동쪽에서 떠오르는 것은 태양 말고는 없어."

질문자6 저도 플루 교수님께 질문하고 싶습니다. 무신론자로서 교수님께서는 인간에게 혼이 없고, 사후세계도 없다고 생각하시는데요. 그러면 인간이 죽으면 그저 존재하기를 그치는 것뿐인가요?

플루 네, 그렇습니다. 지금 제가 질문받은 내용이 과연 제가 미래의 삶이 존재한다고 믿느냐는 것이었죠? 저는 지옥이나 형벌에 관한 교리를 들으면 좀 불편해집니다. 저는 미래의 삶을 믿지 않습니다. 미래의 삶을 원하지도 않습니다. 고맙습니다만 사양하겠습니다. 심지어 천당에 관한 이야기들이 묘사하는 영원한 복락의 삶도 원치 않습니다. 제게는 별로 끌리지 않거든요. 제가 무엇을 믿는지 질문하셨지, 제가 믿는 것에 대한 이유를 밝히라는 말씀을 안 하셨습니다. 동쪽에 관해서는 제 지도 교수님과 제 의견이 꼭 동일하지는 않습니다.

질문자6 그렇다면 교수님, 이런 생각을 해 볼 수도 있지 않을까요? 사후세계에 대한 교수님의 생각이 옳다면, 생전에 무엇을 믿었든, 죽으면 아무것도 남지 않습니다. 얻는 것도 없고 잃는 것도 없습니다. 하지만 반대로 그리스도인들이 옳다면, 그들은 죽으면 하나님과 함께 영원한 복락을 누리게 되지만, 교수님은 죽으면 영원한 형벌이 기다리고 있습니다.

사회자 질문자는 교수님께 '파스칼의 내기'를 제안하고 싶으신 것 같습니다.

플루 아, 네. 파스칼의 내기에 대한 제 생각이 궁금하신 거군요. 하지만 오늘 저녁에는 제가 그 점을 논의할 만한 상태가 아닌 것 같습니다. 최근 그 내기에 대해 떠오른 생각을 어디 적어 놓기는 했습니다만…, 지금은 기억나지 않습니다.

하버마스 상당히 정직한 답변이군요.

사회자 교수님, 그게 답변의 전부인가요? 질문자는 궁금해하는 것 같은데요. 다른 모든 조건이 똑같다고 할 때, 신앙을 가지는 것이 좀더 나은 결과를 가져올 가능성이 있다면 그것을 선택하지 않을 이유가 있을까요?

플루 이 주장이 사실은 이슬람교에서 나온 것이라는 점에 흥미를 가지실 분이 있을지 모르겠습니다. 그것을 파스칼이 따온 것이죠. 제가 생각하기에 파스칼의 내기는 강력한 논증인 것은 사실입니다. 하지만 그것이 실효성을 갖기 위해서는 미래의 삶이 존재한다는 생각이 먼저 있었어야만 합니다. 그렇지 않습니까? 파스칼의 내기는 영원한 형벌이라는 미래를 피하려고 대안 쪽에 내기를 거는 것입니다. 그런데 사실 미래의 삶은 전통적 기독교와 이슬람교가 말하는 예정하시는 하나님에 의해 주어집니다. 그런 하나님을 어떻게 이해해도 선하신 분이라고 볼 수는 없지요. 선에 대한 일반적 이해와도 맞지 않고요. 어쨌든, 파스칼의 내기가 실질적인 내기가 되기 위해서는 내기에 임하는 사람이 미래의 삶에 대한 가설을 상당히 그럴법한 것으로 받아들여야 합니다. 그렇지 않나요? 그런 후라야 만족스러운 미래를 위해 선택하라는 도전을 받아들일 수 있는 것입니다.

미래의 삶이라는 생각은 그다지 건전하고 일관성 있는 개념이 아닙니다. 왜냐하면 인간은 살과 피를 가진 존재니까요. 무엇이 살아남는 것인가요? 아마도 인간이라는 존재를 통제하는 불멸의 영혼일 것이라고 생각하겠지요. 그러나 그것은 누구나 수용할 수 있는 기본적인 사실이 아닙니다. 어떤 이들은 그렇게 배웠으므로 그렇게 믿고 있지만 모두가 그런 것은 아닙니다. 그러므로 우리는 동등하게 합리적인 두 가지 선택 가능성을 대하는 것이 아닙니다. 파스칼은 이 내기가 돈을 거는 것과 같다고 제안했습니다만, (사실 그는 수학자로서 하나의 확률 이론을 만들어 낸 사람이기도 하지요) 따져보면 이것은 경주에서 누가 이길지를 놓고 돈을 거는 것과 다릅니다. 경주의 경우에는 경주가 열릴 것이 확실하고, 누가 경주에 참여할지도 정해져 있기 때문입니다. 파스칼의 내기는 두 가지 선택 가능성이 모두 추측이 그럴듯한가에 의존하고 있습니다. 지금으로서는 이 정도가 제가 답할 수 있는 최선입니다.

사회자 파스칼의 내기에 나오는 실용적인 추론은 다른 패널들을 모시고 다른 기회에 다룰 주제인 것 같습니다. 좋은 질문입니다. 만족스러운 답을 얻지 못하셨다면, 나중에 플루 교수님께 다시 한 번 말씀드려 보십시오.

질문자7 저도 플루 교수님께 묻고 싶습니다. 만일 예수님이 죽은 자들 가운데서 다시 산 게 아니라면, 시신의 위치나 시신에 어떤 일이 벌어졌는지에 대한 다른 역사적인 증거가 있습니까?

플루 모르겠습니다. 아는 체하지도 않겠습니다. 왜냐하면 우리는 시신이 무덤에 놓였는지조차 알 수 없는 처지이기 때문입니다. 물론 기독교에 반대하는 사람들은 시신을 찾고 싶어 했습니다. 그들은 부활하지 않은 시신을 찾고 싶어 했지요.

하버마스 교수님께서는 좀 전에 제가 언급한 일고여덟 개의 이유가 예수님의 장사를 증명하기에 충분하다고 말씀하시지 않았습니까?

플루 네, 그 이유들이면 충분할 것 같습니다.

하버마스 그렇다면 질문하신 분이 알고 싶은 것은, 만일 우리가 예수님이 장사되신 것을 인정할 수 있다면 그다음에 시신에는 어떤 일이 벌어졌느냐는 것 아닐까요? 무덤은 며칠 만에 공개되어야 했습니다. 사람들이 산책 삼아 찾아가서 소문의 진상을 알아볼 수 있는, 도시 내에 있던 무덤이었으니까요.

플루 글쎄요, 저는 시신이 정말로 장사되었다면 무언가 일이 벌어졌다고 생각합니다. 기독교에 또 다른 입장이 있는지는 모르겠습니다. 아마도 있겠지요. 부활했다는 입장일 수도 있고요.

하버마스 그것이 바로 그리스도인들이 믿는 관점입니다.

사회자 질문자는 교수님이 어떻게 생각하시는지를 알고 싶어 합니다.

질문자7 제 말은, 교수님께서 저녁 내내 하버마스 교수님께 시신이 부활했다는 역사적 증거와 기록을 보이라고 물으셨습니다. 그래서 하버마스 교수님은 성경과 여러 기록들을 인용하였고요. 그렇다면 반대로 시신이 그 후에 거기에 그대로 있다든지 아니면 다른 어떤 곳에 있다고 주장하는 다른 기록이나 증인이 있습니까?

사회자 제가 대신 답변을 드려도 될까요? 플루 교수님도 오늘 논의한 역사적 증거들을 가지고 다투시는 것은 아닌 것 같습니다. 교수님께서는 이 증거를 수긍하지만 그래도 그 증거들이 자신이 믿음을 가지게 힐 만큼 충분하다고 생각지는 않으신다고 주장하시는 것 같습니다. 교수님은 시신이 앨버커키(Albuquerque, 미국 뉴멕시코 주의 도시)나 다른 어떤 곳에 있다고 주장하시는 것이 아니라, 그저 '여러분들이 무슨 말을 하는지 알겠고, 여러분들이 그것을 믿는 것은 합리적일 수 있다고 생각하지만 내게는 그렇지 않다'고 말씀하시는 것입니다.

질문자8 저는 하버마스 교수님께 질문하고 싶습니다. 예수님이 정말로 자신은 하나님의 아들이라고 주장을 했고 그리스도인들은 그가 하나님의 아들, 즉 삼위일체 하나님 중의 성자라는 사실을 믿었는지 궁금합니다. 만일 그랬다면 그가 죽은 자 가운데서 다시 산 것이 정말로 기적이라고 볼 수 있을까요? 제가 그리스도인으로서 질문하는 것은, 하나님의 아들, 성자 하나님이 죽은 자들 가운데서 부활한 것이 기적으로 간주될 수 있느냐는 것입니다.

사회자 그러니까 그것은 기적이 아니라는 것이죠? 이미 기대할 수 있는 일이니까?

하버마스 그것이 부활에 대한 그리스도인의 자연스러운 반응입니다. 이런 생각을 한번 해 보겠습니다. 여러분은 1세기에 시골에서 가게 하나를 운영하고 있습니다. 어느 화창한 오후에 예수라는 사람이 하는 이야기를 들으러 가게를 나섭니다. 그가 설교하는 것을 들으니 참으로 특별한 주장들을 합니다. 어째 계산이 되지 않는 주장들입니다. 제 말은, 자신이 하나님의 아들이라고 주장하는 사람을 흔히 만날 수 있는 것은 아니지 않습니까? 상당히 특이하다고 보아야겠지요. 그가 펼치는 주장을 듣고 있지만, 당신은 그리스도인은 아닙니다. 그저 그가 하는 말을 듣다가 머리를 긁적이며 가게로 돌아가겠지요. 참 별난 사람이다 생각하면서 말입니다.

오늘 플루 교수님께서 말씀하신 것처럼, 예수님은 믿기지 않을 만큼 카리스마가 있는 인물이었습니다. 사람들은 그가 대단하다고 생각했을 겁니다. 복음서는 여러 차례 그가 당시의 종교 지도자들 같지 않고, 지혜 있는 말을 했다고 기록하고 있습니다. 그러니 사람들은 그에게 깊은 인상을 받았을 것입니다. 하지만 그럼에도 불구하고 사람들을 자신들의 가게로 돌아가며 머리를 긁적였을 것입니다. '대체 이 사람의 정체가 뭘까?'

그런데 몇 달 후 누군가 여러분의 가게에 와서 말합니다. "이봐, 그 갈릴리 사람 죽었다는 소식 들었어? 아, 글쎄 로마인들이 그를 죽였다네." 오, 이런. 그럼 이제 무슨 생각을 해야 할까요? 여러분은 그저 가게 일을 계속했을 것입니다.

그런데 이 주가 지나자 또 누군가 와서 말합니다. "이봐, 그 얘기 들었어? 자네가 보았던 그 갈릴리 사람이 죽은 자들 가운데서 다시 살아났대! 그 덩치 큰 어부, 베드로란 자가 오늘 우리 마을에 와서 그 이야기를 한대. 뭐라고 하는지 가서 들어 보지 않을래?"

이런 시골 사람들 대부분이 예수님의 메시지를 처음 들었을 때는 매우 회의적이었을 거라고 생각합니다. 하지만 믿게 되었던 사람들에게는 무엇이 결정적인 근거가 되었을까요? 부활이었을 것입니다. 대부분의 사람들에게 예수님의 이야기는 퍼즐 조각을 다 맞추기 전까지는 이해가 되지 않는 이야기였을 것입니다. 부활이 바로 그 모든 퍼즐 조각을 한데 모으는 사건이었을 것입니다. 질문하신 것에 답이 되었는지 모르겠습니다.

질문자9 하버마스 교수님께 여쭤보고 싶습니다. 아까 토론하시면서 부활에 관하여 비디오카메라 같은 구체적인 증거가 있을 수 있는지 잠깐 언급하셨는데요. 정말로 신이 존재한다면 그런 손에 잡히는 증거를 남겨서 우리가 애초부터 이런 논쟁을 벌일 필요가 없게 하지 않았을까요? 게다가 만일 제가 아는 것이 제대로라면, 기독교의 핵심은 믿음이라고 생각하는데요. 부활이 일어났는지에 증거를 찾는 것은 신에 대한 믿음과는 뭔가 모순되지 않나요?

하버마스 믿음에 관한 질문은 이해한 것 같습니다만, 첫 번째 질문은 뭐였죠?

질문자9 제 첫 번째 질문은 만일 신이 존재한다면 손에 잡힐 만한 구체적인 증거를 제공하지 않겠는가 하는 것입니다.

하버마스 물론이죠. 제 말은, 하나님이 꼭 그럴 필요는 없지만, 만일 하나님이 존재한다면 저는 손에 잡히는 증거를 제공하는 것이 그가 할 수 있는 대단히 중요한 일 가운데 하나라고 생각했을 것입니다. 그래서 우리가 역사 속에서 그 증거를 볼 때 이렇게 생각하겠지요. '와, 하나님이 이렇게 했구나.' 제 말은, 그것이 바로 당시에 그들이 부활 현현을 보고 생각했던 바라는 것입니다. 이제 믿음에 관한 질문으로 넘어가겠습니다. 참으로 좋은 질문입니다. 어쩌면 질문하신 분의 의도를 제대로 파악하지 못했는지 모르겠습니다만 제가 이해한 것은 이렇습니다. 기독교란 곧 믿음 아닌가? 그런데 지금 당신은 여기 앉아 밤새 증거에 대해 논하고 있으니, 기독교가 말하는 믿음과 증거는 어떤 관련이 있는가? 질문의 내용이 맞습니까?

질문자9 글쎄요. 구체적으로 부활에 관해 이야기하자면 교수님께서는 교수님의 논증 속에서 부활의 목적은 예수가 하나님의 아들임을 보이는 것이라고 몇 차례 말씀하셨습니다. 그리고 조금 전 유대인 가게 주인 이야기 중에도 그렇게 말씀하셨습니다. 그런데 부활은 그가 존재했다는 것에 대한 증거로 사용될 수는 있어도 신에 대한 믿음을 갖는 것과는 상충하는 것 아닌가요?

하버마스 알겠습니다. 다른 예 한 가지를 더 말씀드리겠습니다. 질문자께서 지금 누군가와 데이트를 하고 있습니다. 얼마 후 그 사람을 지구상에 있는 그 누구보다도 더 잘 알게 되었습니다. 하지만 '네, 평생을 함께 하겠습니다'라고 결혼 서약을 하지 않은 이상 아직 당신은 그와 결혼한 것은 아닙니다. 다른 그 누구보다도 이 사람을 잘 알 수 있지만 그렇다 할지라도 여전히 '네, 함께하겠습니다'라고 말을 해야만 결혼이 성립됩니다.

이 이야기는 기독교에 대한 비유가 될 수 있습니다. 사람들이 그리스도 앞에 나온다는 것은, 예수님께 '네, 함께하겠습니다'라고 말하는 것과 같습니다. 누군가를 정말 잘 아는 것과 그래서 그 사람과 남은 평생을 함께하고 싶어 하는 것 사이에 그 어떤 충돌도 없다고 생각합니다. 하지만 그 후에는 헌약이 필요합니다. '이 나라에서 이루어지는 결혼의 절반은 깨지고 말지 않아?' '이 사람이 겉보기와는 다를지도 모르잖아?' 아시다시피 온갖 종류의 반대할 이유가 있습니다. 하지만 어쨌든 '함께합시다. 저와 결혼해 주시겠습니까?'라고 말해야 합니다.

이것은 믿음과 매우 유사합니다. 마당의 오리를 한 줄로 잘 세워 놓았다고 더 이상 아무런 문제가 없으리란 법은 없습니다. 여전히 마음속에 의혹이 일어날 수 있고 다른 문제가 생길 수도 있습니다. 결혼도 마찬가지입니다. 그렇기에 신중해야 합니다. 모든 정보를 한 줄로 세워 두고 과연 '네, 함께하겠습니다'라고 말할지 말지를 결정해야 합니다. 예수 그리스도에 대해서 '네, 함께하겠습니다'라고 말하는 단계가 바로 믿음이고 헌약입니다. 그것은 여러분이 모든 것을 자세히 따져보는 것과 모순되지 않습니다. 일상적인 경험도 그렇습니다. 처음에 신중하게 살펴보고 그 후에 첫 걸음을 떼는 사람이 급하게 달려드는 사람보다 더 똑똑한 사람입니다. 믿음이든 결혼이든 마찬가지입니다. 그래서 저는 증거와 믿음 사이에 그 어떤 갈등도 있을 필요가 없다고 생각합니다. 증거를 살펴본 후에도 헌약이라는 단계는 여전히 필요합니다.

질문자10 제자들은 모두 유대교 가르침을 받았던 유대인이었습니다. 당시 유대인들이 메시아에 대하여 가졌던 믿음은 이 땅에 일종의 유대왕국을 건설하는 세상적인 메시아 아니었나요? 그리고 제가 알기로는 구약 성경은 부활 사상을 가르친 적이 없습니다. 그렇다면 제자들이 생각했던 부활을 어떤 것이었나요?

하버마스 질문하신 분의 말씀이 대체로 맞습니다. 유대교의 가장 일반적인 관점은 아마도 왕이 나타나 만유의 하나님을 대신하여 하나님의 왕국을 세우는 것이었을 겁니다. 흥미롭게도 다니엘서 7:13-14을 보면 그 사람은 인자(사람의 아들, Son of Man)와 같은 이로 그리스도인들이 성부 하나님(God the Father)이라고 부르는 하나님과는 구별되었습니다.[19] 왜냐하면 동일한 문맥에서 후자는 옛날부터 계신 분(Ancient of Days)이라고 불렸기 때문입니다. 하지만 인자는 왕국을 세우기 위해 이 땅에 옵니다. 정말 흥미로운 것은 예수님이 가장 아낀 칭호가 '인자'였다는 점입니다. 스스로를 칭하는 데 있어 다른 그 어떤 것보다도 인자를 가장 많이 사용했습니다.

여기에는 대단히 많은 함의가 있습니다. 오늘 이 자리에서는 언급할 수가 없겠지만 개인적으로는 예수님이 인자라는 칭호를 사용한 것은 하나님의 아들(Son of God)이 누구인지를 알게 하는 데 긴요하다고 생각합니다. 그 두 호칭은 동일 인물의 두 가지 측면이라고 생각합니다. 둘 다 신성을 가리키는 표지가 될 수 있습니다. 이런 말씀이 질문하신 분의 궁금증을 푸는 데는 별 도움이 되지 않을 수도 있습니다. 지적하신 대로 제자들은 지상왕국을 세울 메시아를 기다렸고 예수님이 그것을 성취할 거라고 생각했습니다. 하지만 예수님은 하나님 나라에 관한 가르침을 다른 방향에서 취했습니다. 예수님이 말씀하셨듯이 하나님의 나라는 땅에서뿐만 아니라 하늘에서도 이루어질 하나님의 통치입니다. 부활은 이 둘 모두를 출범시켰다고 말할 수 있습니다.

질문자11 비디오 증거에 관한 이야기와 비슷한 맥락일 수 있겠는데요. 비디오는 문서 증거에 비교하여 대단히 좋은 증거가 되었을 것 같습니다. 비디오를 보여 주는 것이 그저 공을 던져 터치다운에 성공한 것을 보았다고 말하는 사람만 있는 것보다는 나으니까요. 비디오나 오디오 기록이 있으면 논란의 여지가 없습니다. 하지만 성경과 같은 증거는 시간이 흐를수록 점점 증거로 받아들여지기가 어려운 것 같습니다.

사회자 부활이 우리 시대에 일어나 텔레비전 카메라에 찍혔다면…

하버마스 그랬더라면 참 좋았을 것 같습니다. 다시 한 번 말씀드리지만 저도 그런 것을 하나 가지고 왔습니다. 토리노의 수의를 찍은 사진입니다. 역사상 고고학적으로 가장 많이 조사된 인공유물입니다. 어떤 사람은 이것이 예수님의 부활이 찍힌 사진이라고 말합니다. 사실은, 그런 사진은 가지고 오지 않았습니다. 하지만 좋든 싫든 우리는 고대의 역사적 사건을 다루고 있습니다. 고대 역사에 대하여 우리는 그저 우리가 가진 도구만 사용할 수 있을 뿐입니다. 예를 하나 들겠습니다. 우리는 종종 '카이사르가 루비콘 강을 건넜다'라는 표현을 씁니다. 마치 매우 확실한 사건이라는 듯 언급하곤 합니다. 하지만 카이사르가 정말 루비콘 강을 건너는 것을 목격한 1차 기록은 매우 드뭅니다. 자료가 많을수록 개연성과 신빙성이 높아집니다. 당시에는 비디오카메라가 없었습니다. 하지만 그래도 가진 자료들이 있습니다. 자료들을 분석해야 합니다. 그렇게 해서 고대 역사를 알아내는 것입니다. 고대 역사를 간과해도 되는 사람은 아무도 없습니다. 그러니 우리는 우리가 가진 것과 씨름해야만 합니다.

2부
앤터니 플루의 유신론으로의 여정

앤터니 플루와 게리 하버마스의 대화

무신론에서 유신론으로의 순례

앤터니 플루와 게리 하버마스는 1985년 2월 달라스에서 처음 만났다.[1] 무신론자와 유신론자를 위한 토론의 장이 마련되었는데, 그 자리에 영향력 있는 철학자, 과학자, 그리고 다른 분야의 학자들이 초청을 받았다.[2]

같은 해 5월, 플루와 하버마스는 리버티 대학에 모인 수많은 청중 앞에서 논쟁을 벌였다. 그날 저녁의 토론 주제는 예수님의 부활이었다.[3] 플루는 세계적으로 유명한 무신론 철학자였고 기적에 관한 철학적 논평으로도 명성이 있었다.[4] 하버마스는 예수님의 부활이라는 주제에 정통한 학자였다.[5] 이러한 연구 배경에서 볼 때, 두 사람이 기독교 교리의 핵심인 부활의 역사적 증거에 관해 대화를 나누게 된 것은 자연스러운 일이었다.

그 후 이십 년 동안, 플루와 하버마스는 수십 통의 편지를 주고받으며 진지한 대화를 나눴고 우정을 키워 나갔다. 부활에 관해서도 두 번 이상 공개 토론을 했다. 2000년 4월에는 존 앵커버그가 사회를 보는 인스퍼레이션 텔레비전 네트워크 토론에 참여했고[6], 2003년 1월에는 샌 루이스 오비스포에 있는 캘리포니아 공과대학에서 부활에 관한 대담을 하기도 했다.[7]

마지막 공개 토론 이후 한두 차례 전화 통화를 하면서, 플루는 하버마스에게 유신론자가 되는 것을 고려중이라고 말했다. 그는 그의 입장을 당장 바꾸지는 않았지만, 몇 가지 철학적·과학적 문제들이 그로 하여금 유신론에 대해 다시 생각하도록 요청한다고 결론내렸다. 플루는 자신이 아직 무신론자이긴 하지만 무신론에 대해 몇 가지 커다란 의문점이 있다고 했다.

그리고 1년 후 2004년 1월, 플루는 하버마스에게 자신이 이제 유신론자가 되었다고 알렸다. 여전히 기독교나 유대교나 이슬람교의 특별 계시 개념은 받아들일 수 없지만, 유신론이 옳다는 결론에 이르렀다고 했다. 플루의 말을 직접 인용하자면, "나는 증거가 이끄는 곳으로 따라가야 했다."[8]

다음에 소개될 인터뷰는 2004년 초에 이루어졌고, 그해 내내 두 사람이 그 내용을 다듬었다. 여기에서 하버마스는 플루가 어떻게 무신론에서 유신론으로 마음을 바꾸었는지 짚어 보기 위해 몇 가지 주제에 대해 지나치게 전문적이지 않은 질문을 던졌다. 그러나 이 대담의 주요 목적은 특정 이슈에 대한 세부적인 논의가 아니기 때문에, 흥미롭더라도 지나치게 세부적인 논점으로 들어가는 질문이나 대답은 다루지 않았다. 그 과정에서 때로 궁금증만 유발한 채 논의를 진전시키지 못한 경우도 있었지만, 또 다른 기회에 다룰 수 있도록 그 궁금증을 그냥 남겨 두었다. 또 두 사람 모두 억지로 상대방을 설득하려 하지 않았다.

이 대담의 유일한 목적은 플루로 하여금 자신의 순례 과정을 설명하게 하고 그의 새로운 입장에 대해 들어 보는 것이다. 우리는 그 과정 자체가 의미 있다고 생각한다. 그 과정에서 플루의 유년 시절과 대학원 시절, 그리고 철학자로서의 삶 등 다양한 기억들을 듣게 되는 뜻밖의 유익도 얻었다.

하버마스 토니, 최근 제게 하나님의 존재를 믿게 되었다고 말씀하셨는데요. 좀더 구체적으로 말씀해 주실 수 있으신가요?

플루 계시의 하나님에 대해 열려 있기는 하지만 아직 믿을 수 없습니다. 그러나 저는 이제 신이 존재한다는 것을 믿습니다. 아리스토텔레스적 신, 힘과 지성을 지닌 신이 존재한다는 주장이 예전보다 매우 설득력 있게 받아들여집니다. 아퀴나스도 아리스토텔레스로부터 신의 존재를 증명하는 다섯 가지 논증을 위한 자료를 얻었습니다. 아퀴나스는 기독교적 계시의 하나님이 존재함을 증명하기 위해 그 자료들을 활용했지요. 물론 실제로 증명되었느냐는 별개의 이야기지만요. 하지만 흥미롭게도 아리스토텔레스 자신은 **신**이라는 단어를 정의한 적이 없습니다. 그러나 그 개념에서 다섯 가지 유신 논증의 윤곽이 나왔습니다. 그러나 제가 보기에는 아리스토텔레스적 신의 존재로부터는 인간 윤리에 관해서는 아무것도 추론할 수가 없습니다. 그래서 정의(justice)에 대해 아리스토텔레스가 말한 내용은 [미국을 건국한 조상들이 받아들인 정의 개념으로서, 존 롤스(John Rawls)[9]의 '사회적' 정의 개념과는 대조되는] 지극히 인간적인 것이었습니다. 아리스토텔레스는 이러한 정의 관념이 다른 사람과 관계를 맺고 있는 각 개인의 행동을 지배해야 한다고 생각했습니다.

하버마스　한번은 제게 교수님의 관점은 이신론(Deism)이라고 할 수 있다고 말씀하셨는데요. 적절한 표현이라고 생각하십니까?

플루　네, 물론입니다. 미국 독립선언서 초안을 쓴 토머스 제퍼슨(Thomas Jefferson) 같은 이신론자는 이성이, 주로 설계 논증의 형태로 신의 존재를 확신할 수 있도록 돕기는 하지만 신의 초자연적 계시나 신과 개별 인간 사이의 교류 같은 것의 여지는 있을 수 없다고 믿었습니다.

하버마스　그렇다면 좀 전에 신적 계시의 개념에 대해 "열려 있다"고 말씀하신 것에 대해 구체적으로 말씀해 주시겠습니까?

플루　네, 저는 그 부분에 대해 열려 있습니다. 하지만 신으로부터 계시가 오는 것은 별로 기대하지 않습니다. 긍정적인 측면에서는, 예를 들어 물리학자 제럴드 슈뢰더(Gerald Schroeder)의 창세기 1장에 대한 언급에 깊은 인상을 받았습니다.[10] 성경 이야기가 과학적으로도 정확할 수 있다는 점이 그것이 계시일 가능성을 높여 주었습니다.

하버마스　교수님께서는 저와 나눴던 토론과 논쟁이 유신론으로 입장을 바꾸는 데 영향을 미쳤다는 점을 언급하셨습니다.[11] 그리고 자연주의적 관점은 단순한 물질이 어떻게 복잡한 분자들로 진화했는지 개연성 있는 추측을 제시한 적이 없다는 언급도 하셨는데요.[12] 그리고 교수님의 고전이 된 저술 「신과 철학」(God and Philosophy)의 개정판 서문에서 이 책의 초판은 이제 더 이상 의미가 없다고 말씀하셨습니다. 뿐만 아니라 빅뱅 이론이나 미세 조정(fine-tuning) 논증, 지적 설계(Intelligent Design) 논증 등의 유신 논증들이 설득력 있다고 언급하기도 하셨습니다. 이들 논증 중에서는 어떤 것이 가장 설득력 있다고 생각하십니까?

플루　신의 존재를 증명하는 가장 설득력 있는 주장은 아무래도 최근의 과학적 발견에 의해 뒷받침되는 것들이라고 생각합니다. 저는 과거에 칼람 우주론 논증(Kalam cosmological argument)에 깊은 인상을 받았는데, 최근에 그 설득력이 더 강화되지는 않은 것 같습니다. 지적 설계 논증은 처음 제가 그 내용을 접했을 때보다 훨씬 더 강력해졌습니다.

하버마스 그러니까 교수님께서는 빅뱅 이론이나 미세 조정 논증 등에서 발전한 주장들을 좋아하신다는 거죠?

플루 네, 그렇습니다.

하버마스 최근 저에게 도덕성 논증에서는 그다지 설득력을 발견하지 못한다고 말씀하셨는데요. 맞습니까?

플루 네, 맞습니다. 제가 볼 때 도덕성 논증이 호소력 있으려면 도덕을 정당화할 수 있는 신이 있어야 합니다. 그래서 도덕적인 선을 행하는 것이 순전히 신중한 선택의 문제가 됩니다. 저의 청년 시절 도덕 철학가들의 말처럼 '그 자체로 선한 것'이 되지 않습니다. (플라톤의 대화록 에우티프론의 고전적 논의와 비교해 보라.)

하버마스 C. S. 루이스가 「순전한 기독교」(Mere Christianity, 홍성사)[13]에서 제시한 도덕성 논증은 설득력 있다고 생각하지 않으셨습니까?

플루 네, 그렇게 생각하지 않았습니다. 이 이야기를 해드려야 할 것 같은데요, 저는 학부 시절 C. S. 루이스가 주관했던 소크라테스 클럽에 거의 매주 정기적으로 참석했었습니다. 제가 옥스포드에서 수학하던 내내 그 모임은 루이스가 회장이었습니다. 제 생각에 루이스는 그 모임을 창설한 이후 60년 혹은 그 이상 오랜 기간 동안 가장 강력한 기독교 변증가였다고 생각합니다. 제가 발견한 바에 따르면, 1970년대에 미국에서는 제가 방문했던 최소한 절반 이상의 대학 교내 서점에서 그의 책들의 긴

책꽂이의 한 줄 정도를 차지했습니다.

하버마스 교수님께서는 그분에게 동의하는 입장은 아니었지만 그래도 그가 합리적인 사람이라고 생각하셨습니까?

플루 아, 물론이죠. 정말 그렇습니다. 탁월하게 합리적인 분이었죠.

하버마스 신의 존재에 대한 존재론적(ontological) 논증에 대해서는 어떻게 생각하십니까?

플루 이후의 철학에 관한 제 모든 사고와 저작은 길버트 라일 교수님의 지도 아래 있던 대학원 시절의 공부에서 큰 영향을 받았습니다. 라일 교수님은 당시 옥스포드 대학의 형이상학 교수이셨고 "마음"(*Mind*)의 편집자이기도 하셨습니다. 그때 학계에 지대한 영향을 미친 그분의 저작 「마음의 개념」(*The Concept of Mind*)이 처음으로 출간되기도 했습니다.[14] 두 차례 세계대전 사이의 기간 동안 새로운 존재론적 논증이 제기될 때마다 라일 교수는 즉시 그것을 반박했다고 합니다.

존재론적 논증에 대한 저의 초기 무관심은 이후 강력한 거부감으로 발전하였는데 라이프니츠(Leibniz)의 「신정론」(*Theodicy*)[15]을 읽은 후였습니다. 그 책에서 라이프니츠는 인간들 대부분이 영원한 고문을 당하기로 예정된 우주야말로 "가능한 최선의 세계"라고 결론내리는데, 나는 그가 그런 결론에 도달하는 근거가 존재 개념을 선의 개념과 동일시하는 것[이것은 궁극적으로 「국가론」(*The Republic*)에서 플라톤이 선의 이데아를 실재의 이데아와 동일시하는 데서 유래합니다]에 기인함을 깨달았습니다.

하버마스 그렇다면 유신론에 관한 주요 논증들 가운데, 예를 들어 우주론적·목적론적·도덕적·존재론적 논증 가운데 정말로 결정적이라고 인정하시는 것은 과학적으로 보완된 목적론적 논증뿐이라는 말씀인가요?

플루 그렇습니다. 그런데 제가 보기에는 리처드 도킨스(Richard Dawkins)는 다윈이 「종의 기원」(*The Origin of Species*) 14장에서 자신의 모든 주장은 이미 생식능력을 가진 존재로부터 시작한다고 밝히고 있는 것을 고집스럽게 간과하는 것처럼 보입니다. 생식능력을 갖춘 존재의 진화는 정말로 포괄적인 진화 이론으로 설명해야만 하는데, 다윈 자신은 그런 설명을 제공하지 못했다는 사실을 잘 알고 있었습니다. 최근 50년 이상 계속되어 온 DNA에 관한 연구 결과가 설계 논증에 대한 새롭고도 대단히 강력한 근거를 제공했다고 생각합니다.

하버마스 제 기억이 맞다면, 「신과 철학」 새 서문에 이 점을 언급하셨던 것 같은데요.

플루 네, 그렇습니다. 아, 아직 책이 출판된 것은 아니니 그럴 예정이라고 해야겠네요!

하버마스 교수님께서는 아리스토텔레스적 신 개념은 인정하고 계시는데요. 그렇다면 제1원인(First Cause)은 전지하다는 아리스토텔레스의 함의도 인정할 수 있다고 생각하십니까?

플루 이렇게 말해야 할 것 같습니다. 이렇게 근본적인 이슈에 관해서는 어떻게 생각하는 것이 좋을지 확신할 수가 없습니다. 제1원인이 존재하는 이유가 있을 것 같지만, 그 점에 대해 우리가 얼마나 설명해야만 하는지 잘 모르겠습니다. 우주와 그 안의 모든 존재를 설명하기 위해서는 신에 대해 어떤 관념이 필요할까요?

하버마스 만일 하나님이 제1원인이라면, 전지 혹은 전능에 대해서는 어떻게 생각하십니까?

플루 글쎄요. 제1원인이라…. 정말로 제1원인이 존재한다면, 그것이 지금 있는 모든 것을 생산했을 것입니다. 그 점이 "태초에" 창조가 있었음을 암시합니다.

하버마스 같은 서문에서 교수님께서는 아리스토텔레스의 신과 스피노자의 신을 비교하셨습니다. 스피노자에 대한 일부 해석자들처럼 교수님께서도 범신론적 신관을 가지고 계십니까?

플루 그 글에서 저는, 이제는 「신과 철학」이 시대에 뒤떨어진 역사적 문서처럼 여겨져야 하며, 현재 논의에 직접적으로 기여하는 자료로 간주되어선 안 된다고 말했습니다. 저는 스피노자에 공감하고 있습니다. 인간의 상황에 대한 옳은 진술들을 했다고 보기 때문입니다. 하지만 제가 볼 때 스피노자의 중요한 점은 그가 말한 것이 아닌, 말하지 않은 것에 있습니다. 스피노자는 신이 인간의 행동이나 동기에 대해 또한 인간의 영원한 운명에 대해 어떤 선호를 가지고 있다고 말하지 않습니다.

하버마스 데이비드 흄의 저작을 대단히 중시하시는데 그것이 교수님의 하나님의 존재 논의에서 어떤 역할을 했나요? 하나님에 대한 새로운 믿음을 갖게 되신 후에 흄에 대한 어떤 새로운 통찰이 있으십니까?

플루 그다지 없습니다.

하버마스 흄은 하나님이라는 질문에 대해 어떤 식으로든 답을 했다고 생각하시나요?

플루 저는 흄을 불신자로 분류할 수 있다고 생각합니다. 하지만 흥미롭게도 흄은 그가 지원했던 자리인 에딘버러 대학 철학과 학과장에게 요구되는 역할을 모두 기꺼이 받아들일 준비가 되어 있었다는 점이 흥미롭습니다. 그 요구 중 하나는, 간단히 말해 사람들이 기도하고 예배하는 것을 지원, 장려하는 것이었습니다. 흄은 종교적 제도가 사회적으로 유익할 수 있다고 생각했던 것 같고, 그가 살던 시대와 장소에 있어서만큼은 틀림없이 그렇다고 믿은 것 같습니다.[16]

저 역시 감리교 신자로 양육받았기 때문에 객관적인 종교 교육이 지닌 잠재적 유익과 다양한 실질적 유익을 잘 알고 있습니다. 그래서 저는 지난 수십 년 동안 도덕 교육의 필요를 충족하기 위해 제한된 시간 안에 강제적으로 주어지는 종교 교육에 의존하는 것이 위험함을 경고해 왔습니다. 특히 종교적 믿음이 걷잡을 수 없이 쇠퇴하던 기간에 말입니다. 하지만 저를 포함한 여러 사람의 그 같은 경고는 무시되었습니다. 그래서 이제 우리 영국에서는 국가의 지원을 받는 학교에서 종교과목을 의무로 규정해 놓아도 대부분 무시하고 있는 실정입니다. 또한 이에 대한 세속적 대안을 수립하려고 하는 국가 차원의 시도는 관련 정부 위원회에 관여하는 도덕 철학자들의 무능으로 좌절되었습니다. 이들 철학자들은 접두사나 접미사가 붙지 않은 정의와 존 롤스의 「정의론」(*A Theory of Justice*, 이학사)이 말하는 '사회적' 정의의 근본적인 차이조차도 구분하지 못했습니다.

언젠가 꼭 저의 최근 저서, 아마도 마지막이 될 책의 마지막 장을 보내드려야겠습니다. 거기에서 저는 세속 학교의 윤리교육에 적용할 수 있는 수업계획표와 프로그램을 제시하고 있습니다.[17] 그것은 영국과 미국의 현실과 중대한 관련이 있습니다. 미국의 경우 대법원에서 헌법의 정교분리 조항을 완전히 잘못 해석하여 공식적인 언어에서 종교를 언급해서는 안 된다는 식으로 이해했습니다. 영국의 경우는 현재 종교를 가지지 않는 것이 대세이기 때문에 모든 프로그램이나 도덕 교육이 세속적이어야만 한다고 여기고 있습니다.

하버마스 교수님의 저서 「신과 철학」이나 우리가 나눈 여러 차례의 토론에서 볼 때, 교수님이 유신론을 거부했던 주된 동기는 악의 문제 때문이었던 것 같았습니다. 하나님에 대한 새로운 믿음을 갖게 된 지금 악이 만연한 이 세상의 현실과 하나님의 관계를 어떻게 개념화하고 계십니까?

플루 글쎄요, 계시가 없다면 왜 우리가 무언가를 객관적인 악으로 인식해야 할까요? 악의 문제는 사실 그리스도인만의 문제일 수 있습니다. 무슬림들은 인간이 악으로 인식하는 모든 것들, 혹은 선이라고 인식하는 모든 것들을 그저 알라에 의해 주어지는 것으로 순종하며 받아들입니다. 제가 열다섯 살 때 처음으로, 우주가 전능하고 선한 존재에 의해 창조되었고 유지된다는 명제가 세상에 부인할 수 없을 정도로 강력하게 존재하는 악과 양립 불가능하다는 생각을 했습니다. 제 생각에는 그것을 계기로 제가 철학을 길로 들어선 것 같습니다. 물론 그 후로 한참이 지나서야 철학에서 선과 존재가 동일시되는 것을 배우게 되었습니다.

하버마스 그렇다면 교수님의 관점에서 볼 때 하나님은 악에 대하여 아무것도 하지 않으신 거군요.

플루 네, 그렇습니다. 많은 악을 창출한 것 말고는 하신 것이 없습니다.

하버마스 교수님은 유신론적 관점에서 정신과 육체의 문제를 어떻게 보십니까?

플루 제가 보기에 사후의 생명에 관해 말하고자 하는 사람은 육체 없는 인간이라는 개념을 생각해야 하는 어려움에 빠집니다. 여기서 다시 한 번 제 대학원 시절 지도 교수인 길버트 라일 교수님이 「마음의 개념」을 출간하셨던 때의 이야기를 해드려야겠습니다.

당시 영국 언론에서는 그 저서에 대해 많은 논평을 쏟아냈습니다. 특히 옥스포드 언어철학이라 불리는 영역에 대한 대체적으로 적대적인 논평들이었습니다. 비판의 골자는 주로, 옥스포드 언어철학이 대단히 심오하고 중요한 분야를 하찮은 것으로 만든다는 내용이었습니다.

그래서 저는 철학과 대학원생 모임(Philosophy Postgraduates Club)에서 "정말로 중요한 문제"(Matter Which Matters)라는 제목의 발표를 하기도 했습니다. 저의 주장은 언어철학적 접근은 임마누엘 칸트가 세 가지 위대한 철학적 주제라 표현한 신, 자유, 불멸의 문제를 간과하는 것이 아니라 오히려 그 문제를 해결하는 것에 실질적인 진전을 약속한다고 주장했습니다.

저 자신도 항상 그 세 가지 영역에 철학적 기여를 하고자 노력해 왔습니다. 실제로 저의 첫 번째 철학 출판물을 세 번째 문제와 관련이 있습니다.[18] 뿐만 아니라 전문 철학자로서 첫 번째 직업을 얻은 지 얼마 되지 않아 라일 교수님께 말하길, 제가 만일 기포드 강의(Gifford Lectures)를 하게 될 기회가 언젠가 주어진다면, 그 제목을 "도덕의 논리"라고 하고 싶다고 했습니다.[19] 그 강의는 육체 없는 영혼이라는 개념을 만드는 것은 불가능하다는 결론을 위해 광범위한 논거를 제시하는 강의였습니다.

하버마스 그 개념이 사후의 생명이라는 관념에 꼭 필요한가요?

플루 존슨 박사(Dr. Johnson)의 사전을 보면, 죽음이란 신체에서 영혼이 떠나가는 것으로 정의되어 있습니다. 존슨 박사와 당시 거의 대부분의(혹시 그 정도가 아니라고 해도) 사람들이 믿었던 바는, 영혼이 현재 거하던 곳을 떠나 다른 거할 곳을 취할 수 있는 혹은 취해야만 하는 존재라는 것입니다. 그렇다면 영혼은 철학적 의미에서 실재이며 단순히 다른 무엇의 특성이 아닐 것입니다.

저의 기포드 강의는 리처드 스윈번(Richard Swinburne)의 「영혼의 진화」

(*The Evolution of Soul*)가 출판된 후에 나왔습니다.[20] 그래서 제 강의가 「소멸하는 인간? 당신은 죽음에서 살아남을 수 있는가?」(*Merely Mortal? Can You Survive Your Own Death?*)[21]라는 제목으로 재출간되었을 때, 사람들은 제가 스윈번이 저의 동일 분야의 이전 저술들에 대해 제기했던 비평들에 대해 응답할 것이라고 생각했을 것입니다. 하지만 당혹스럽게도 그는 제 논문이나 2차 대전 이후 발표된 그 어떤 관련 저작도 살펴보지 않았습니다. 2차 대전 이전에 어떤 논문이나 저작이 있었는지 찾아보는 것은 아무런 의미가 없는데, 미래의 생명에 대한 물음을 기포드 강의에서 다룬 학자가 이전 60년 동안 스윈번과 저뿐이었기 때문입니다. 더 놀라운 사실은 스윈번은 그의 기포드 강의에서, "기억은 개인의 정체성을 드러낼 수는 있으나 그것 자체가 정체성을 구성할 수는 없다"라는 버틀러 주교(Bishop Butler)의 결정적인 관찰을 무시했다는 것입니다.[22]

하버마스 교수님과 저는 임사체험에 관해 몇 차례 대화를 나누었는데요, 특히 자신과 떨어져 있었던 경험에 관한 자료를 보고하는 사람들에 대해서도 대화를 나누었습니다. 심지어 심장박동이나 뇌파가 존재하지 않았던 순간에 일어난 일을 보고하는 경우도 있었는데,[23] 두 번째 관련 대화 이후 교수님은 제게 편지를 보내 이렇게 말씀하셨습니다. "임사체험에 관한 자료들이 제게는 큰 도전이 됩니다.…이러한 증거들은 미래의 생명에 대한 저의 논증을 완전히 무너뜨리지는 않지만 분명 약화시킵니다."[24] 이처럼 증거가 제시된 임사체험을 고려할 때 사후의 생명이 존재할 가능성을 어떻게 보십니까? 특히 교수님의 유신론적 관점에서 말입니다.

플루 육체 없는 존재에 대한 가설을 세워 볼 수 있습니다. 또 기억을 가졌다고도 가정할 수 있습니다. 하지만 자신의 체험에 대한 기억이라 할지라도 그 기억에 선뜻 의존하기 전에, 우리는 먼저 이 가설적인 비육체적 존재의 정체성을 어떻게 규명할 수 있는지 설명할 수 있어야 합니다. 체험이 일어난 즉시에도 규명이 가능해야 하고, (법률가들이 충분한 시간 경과라고 부르는) 일정 기간이 지난 후에도 그 존재를 변함없이 동일한 영적 존재로 여길 수 있는지 보아야 합니다. 우리가 그 육체 없는 영이었다는, 또는 (아마도 존슨 박사와 그렇게 많은 사람들이 믿은 것처럼) 그 존재와 동일시되어야 한다는 증거를 가질 때까지는 임사체험을 미래의 생명이나 영원한 고문이 존재한다는 (위대한 두 계시 종교가 참이라면 그렇겠지요) 증거로 간주해야 할 이유가 없습니다.

하버마스 저 역시 임사체험이 천국이나 지옥의 교리를 증명하는 증거가 된다고 생각하진 않습니다. 하지만 이런 증거들이 사후 생명의 존재 가능성을 높여 주는 것 아닐까요?

플루 저는 여전히 사후의 생명이 존재할 가능성을 믿지 않으며, 존재하지 않기를 원합니다.

하버마스 사후의 생명이 존재하지 않길 원한다 해도, 그것이 존재할 수도 있다는 임사체험 같은 증거들에 대해서는 어떻게 생각하십니까? 물론 육체를 떠난 존재가 어떤 종류의 몸을 가질지는 명확하지 않지만, 어쨌든 임사체험이 사후세계를 엿보는 데 도움이 되지 않을까요? 다시 말해 사후의 생명이 어떤 형태가 될지는 알 수 없지만, 그래도 이런 증거들이 무엇인가를 지지할 수 있지 않을까요?

플루 임사체험에 대해서는 어떤 해석을 제시하기가 쉽지 않습니다. 하지만 저는 그것을 살과 피를 가진 인간이 초감각적으로 지각한 것이라고 이해하고 있습니다. 교수님은 그것을 거의 죽었지만 실제로 죽지 않은 사람의 가설적인 육체 없는 영혼으로 간주하고 싶겠지만, 저는 그럴 수 없다고 생각합니다. 왜냐하면 육체 없는 영혼이라는 개념은 그런 영혼들의 정체를 규명할 수 있는 수단이 제시되기까지는 제대로 의미가 부여된 것으로 볼 수 없습니다. 그 규명은 체험이 일어난 즉시에도 가능해야 하고, 충분한 시간 경과 후에도 그 존재를 동일한 영적 존재로 여길 수 있는지 보아야 합니다. 이것이 되기 전까지는 버틀러 주교의 반대를 늘 기억해야만 합니다. "기억은 정체성을 드러낼 뿐, 정체성을 구성하지는 않는다."

어쩌면 이쯤에서 이런 말씀을 드려야 할지 모르겠습니다. 제가 처음 대학에서 철학 강의를 듣기 오래전부터, 그 시초가 된 영국에서는 아직까지도 심령학(psychical research)이라고 부르고, 다른 곳에서는 대부분 초심리학(parapsychology)이라 부르는 것에 관심이 많았다는 점입니다. 또 저의 최초의 저작은 「새로운 심령학 연구법」(*A New Approach to Psychical Research*)이라고 다소 성급하게 이름 붙인 책이었다는 점도 밝혀야 할 것 같습니다.[25] 이 분야에 대한 관심은 그 후로도 수년간 계속되었습니다.

하버마스   또한 교수님은 제게 보내신 편지에서 임사체험은 "인간의 두뇌작용과 무관하게 의식 활동이 발생하는 것이 가능하다고 보게 하는 인상적인 증거임에 틀림없다"고 말씀하시기도 했습니다.[26]

플루   임사체험 사례에서 가장 인상적이라고 생각하는 점을 고려할 때면 저는 이렇게 자문합니다. '심령' 현상에 대해 첫 번째로 묻는 전통적인 질문이 무엇인가? '누가, 언제, 어디서 그러한 현상을 처음 보고했는가'가 아닌가? 일각에서는 임사체험과 사후경험을 혼동하는 것 같습니다. 임사체험이 사후의 생명이라는 문제에 조금이라도 관련을 맺으려면 반드시 "인간의 두뇌작용과 무관하게 의식 활동이 발생하는 것처럼 보이는 경우라야 합니다."

하버마스 다른 곳에서 교수님은 이런 자료들이 인간의 의식 활동이 "두뇌의 전기 작용"과 별개로 이루어질 수도 있음을 보여 주는 상당히 좋은 증거라고 생각하게 되었다고 말씀하셨고, 그렇게 된 데에는 저의 영향이 있었다고 친절하게도 확인해 주셨습니다.[27] 만일 어떤 임사체험이 증거로 지지될 수 있다면, 임사상태, 심지어 그 사람의 뇌나 심장이 기능하고 있지 않는 동안에 이루어진, 독립적으로 확증된 경험은 상당히 인상적인 증거가 되지 않을까요? 그렇다면 임사체험은 사후의 생명에 대한 최선의 증거가 아닐까요?

플루 아, 네, 그렇습니다. 아마도 가능한 유일한 증거일 것입니다.

하버마스 세 개의 주요 유일신 종교에 대한 교수님의 비판적 논평을 부탁드립니다. 기독교, 유대교, 이슬람교는 각각 철학적으로 어떤 강점과 약점을 갖습니까?

플루 제가 신에 대해 알고 믿는 모든 것이 아리스토텔레스에게서 배운 것이라면, 인간의 행동을 포함한 모든 우주만물은 신이 원하는 바 그대로일 것이라고 가정해야 합니다. 기독교와 이슬람교는 예정론을 말하는 점에서 근본적으로 이런 생각과 일치합니다. 중세시대 기독교가 진리라고 보았지만 종교개혁 이후의 기독교는 진리로 받아들이지 않는 것이 많습니다. 하지만 이슬람교는 종교개혁도 계몽주의적 변화도 겪지 않았습니다. 「신학대전」(*Summa Theologiae*)을 보면 다음과 같은 내용이 있습니다.

인간이 하나님의 섭리에 따라 영생을 부여받는다는 것은 누군가는 그러한 결말로부터 탈락될 수도 있음을 의미하기도 한다. 그것은 유기(reprobation)라고 불린다.…유기는 예지뿐 아니라 그 이상의 무언가를 함의한다.[28]

그 이상의 무언가가 과연 무엇인지, 그리고 얼마나 그 이상인지에 관해서는 「대이교도대전」을 보면 분명해집니다.

하나님은 처음에 피조물에게 존재를 부여하신 분일 뿐 아니라, 그들이 지속하는 동안 그 존재의 원인(보존하시는 원인)이 되시는 분이다. 그러므로 만물의 작용을 거슬러 올라가면 그 원인에는 하나님이 계시다.[29]

그러나 이 하나님의 박사(Angelic Doctor, 토마스 아퀴나스의 경칭)는 언제나 열렬히 찬동하는 당 간부 같은 입장을 취했다고 할 수 있습니다. 그는 유한하고 일시적인 범죄에 대해 영원한 형벌을 가하는 것이나, 조물주가 선택할 자유를 주었기 때문에 범죄가 가능했다는 점에 대해서는 아무런 문제의식을 가지지 않았습니다. 그래서 하나님의 박사는 다음과 같이 말합니다.

성도가 얻은 복을 더 즐거워하도록, 또 그들이 하나님께 더 큰 감사를 드리게 하기 위하여,…그들은 저주받은 이들이 받는 고통을 완전하게 볼 수 있게 된다.…거룩한 정의와 자신들의 구원은 축복받은 이들이 누리는 기쁨의 직접적인 원인이라면 저주받은 이들의 고통은 간접적인 원인이 될

것이다.···또한 영광중에 있는 백성들은 저주받은 이들에 대해 아무런 연민을 갖지 않을 것이다.[30]

코란의 예정론적인 가르침은 성경에 등장하는 심한 말보다도 훨씬 더 공격적이고 분명합니다. 코란에 나오는 다음 구절을 로마서 9장과 비교해 보십시오.

믿음을 부정하는 사람들은 그대가 그들에게 경고하든 또는 경고하지 아니하든 믿으려 하지 아니하매 하나님께서 그들에게 벌을 내리사 그들의 마음을 봉하고 그들의 귀를 봉하고 그들의 눈을 봉하여 버릴 것이라.[31]

하나님은 그들을 위해서 그들의 마음을 정화하려 하지 않으시니 그들에게는 현세의 수치요 내세의 무거운 벌이 있을 뿐이라.[32]

영국에서는 지난 백 년, 어쩌면 그 이상의 기간 동안 지옥의 교리는 강조되지 않았고, 결국 1995년 영국 성공회는 공개적으로 공식 교리에서 지옥의 교리를 제거했습니다. 로마 가톨릭 교회는 지옥의 교리나 예정론을 아직 폐기하지 않고 있는 것 같습니다.

토머스 홉스(Thomas Hobbes)는 킹 제임스 성경이 처음으로 출판된 후 자신의 저작 「리바이어던」(*Leviathan*, 동서문화사)이 출판되기까지 40년 동안 성경 비평에 열중해 있었습니다. 그중 우리 논의와 관련 있는 발견을 인용하겠습니다.

그리고 [악인들이] 영원히 타는 불에 들어가며 의식의 벌레는 결코 죽지 않는다는 말이 있다. 이 모든 것이 영원한 죽음이라는 말에 포함되고, 일반적으로 고통 가운데서 영원히 사는 삶으로 해석된다. 그러나 나는 성경 어디에서도 인간이 고통 가운데서 영원히 살 것이라는 말을 찾을 수 없다. 또한 하늘과 땅에서 모든 것을 원하는 대로 행하시며, 각 사람의 마음을 원하는 대로 이끄셔서 사람들로 하여금 당신의 원하는 바를 행하고 바라게 일하시는 분이, 당신의 값없는 선물 없이는 선을 행하거나 악으로부터 돌이킬 수도 없는 그런 인간이 범한 잘못을, 사람들의 모든 상상을 초월하는 가장 극악한 고통으로 끝없는 시간 동안 벌하신다면, 그런 하나님을 자비의 아버지라고 말하기가 어려워 보인다.[33]

이슬람교에서 아랍 제국주의를 정당화하고 그 이념 아래 아랍 국가들을 연합시키는 원동력은 마르크스주의적 방식으로 가장 잘 설명된다고 생각합니다. 신약 성경과 코란은 비교가 되지 않습니다. 서적 시장에서 성경은 종종 문학으로 읽히기도 하는 반면, 코란 읽기는 유희라기보다는 고행에 가깝습니다. 코란은 순서도 없고 내용상 전개도 없습니다. 모든 장은 길이 순서로 배치되어 가장 긴 장이 가장 앞에 놓여 있습니다. 그뿐만 아니라 코란은 마호메트가 대천사 가브리엘에게 고대 아랍어로 여러 차례에 걸쳐 불특정한 사건들 속에서 받았다고 추정되는 계시를 모아놓은 기록인 만큼 구성에 있어 어떤 상위 원칙을 말하기 어렵습니다.

코란의 내용 구성에 대한 한 가지 관찰은, 거의 언급되지는 않지만 신학적으로 중요한 의미가 있어 보입니다. 모든 장은 "자비로우시고 자애로우신 하나님의 이름으로"라는 문구로 시작합니다. 하지만 아베리

(Arberry) 번역의 코란을 보면 전체 669쪽 가운데 최소한 255쪽에 지옥에 대한 언급이 나옵니다.[34] 한 쪽에 두 번씩 언급되는 경우도 적지 않습니다.

신약 성경의 중요 저자인 사도 바울이 당시 통용되던 주요 언어 세 가지에 모두 능통했고 탁월한 철학적 사고를 가졌던 반면, 마호메트는 비록 설득에 능했고 상당히 역량 있는 군사 지도자였지만 글을 잘 읽거나 구약 성경의 내용에 정통했다고 볼 수는 없을 것 같습니다. 또한 아무리 잘 알려지지 않은 선지자라고 할지라도 당시의 사람이라면 알았을 신에 관한 몇 가지 주요 사항들을 알지 못했던 것 같습니다.

이러한 점은, 길버트 라일 교수님이 전성기를 구가하던 때 활동했던 저의 철학자 동료들이 이슬람교를 KO시킬 반증이라고 부를 만한 문제를 불러일으킵니다. 물론 기독교에 대해서라면 불가능한 논증이겠지요. 만일 제가 이 점에 대한 논문을 쓴다면 반드시 익명으로 해야 할 것입니다.

하버마스 교수님은 성경에 대해 어떻게 생각하십니까?

플루 성경은 기독교의 진실성 여부에 전혀 관심이 없는 사람이라도 마치 최고 소설가의 작품을 읽듯이 읽을 수 있는 책이라고 봅니다. 꼭 읽어 보아야 할 책이지요.

하버마스 교수님은 저와 예수님의 부활에 관해 세 차례 공개적인 대화를 나누었습니다. 부활이 역사적 사실일 수 있다는 쪽으로 조금이라도 생각이 움직이셨나요?

플루 아니요, 전혀 그렇지 않습니다. 부활의 증거로 제시되는 것들은 다른 그 어떤 종교가 주장하는 기적들보다 더 나은 것이 사실입니다. 양적인 면에서나 질적인 면에서 두드러지게 차이가 납니다. 하지만 저의 경우 심령학 연구나 그에 대한 비평을 상당히 많은 읽은 후 부활에 접근

했기에 기적적이고 불가사의하다고 여겨진 사건에 대한 증거가 얼마나 순식간에 폐기될 수 있는지를 잘 알고 있습니다.

심령학 연구자들은 불가사의한 사건의 목격자가 남긴 증거들 중에서도 사건이 있은 후 가능한 빠른 시기에 기록된 것들을 가치 있게 평가합니다. 부활의 경우에도 우리는 당시 예루살렘에 있던 사람들 중에서 기적이라 말하는 그 사건을 실제로 목격한 후 그 즉시 기록한 증거가 없는 셈입니다. 1950년대와 60년대에 호주와 미국의 공격적인 젊은 철학자들이 기적이 아무도 간과하거나 무시할 수 없는 방식으로 실제로 일어나는 것이 가능하다고 주장하는 것을 들은 적이 있습니다. 그들은 이렇게 묻습니다. "하나님이 만일 자신을 드러내시고 경배를 받으시고자 한다면, 이런 식으로 무시할 수도 거부할 수도 없는 종류의 기적을 왜 만드시지 않겠는가?"

하버마스   그러니까 교수님께서는 예수님의 부활에 관한 증거들이 다른 기적 주장의 근거들보다 더 낫다고 생각하시는군요?

플루   네, 그렇게 생각합니다. 훨씬 낫지요. 예를 들어 로마 가톨릭에서 이야기하는 대부분의 자질구레한 기적들보다 낫습니다. 이 점에 대해서는 도널드 웨스트(D. J. West)의 「루르드에서 일어난 열한 가지 기적」(*Eleven Lourdes Miracles*)을 읽어 보십시오.

하버마스   교수님께서는 지난 수년간 그리스도인들이 예수님의 부활이나 다른 주요 교리를 믿는 것은 타당하다는 말씀을 수차례 하셨습니다. 저와 나눈 지난 두 번의 대화에서는 이미 그리스도인인 경우 예수님의 부활을 믿을 이유가 충분히 많다고도 말씀하셨고요. 이 점에 대해 말씀해 주시겠습니까?

플루 네, 그러지요. 그 부분은 제가 최근에 와서야 주목하고 있는, 합리성에 관한 대단히 중요한 통찰과 관련 있습니다. 어떤 개인이 새로운 사안을 믿거나 믿지 않을 합리성은 그 사람이 그 새로운 사안을 맞닥뜨리기 전에 이미 합리적이라고 믿고 있던 것이 무엇이냐에 달렸다는 점입니다. 그렇기 때문에 계시의 신이 존재함을 이성적으로 믿고 있는 사람이라면 미세 조정 논증과 같은 것이 신의 존재에 대한 중요한 확증이라고 여기는 것이 전적으로 합리적인 것입니다.

하버마스 교수님께서는 존과 찰스 웨슬리, 그리고 그들이 남긴 전통에 대해 깊은 존경심을 가지고 있다는 말씀을 하신 적이 있습니다. 어떤 점에서 그분들을 높이 평가하시는 것인가요?

플루 가장 위대한 업적은 그들이 주로 노동자 계층 속에서 감리교 운동을 일으켜 큰 성공을 거두었다는 것입니다. 감리교 운동이 있었기 때문에 영국에 커다란 공산주의 정당이 생기는 것을 막을 수 있었고 노동자 계층으로부터 도덕적 성품을 갖춘 사람들을 풍부하게 배출할 수 있었습니다. 최근 감리교가 쇠퇴한 것이 미혼모 출산이나 범죄가 폭발적으로 증가한 요인 중의 하나라고 생각합니다. 또한 존 웨슬리의 놀라운 헌신과 결단 또한 감동적입니다. 수년 동안 말을 타고 매일 수십 마일을 다니며 일주일에 일곱 번 이상 설교를 했습니다. 최근에서야 알게 된 사실이지만 웨슬리는 예정론에 맞서 논쟁을 벌였고 아르미니우스주의적 대안을 선호했습니다. 그는 영국의 수많은 위대한 아들 딸 가운데 하나였음에 틀림없습니다.

하버마스 웨슬리에 대한 교수님의 존경에는 교수님의 아버지가 목회자였다는 사실도 영향을 미치지 않았을까요? 교수님의 아버지가, 성공회 출신이 아닌 사람으로서 옥스포드에서 신학 박사 학위를 받은 최초의 인물이라고 말씀하신 적이 있으시지요?

플루 네, 두 가지 모두 맞습니다. 제 가족이 감리교도였다는 배경이 웨슬리에 대한 저의 존경에 커다란 영향을 미쳤지요. 그리고 제 아버지는 감리교 대회(Methodist Conference)에서 일 년간 의장을 맡으셨고, 그 외에도 한두 개 기구의 감리교단 대표로 재직하셨습니다. 뿐만 아니라 세계교회협의회(World Council of Churches)와도 관련 있으셨습니다. 만일 아버지께서 1970년대 초반까지 활발한 활동을 하셨다면 감리교단이 세계교회협의회에서 탈퇴할지 말아야 할지의 여부를 재고하려 하셨을 것입니다. 그때는 협회 활동이 소비에트 연방(USSR)의 첩보원에 의해 장악되었을 때입니다.[35]

하버마스 버트런드 러셀(Bertrand Russell)이나 J. L. 맥키(Mackie), A. J. 에이어(Ayer) 등이 오늘날까지도 살아 있었다면 유신론과 관련된 최근의 논의를 어떻게 지켜보았을 것이라 생각하십니까?

플루 러셀은 분명히 최근의 상황에 관심을 가졌을 것 같습니다. 맥키 역시 그랬을 것 같고요. 하지만 에이어에 대해서는 제가 잘 모릅니다. 한두 번 만난 것 외에는 말입니다.

하버마스 그분들이 최근의 논의 때문에 유신론 쪽으로 마음이 움직였을까요? 예를 들어 지금 제 머릿속에는 하나님이 자신의 존재를 증명할 수 있는 근거를 충분히 제공하지 않았다고 한 러셀의 유명한 말이 떠오릅니다.[36]

플루 방금 언급하신 그 말처럼, 러셀이라면 유신론과 관련하여 최근에 나온 증거들을 신중하게 고려했을 것입니다. 또한 바로 그 말 때문에,

그가 새로운 증거들에 깊은 인상을 받았으리라 확신할 수 있습니다. 그리고 그런 변화로 인해 뛰어난 가톨릭 철학자였던 프레드릭 코플스턴(Frederick Copleston)과의 흥미로운 두 번째 대화가 이루어졌을 수도 있습니다.

하버마스 최근까지 교수님은 세계에서 가장 영향력 있는 철학적 무신론자라고 불려 왔습니다. 러셀, 맥키, 에이어 등이 교수님의 유신론으로의 회심에 속상해하거나 화를 내지는 않을까요? 아니면 교수님이 마음을 바꾼 이유를 어느 정도 이해했을까요?

플루 그분들이 아리스토텔레스에 대해 얼마나 이해하고 있는지 모르겠지만, 아마도 그분들은 계시 종교의 신이 아닌 신이라는 관념을 전혀 생각해 보지 않았을 것 같습니다. 하지만 최근 새롭게 소개되고 있는 과학적 논증들에 대해서는 분명 검토해 보았겠지요.

하버마스 C. S. 루이스는 그의 자서전에서, 자신이 먼저 무신론에서 유신론으로 이동했고, 그런 후에 유신론에서 기독교로 이동했다고 썼습니다. 교수님은 기독교를 대단히 존중하고 계신데, 유신론에서 기독교로 한 번 더 이동할 가능성이 있다고 생각하십니까?

플루 그럴 가능성은 거의 없습니다. 바로 악의 문제 때문이지요. 하지만 만일 개종하게 된다면 정통 기독교의 모습이 아니라 다소 괴짜 같은 형태가 될 것 같습니다. 정기적으로 종교 활동에 참여하면서도 믿음은 없을 수도 있고요. 제가 어떤 식으로든 미래의 생명을 원했다면 아마 '여호와의 증인'이 되겠지요. 하지만 확실한 것은, 무슬림이 되진 않을 것이라는 점입니다.

하버마스 토니 교수님, 기쁨과 기대를 가지고 마지막 질문을 드리고자 합니다. 과연 어떤 일이 벌어질지 한번 상상해 보세요. 어느 날 갑자기 기독교가 수용할 만하게 느껴지고 예수님의 부활이 갑자기 좋게 여겨지는 거예요.

플루 글쎄요. 비교를 하자면 예수님은 이슬람교의 마호메트에 비해 대단히 매력적이고 카리스마 있는 인물이라고 생각합니다.

「존재하는 신」 논평_ 게리 하버마스

앤터니 플루의 유신론 재검토

There Is a God: How the World's Most Notorious Atheist Changed His Mind(New York: HarperCollins, 2007), 「존재하는 신」, 청림출판, 2010.

2004년 저명한 철학적 무신론자인 앤터니 플루가 신의 존재를 믿는 이신론자가 되었다고 선언했을 때, 그리스도인들과 회의론자들의 반응은 가히 폭발적이었다. 대중은 물론 학자들 사이에서도 입장 차이를 초월하여 이 같은 충격과 반향을 일으킨 종교 관련 기사는 없었다. 한 사람의 생각의 변화를 두고 이만큼의 관심이 집중된 경우는 없었다. 플루는 자신의 이야기가 이 정도로 관심의 대상이 되는 것이 부당하다고 답했다. 그가 거듭 말했듯이, 그는 그저 증거가 이끄는 데로 따라갔을 뿐이라고 말이다.

몇 가지 배경 설명

나의 관심을 끌었던 것은 플루가 인터뷰에서 여러 번 반복했던 저 마지막 문장이었다. 그를 이미 20년 넘게 알고 지내는 동안 그는 '열린 마음'이라는 표현과 더불어 증거가 이끄는 데로 따른다는 말을 여러 번 되풀이했다. 그는 자신이 신의 존재나 특별 계시, 기적, 사후의 생명, 혹은 데이비드 흄이 이런저런 사안에 대해 오류를 범했을 가능성 등에 대해 열려 있다고 주장해 왔다. 하지만 솔직히 나는 그의 그런 언급을 흘려들었다. 왜냐하면, 그가 정말로 솔직하게 말했다 해도 여전히 자신이 생각하는 만큼 열려 있지 않을 수 있다고 생각했기 때문이다.

그러던 2003년 초, 토니는 유신론을 재고하고 있다는 사실을 내게 알렸다. 그러나 몇 주 후에는 '거대한 의문점들'을 가진 무신론자로 남아있다며 조금 뒤로 물러났다. 그러나 1년 후 2004년 1월, 자신이 유신론자가 되었다고 말하며, 그러나 '계시를 믿는 류'의 신자는 아니라고 곧바로 덧붙였다. 그리고 이어서 그저 증거가 이끄는 데로 따랐을 뿐이라는 말을 처음으로 직접 듣게 되었다. 나는 플루가 과거에 하나님이나 초자연적 영역에 대해 선험적으로 반대하지 않는다는 말을 했던 것을 떠올렸다. 놀라지 않을 수 없었다. 그가 정말로 증거를 진지하게 고려하고 있었다니!

회의주의자들 사이에서는 즉각적으로 비판적인 목소리가 터져 나왔다. 앤터니 플루가 이제 너무 나이가 들었다는 둥, 최근 발표된 논문들을 제대로 따라잡지 못했다는 둥 부정적인 반응이 있었다. 그들은 플루가 만일 최근의 연구를 충분히 검토했다면 그 같은 마음의 변화가 없었을 것이라고 가정했다. 이 밖에도 그가 이제 삶을 마감할 나이가 가까워져서 사후세계에 관해 위험을 분산시키고 있는 것이라는 농담조의 반응도 있었다.

한 가지 끊이지 않던 소문은, 플루가 진정으로 신을 믿게 된 것은 아니라는 소문이었다. 혹은 그가 이미 자신의 실수를 인정하고 유신론을 철회했다는 말도 있었다. 폴 커츠(Paul Kurtz)는 플루의 고전 「신과 철학」의 개정판 서문에서 나를 '제리 포웰(Jerry Falwell)이 설립한 리버티 대학의 전도하는 기독교 철학자'라고 지칭하며, 토니와 나의 대담과 토니가 이제 하나님을 믿게 되었다는 나의 '해석'을 언급했다.[37] 커츠는 플루가 정말로 신을 믿게 되었는지는 여전히 의문이라고 여기는 것 같다. 개정판에 대한 플루의 '최종 서문'이 네 번이나 수정되었다고 설명하자 커츠는 그가 종전의 관점을 정말로 포기한 것인지는 독자들이 판단할 몫이라고 결론지었다.[38]

「신과 철학」의 개정판 서론에서 플루는 1966년 그 책이 처음으로 출간된 후 새롭게 제기된 대여섯 가지 문제를 제기했고, 각각에 대한 의문점들을 언급했다. 거기 포함된 것은 최근의 우주론과 미세 조정 논증, 다윈의 주장에 대한 몇 가지 생각들, 신에 대한 아리스토텔레스의 관점, 그리고 신과 기독교 유신론에 대한 리처드 스윈번의 많은 저서들이다. 유신론에 대한 단서는 몇몇 까다로운 질문들 사이에 흩어져 있었다.[39]

물론 책의 본문은 실제 출판일보다 훨씬 전에 완성되었다. 하지만 몇 가지 뉴스 기사가 먼저 등장했는데, 플루가 자신의 '회심'이라고 말한 이야기를 다루고 있었다.[40] 2005년 초, 나는 오랜 시간 플루를 인터뷰했고 그 내용은 필로소피아 크리스티에 게재되었다.[41] 짐 비벌리(Jim Beverly)도 플루를 상대로 훌륭한 인터뷰를 했고, 플루는 몇몇 주요 기독교 철학자들이 자신에게 미친 영향을 평가했다.[42]

이처럼 다양한 기회를 통해 플루는 자신이 무신론을 포기하도록 설득된 것은 신에 대한 아리스토텔레스의 글과 지적 설계와 관련된 몇 가지 논증 때문임을 직접 설명했다. 하지만 그가 가진 유신론, 좀더 정확히 표현하자면 이신론은[43] 기적이나 사후의 생명 등을 포함하여 특별 계시를 인정하는 종류는 아니다. 하나님의 전통적 속성들을 대부분 인정하긴 하지만 인간에 대한 신의 관여를 인정하는 데까지 이르지 않았다.

그 과정에서 플루는 기독교에 관해, 특히 예수님에 관해 몇 가지 매우 긍정적인 말을 했다. 예수님은 최고의 도덕 철학자이자 카리스마를 가진 출중한 인물이라는 것이다. 바울 역시 탁월한 철학적 사고를 가졌다고 평했다. 또한 플루는 기적을 부인하긴 하지만 부활을 일컬어 역사상 가장 강력한 근거로 뒷받침되고 있는 기적 주장이라고 말했다.[44]

이를 배경으로 우리는 열렬한 무신론자에서 이신론자로 이동한, 플루의 지적 여정의 최근 내용을 살펴보려 한다. 자신의 종교적 관점을 좀더 명료화하기 위해, 특히 그의 회심에 관한 최초의 보도가 지나치게 성급했거나 부정확한 보도였고 후에 이러한 입장을 철회했다고 생각하는 이들에게, 플루는 자신이 입장을 더 명확히 설명한다 새 책에서 플루는 무신론에서 이신론에 이르기까지 자신의 철학적 탐구와 직업적 경력에 관한 모든 이야기를 풀어 놓는다. 더불어 그가 마음을 바꾼 이유가 더욱 구체적으로 제시되어 있으며, 이 과정에서 몇 가지 새로운 측면들도 추가되었다.

앤터니 플루의 영향력

플루의 새 책 표지는 그의 입장 변화를 보여 주기 위해 재치 있게 디자인 되었다. "There Is No God"(신은 없다)이라고 크게 써 놓고는, 'No'에 줄을 긋고 그 위에 'A'를 다시 써 결과적으로 '신은 있다'라는 제목을 만들었다. 플루는 이 저서를 자신의 '최후의 유언이자 증언'이라고 했고 "세계에서 가장 악명 높은 무신론자가 어떻게 마음을 바꾸게 되었나?"라는 부제는 자신이 생각해 낸 것이 아니라고 덧붙였다.[45] 이 책에서 그는 가족, 학교 교육, 저작 활동, 지금은 세계적인 철학자가 된 사람들과의 교류, 그리고 모두가 궁금해한 그가 이신론자가 된 이유 등 자신의 삶을 상세히 밝히고 있다.

책은 로이 바기즈의 서문으로 시작한다.[46] 그리고 이어서 플루의 서론이 나온다. 1부는 "신을 부정하다"라는 제목으로 과거의 무신론에 관한 내용으로 이루어져 있다.

이 책의 책장을 열면 거대한 폭발음을 듣는 것 같은 기분이 든다. 바기즈는 18쪽에 걸친 서문을 통해 전체 내용에 대한 어조를 세운다. 바기즈의 서문은 2004년 후반 앤터니 플루가 신에 대한 믿음을 갖게 되었다는 AP 통신의 속보로 시작된다. 그런 후 바기즈는 그 뉴스를 들은 플루의 동료 무신론자들이 보인 히스테리에 가까운 반응을 언급한다. "내용 없는 욕설과 유치한 왜곡이 자유 사상가들의 블로그 공간에 쏟아져 나왔다. 중세 종교재판과 마녀사냥을 비난하던 바로 그 사람들이 이제 자신들의 이단 사냥을 즐기고 있다. 관용을 옹호하던 이들이 정작 자신에게는 관용이 없음을 보여 주고 있다. 교조주의나 무례함, 광신, 편집증 따위는 종교적 열성분자들만의 전유물이 아님이 분명하다."[47]

바기즈는 다음과 같은 말로 서문을 마무리한다. "무신론의 역사에 있어 플루의 입장은 오늘날의 무신론자들이 내놓는 모든 기획을 초월했다."[48]

이 마지막 문장은 이 책이 소개하는 다른 두 개의 흥미로운 주장에 대한 도입부 기능을 한다. 바기즈는 먼저 현대 무신론 역사에 있어 플루가 미친 영향이 "지난 1백년 역사 동안 그 어떤 주류 철학자도 앤터니 플루가 그의 반(反)신학 저서를 통해 지난 50년간 보여 준 것처럼 체계적이고 포괄적이며 참신하고 영향력 있는 입장을 펼치지는 못했을 것이다"라고 주장한다.[49] 그는 A. J. 에이어, 버트런드 러셀, 장 폴 사르트르, 알베르 카뮈, 그리고 마틴 하이데거 등 잘 알려진 철학자들이 무신론에 기여한 바가 무엇인지를 살핀 후, 이 학자들 가운데 그 누구도 자신들의 개인적 신념을 제시하기 위해 책 한 권 분량의 논증을 펼치지는 않았다고 지적한다.[50]

좀더 최근의 학자들도 언급되었다. 그 가운데는 리처드 로티(Richard Rorty), 자크 데리다, J. L. 맥키, 폴 커츠, 그리고 마이클 마틴 등이다. 바기즈는 이들 학자들이 무신론에 관하여 좀더 많은 내용을 남겼을지는 몰라도 "플루가 혁신적인 저작활동을 통해 한 것처럼 논의의 의제나 틀을 바꾸어 놓지는 않았다"고 했다.[51]

'지난 세기 가장 널리 보급된 철학 논문'[52]인 "신학과 반증 가능성"을 비롯하여, 「신과 철학」, 「무신론 추정」(The Presumption of Atheism) 등의 저작은 한 세대 학자들을 위한 무신론 논의의 철학적 어조를 수립했다. 그 밖에 수많은 저서와 논문은 언급하지 않더라도 현대 철학 강좌를 듣는 사람이라면, 특히 종교 철학 분야에서는 최소한 그의 논제를 소개받지 않을 수가 없다.

바기즈는 그리고 20세기 철학에서 중대하게 다뤄진, 이 책의 두 번째 주제를 제시한다. 바로 플루와 논리실증주의의 관계 문제다. 많은 저술들이 플루의 주장, 특히 "신학과 반증 가능성"에 나타난 생각들을 좀더 섬세하고 분석적인 실증주의의 전개라고 평했다. 때로 플루는 에이어의 「언어, 논리, 진리」(*Language, Truth, Logic*, 나남)를 통해 널리 알려졌으나 후에는 지지를 받지 못한 검증 원리(verification principle)를 덜 교조적으로 적용하는 시도를 했다고 간주되기도 한다.[53]

그러나 플루는 자신의 글을 이런 식으로 해석하지 않았다. 1990년에 그는 논리실증주의가 선험적으로 신학과 윤리학을 배제하는 '오만한 선언'을 했다고 자신의 견해를 피력했다. 이 같은 입장에서 시작된 논의는 종종 교착상태에 빠졌다. 플루는 종교적 이슈에 대한 자유로운 토론의 기회를 제공하고자 했다. "신자들이 개인적으로 각자 자신의 입장을 말하게 하자."[54]

또한 2000년에 나온 한 기사에서 플루는 C. S. 루이스의 소크라테스 클럽에서 그 논문을 처음 읽은 이유를 밝혔는데, "이러한 논의를 좀더 새롭고 생산적인 방향으로 이끌기 위함"이라고 했다.[55] 내가 2005년 옥스퍼드에서 진행했던 또 다른 인터뷰에서, 그는 소크라테스 클럽에서 읽은 그 논문을 실증주의에 대해 문을 세게 닫은 것으로 여긴다고 표현했다. 또한 그 논문의 의도가 종교적 언어에 대한 실증주의의 태도를 논박하려는 것이었다고 말했다. 그러한 시도는 성공적이었고 그 영향이 옥스퍼드 외부로 뻗어나갔다.[56]

이 두 가지 주제, 플루가 20세기 후반 철학적 무신론에 미친 영향과 논문 "신학과 반증 가능성"의 의도는 이 저명한 영국 철학자의 삶을 이해하는 주요 핵심이 되고 있다. 바기즈는 플루의 영향력을 효과적으로 상기시키고 있으며, 이러한 맥락이 있기 때문에 더더욱 "플루의 무신론 포기는 분명히 역사적 사건이다"라고 결론내린다.[57]

바기즈의 서문에 이어지는 서론을, 플루는 무신론에서 이신론으로의 자신의 "회심"을 명확히 하고자 "이제 나는 신이 있다는 것을 믿는다!"라는 문장으로 시작한다.[58] 그리고 플루는 자신의 회심을 두고 "늙었기" 때문이라거나 일종의 "죽기 직전의 회심"이라고 비난했던 이들을 위해 그가 늘 이야기 해왔던 것을 다시 한 번 확인해 준다. 그는 여전히 사후 세계를 믿지 않으며 "파스칼의 내기" 따위는 하지 않는다고 말이다.[59]

몇 가지 독자를 놀라게 하는 언급을 하면서 플루는 철학자로서 자신이 전에도 중요한 이슈에 대해 생각을 바꾼 적이 있음을 독자들에게 상기시킨다. "한때 나는 마르크스주의자였다." 약 20년 전에는 "모든 인간의 선택은 물리적인 원인들에 의해 결정된다고 보았던 종전의 입장을 철회했었다."[60]

무신론자의 탄생

이 책의 1부는 ("신을 부정하다") 세 개의 장으로 구성되어 있는데 각각 "어느 무신론자의 탄생", "증거가 이끄는 곳으로 가다", "차분히 검토해 본 무신론"이라는 흥미로운 소제목이 붙어 있다. 이 부분은 플루의 학자로서의 경력과 연구에 관한 자전적 세부사항과 흥미로운 일화들이 포함된 유익하고 재미있는 읽을거리다.

플루는 1장에서 자신의 어린 시절과 젊은 시절을 회상한다. 여기에는 아버지에 대한 상세한 언급도 포함되어 있다. 플루의 아버지는 옥스포드 대학을 졸업하고 독일 마르부르크 대학에서 2년간 수학했으며 후에 복음전도에 지대한 관심을 가진 감리교 목사가 되었다. 또한 캠브리지의 신학대학에서 신약학을 가르치는 교수이기도 했다. 플루는 그의 아버지를 통해 어린 시절부터, 성실한 연구와 결론을 내리기 전에 관련 자료들을 확인하는 것의 중요성을 배웠다.

플루는 또한 그의 몇몇 무신론 관련 저작에서 자신이 무신론자가 된 과정이 전혀 만족스럽지 않았다고 기술했다. 여기서는 "지나치게 쉽게, 지나치게 성급하게, 후에 잘못된 이유라고 생각하게 된 것들로 인해" 무신론자가 되었다고 말한다. 놀랍게도 그는 무신론으로 변화되기 전의 자신의 초기 유신론을 검토한다. "그 후로 거의 70년 동안 근본적인 전환을 정당화할 충분한 근거를 찾지 못했다."[61] 그럼에도 불구하고 그가 무신론자가 되도록 영향을 끼친 것은 악의 문제였다. 가족들과 함께 독일을 여행하던 중, 그는 나치 사회의 공포스러운 모습을 직접 목격하였고 "반유대주의와 전체주의이라는 쌍둥이 악"을 증오하게 되었다.[62]

뿐만 아니라, 1장에는 플루가 기숙학교에서 사립교육을 받던 시기와 옥스포드 재학 시기의 이야기, 그리고 제2차 세계대전 군복무 이야기와 소크라테스 클럽에서 C. S. 루이스와 논쟁을 벌이던 이야기를 소개한다. 플루는 1948년 루이스와 엘리자베스 앤스컴(Elizabeth Anscombe)이 벌였던 유명한 논쟁도 참관했다. 그리고 옥스포드에서 아내인 애니스(Annis)를 만나게 되었다. 토니는 놀랄 만큼 높은 수준의 윤리 의식을 보여 주는데, 그 원천을 궁금해하는 이들에게, 자신이 비록 아버지의 신앙은 떠났지만 그에게 배운 윤리는 유지했다고 설명한다. 그런 태도는 특히 결혼 전 애니스를 대하는 모습에도 반영되어 있다.[63]

그리고 "증거가 이끄는 곳으로 가다"라는 제목의 2장에서는 젊은 시절 "뜨겁고 열정적인 좌파 사회주의자"[64]로서 품었던 생각들과 당시의 철학적 관심사를 열거한다. 그 안에는 초심리학(parapsychology), 다윈주의 사회윤리, 진화적 진보, 관념론의 문제점, 그리고 분석철학 등이 포함된다. 소크라테스 클럽의 일화를 좀더 자세히 언급하는 부분에서는 "신학과 반증 가능성"과 스스로 "무신론에 대한 체계적 논증"[65]이라고 부른 자신의 걸작 「신과 철학」에 대한 초기의 철학적 응답을 소개한다. 플루는 특히 리처드 스윈번, J. L. 맥키, 그리고 프레드릭 코플스턴의 반응을 논의한다. 지금 그의 결론은, 내게도 여러 번 말했듯이, 자신의 생각의 변화로 인해 「신과 철학」은 이제 '역사적 유물'이 되었다는 것이다. 그러한 변화는 다른 이들의 반응으로부터 촉발되었는데, 이 책에서는 그런 내용을 소개한다.

플루는 또한 2장에서 그의 유명한 저서 「무신론 추정」과 「흄의 신앙 철학」(Hume's Philosophy of Belief)을 둘러싼 논의를 정리한다. 앤서니 케니(Anthony Kenny), 카이 닐슨(Kai Nielson), 랄프 맥아이너니(Ralph McInerny), 그리고 앨빈 플랜팅가의 반응을 열거한 후, 특히 플랜팅가의 사상에 대해서 「무신론 추정」에 대한 "가장 강력한 도전"이라고 평했다.[66] 또한 플루는 양립 가능론을 견지했다가 포기한 것을 포함하여 흄의 몇몇 사상에 대한 자신의 생각 변화를 언급하는 것으로 이 장을 마무리한다.[67]

자신의 무신론 이야기를 마무리하는 3장은 "차분히 검토해 본 무신론"이다. 여기에서 그는 수년간에 걸쳐 토머스 워렌(Thomas Warren), 윌리엄 레인 크레이그, 테리 미티, 리처드 스윈번, 리처드 도킨스, 그리고 나와 진행했던 여러 차례의 논쟁과 대담을 정리한다. 그러한 논쟁과 대담은 공개적으로 이루어진 것도 있고 서면으로 이루어진 것도 있었다. 그는 또한 두 번의 컨퍼런스에 대해서도 언급한다. 첫 번째는 1985년 달라스에서 "O.K. 목장의 결투"라는 이름으로 이루어진 컨퍼런스로, "총잡이들"로 불린 4명의 저명한 무신론자[플루, 폴 크루츠, 월리스 맷슨(Wallace Matson), 카이 닐슨]와 마찬가지로 세계적으로 유명한 유신론 철학자 4명[앨빈 플랜팅가, 랄프 맥아이너니, 조지 마브로데스(George Mavrodes), 윌리엄 앨스턴(William Alston)]이 결투를 벌인다. 두 번째 컨퍼런스는 2004년 뉴욕 대학에서 있었던 것으로 스코틀랜드 철학자 존 할데인(John Haldane)과 이스라엘 물리학자 제럴드 슈뢰더 등과 함께 토론하였다. 바로 이 회의에서 플루는 자신이 신을 믿게 되었다고 발표하여 참석자들을 놀라게 했다.[68]

신은 존재한다

이 책의 후반부는 "신을 발견하다"라는 제목 아래 플루가 왜 이신론으로 회심했는지, 모두가 궁금해하던 그 이유를 제시한다. 모두 일곱 개의 장으로 이루어져 있으며, 플루의 종교적 순례와 우주와 생명의 본성을 다룬다. 그리고 두 개의 부록으로 책이 마무리된다.

"이성의 순례"라는 제목의 4장이 후반부의 논의를 연다. 이 장에서 플루는 신의 존재 문제에 대한 자신의 접근이 과학적이 아니라 철학적이라는 중요한 주장을 제기한다. 그는 이런 언급을 하였다. "나를 비판하는 측에서는 내가 과학 저널의 어떤 논문을 읽지 않았고 자연발생론(abiogenesis)과 관련된 최신의 논의들을 따라오지 못한다는 점을 의기양양하게 지적한다." 그러나 그러는 동안에 "그들은 핵심을 전부 놓치고 있다." 플루의 회심은 철학적 논거 때문이지 과학적 논거 때문이 아니다. "이 수준의 사고는 철학자로서의 사고이다. 건방지게 들릴 수 있는 위험이 있더라도 이 말은 반드시 해야겠다. 이것은 철학자가 해야 할 일이지 과학자들이 과학자로서 할 일이 아니다."[69]

따라서 만일 과학자들이 싸움에 끼어들고 싶다면 그들은 "자신들만의 철학의 두 발로 굳게 서야 할 것이다."[70] 마찬가지로 "철학자로서 발언하고자 하는 과학자는 철학적 논증을 준비해야 할 것이다. 앨버트 아인슈타인도 '과학자는 형편없는 철학자'라고 말한 적이 있다."[71] 4장을 마무리하면서 플루는 자신이 발견한 가장 좋은 모범은 아리스토텔레스라고 말한다. "나는, 그 누구보다도, '아리스토텔레스의 신'으로부터 신 존재 논증을 끌어낸 데이비드 콘웨이(David Conway)에게 설득되었다."[72]

"자연 법칙을 누가 만들었을까?"라는 제목의 5장에서는 아인슈타인과 호킹 등 많은 주요 과학자들과, 스윈번, 플랜팅가 같은 철학자들의 관점을 논의하면서, 자연 법칙과 "신의 정신" 사이에 연결점이 있다는 주장을 편다.[73] 플루는 이것 역시 철학적 논의라고 생각한다. 폴 데이비스(Paul Davies)는 그의 템플턴 상 수상 연설에서 다음과 같이 단언했다. "과학자가 본질상 신학적인 세계관을 가질 때에만 과학은 진보할 수 있다." 왜냐하면 "가장 무신론적인 과학자도 신앙의 행위로서 자연계에 법과 같은 질서가 존재하며, 그것이 적어도 부분적으로 이해 가능하다는 것을 받아들이기 때문이다."[74] 이러한 법칙의 존재는 반드시 설명되어야 한다. 플루는 현대의 많은 사상가들이 "현대 과학의 개념적 중심으로부터 나오는 실재에 대한 비전을 제시하고 그것을 합리적 지성 위에 부과한다. 그 비전은 내가 볼 때 설득력 있고 반박하기 어렵다"라고 결론짓는다.[75]

"우주는 우리가 올 줄 알았을까?"라는 제목의 6장은 자연 법칙에 접근하는 또 다른 각도로서 미세 조정 논증과 평행 우주론(multiverse)을 다룬다. 플루는 평행 우주론을 반대하는 학자들 가운데 데이비스, 스윈번, 그리고 자신을 거명하는데,[76] 반대의 부분적인 이유는 평행 우주론이 단순히 자연 법칙과 생명에 대한 질문을 연장하는 것에 불과하기 때문이라고 한다.[77]

"생명체는 어떻게 생겨났을까?"라는 제목의 7장에서 플루는 신의 존재와 관련된 사항들에 대해 자신이 과학적이 아닌 철학적인 논의라고 부르는 것을 계속해 나간다. 최소한 다음 세 가지 주요 이슈를 다룬다. 생명의 발생에 대한 전적으로 유물론적인 설명이 있을 수 있는가. 최초의 생식의 출현 문제. 그리고 DNA의 문제. 과학 역시 이 문제에 대해서는 결론을 내리지 못했고, 플루가 제시하는 철학적 이슈들과는 다른 질문에 대해 답하고 있다.[78] 플루는 조지 월드(George Wald)에게 동의하며 다음과 같이 마무리한다. "우리가 보는 지구에서 '목적 지향적이고 자기 복제를 하는' 생명의 기원에 대한 유일하게 만족스러운 설명은 무한한 지적 정신의 존재다."[79]

8장의 제목에서 플루는 "무에서 유가 나올 수 있을까?"라는 질문을 제기한다. 플루와의 20년 동안의 우정에도 불구하고, 나는 그가 신의 존재에 대한 우주론적 주장을 발전시키고 옹호하리라고는 생각하지 못했다. 1994년에 발표된 논문에서 그는 데이비드 흄의 철학과 인과율 또는 자연의 법칙을 설명하지 못함에 대해 몇 가지 의문을 제기했었다.[80] 그 후에 플루는 철학자 데이비드 콘웨이와 리처드 스윈번의 업적으로 인해 흄이 제기하는 의문점들은 우주론적 논증으로 해소될 수 있음을 납득하게 된다. 흄에 대한 이와 같은 논박에 힘입어 플루는 이제 신의 존재에 관한 우주론적 논증과 우주의 시작에 대한 최근의 논의의 관계를 자유롭게 탐구할 수 있게 되었다. 플루는 "리처드 스윈번의 우주론적 논증은 매우 가능성이 높은 설명을 제공한다. 아마도 이것이 궁극적으로 옳은 주장인 것 같다"라고 말했다.[81]

플루는 "신의 자리를 발견하다"라는 제목의 9장을 신, 즉 "무소부재한 육체 없는 영"이라는 개념에 대해 자신이 오랫동안 반대해 온 이유를 설명하며 시작한다. 그런 개념은 마치 "신체가 없는 사람"처럼 일관성이 결여된 개념이라는 것이다.[82] 그러나 1980년대와 90년대에 분석적 전통을 가진 유신론 철학자들이 르네상스를 이루었고, 그중 두 명의 학자, 토머스 트레이시(Thomas Tracy)와 (스윈번의 옥스포드 후계자인) 브라이언 레프토(Brian Leftow)가 플루의 질문에 답을 주었다. 플루는 이제 시간과 공간을 초월한 무소부재한 영혼이라는 개념이 내적으로 일관성이 없다는 입장을 철회하였다.[83]

10장 "전능한 존재에 마음을 열다"에서 플루는 신의 존재에 대한 자신의 입장을 구성하는 세 가지 철학적 논점을 요약한다. 즉, 자연 법칙의 기원, 생명의 조직, 그리고 생명의 기원이다. 그렇다면 악의 문제는 어떠한가? 플루는 이것은 별개의 질문이지만 두 가지 주요 선택 가능성이 있다고 보았다. 하나는 세상에 개입하지 않는 아리스토텔레스적 신이고, 다른 하나는 자유의지에 대한 옹호다. 플루는 전자를 선호하는데 후자는 특별 계시에 의존한다고 생각하기 때문이다.[84]

플루는 다음과 같은 더욱 충격적인 말로 이 책의 주요 부분을 마무리한다. "나는 신적 실재에 관해 더 많은 것을 배우는 것에 완전히 열려 있다." "그 신이 인간의 역사 속에 자신을 계시했는지 여부를 포함하며." 왜냐하면 논리적으로 불가능한 것을 제외한 모든 것이 "전능함에는 열려"

있기 때문이다.[85]

　뿐만 아니라 "이미 여러 번 말했다시피, 그 어떤 종교도 예수와 같은 카리스마적 인물과 바울과 같은 최고 수준의 지성을 결합하고 있지 않다. 만일 전능한 신이 종교를 세웠다면 기독교가 바로 그 종교일 것 같다!"[86] 플루는 몇 문장 후에 다음과 같이 장을 마무리짓는다. "전능한 신을 만났다고 주장하는 사람들이 있다. 나는 '아직' 그런 적이 없다. 하지만 앞으로 어떤 일이 벌어질지 누가 알겠는가? 어느 날 나는 이렇게 말하는 음성을 듣게 될지도 모른다. '이제 내 목소리가 들리느냐?'"[87]

　이 책은 두 개의 부록으로 끝을 맺는다. 첫 번째 부록은 리처드 도킨스, 대니얼 데닛(Daniel Dennett), 그리고 샘 해리스(Sam Harris) 같은 학자들의 "새로운 무신론"을 평가한다. 이 첫 번째 부록의 저자인 로이 바기즈는 "인간이 직접적으로 경험하는 현상들 가운데 다섯 가지는 오직 하나님이 존재한다는 관점에서만 설명될 수 있다"고 주장한다.[88] 그 다섯 가지는 합리성, 생명, 의식, 개념적 사고, 그리고 인간 자아이고 바기즈는 각각에 대하여 논의한다. 결론적으로 바기즈는 "우리는 일상의 경험으로부터 추론하여 살아 있고 의식이 있으며 사고할 수 있는 존재가 출현한 이 세계가 살아 있는 원천, 신으로부터 유래했음을 즉각적으로 알 수 있다."[89]

　두 번째 부록은 하나님의 자기 계시(self-revelation)에 관한 글인데, 신약학 학자 N. T. 라이트(Wright)가 썼고 플루의 응답도 간략히 덧붙여졌다. 라이트는 매우 간결하게 예수님은 존재했고, 성육신한 하나님이셨고, 죽은 자들 가운데서 부활하셨다고 주장한다.[90] 플루는 먼저 이 글을 소개하면서 비록 자신은 부활의 기적을 믿지 않지만 기적에 대한 다른 종교의 그 어떤 주장들보다 훨씬 더 인상적이라고 논평했다.[91] 라이트의 논문에 대한 플루의 마지막 평가는 "전적으로 놀랍고, 전적으로 급진적이며, 대단히 강력한" 인상적인 주장이라는 것이었다. 결론적으로 플루는 전능한 신은 그러한 방식으로 행동할 수 있을 것이기에 신적 계시에 대해서도 열려 있다.[92]

논평

플루의 새 책은 흥미로운 읽을거리다. 특히 그의 자전적 이야기들 때문에 흥미가 더한다. 플루가 인생의 갈림길에서 지난 세기 후반 세계적인 철학자들과 만나 대화한 내용들은 정말로 흥미진진하다.

그간 나와 플루의 공개 논쟁이나 대담을 접했던 이들에게는 이 책에서 명료화된 플루의 생각이 반가울 것이며 그리 놀랍지는 않을 것이다. 이 책에 담긴 플루의 말들은 다수가 필로소피아 크리스티에도 실렸던 내용이다. 무엇보다도 이 책은 그의 '회심'의 성격에 대한 온갖 수군거림을 떨쳐 낸 것이다. 그는 정말로 신의 존재를 믿는다. 플루는 처음부터 종교에 관련되는 것을 원치 않고 특별 계시의 가능성도 거부하고 있으나 신의 본성에 대한 그의 관점은 상당히 견고하다.

실제로 그의 이신론은 고전 신학이 말하는 하나님의 속성을 대부분 포함하고 있다. 뿐만 아니라 플루는 특별 계시에 대해서도 열린 마음을 가지고 있다고 몇 차례 분명히 말했다. 그가 최근 내게 말했듯이, 그는 그러한 계시가 일어나거나 혹은 신으로부터 음성을 듣게 될 가능성에 대해 "문을 닫지 않을 것"이다.[93]

물론 다양한 회의주의자들은 여전히 이 책의 내용에 대하여 중요한 의

문점을 가지고 있을 것이다. 그들은 이 책이 선언하는 바에 대하여 만족하지 못할 것이다. 그들이 가진 불만의 성격이 어떠한 것일지 나는 그저 상상해 볼 수 있을 뿐이지만, 플루의 처음 선언에 대해 무신론자들이 그저 소란을 떨고 있다고 말한 바기즈의 비평에 공감하고 있다. 만일 플루가 지난 세기 철학적 무신론에 대한 가장 강력한 수호자였다는 바기즈의 주장이 맞다면, 일부 회의론자들은 자신들과 함께했던 가장 걸출한 철학적 지지자를 잃은 것에 커다란 상실감을 느낄 것이기 때문이다.

이 책이 말하는 몇 가지 사안들 가운데는 좀더 명확한 해명이 필요한 것들이 있다. 예를 들어 플루는 "신학과 반증 가능성"이 실증주의의 성장을 저지하려는 시도라고 했는데, 이것이 정확히 어떤 의미인지 설명해 준다면 유익할 것 같다. 나 역시 이 논문이 실증주의를 조금 완화시켰지만 여전히 분석적 입장을 고수하고 있는 글이라고 배웠기 때문이다.

또한 플루는 자신의 신에 대한 믿음이 과학적인 이유 때문이 아니라 철학적인 이유 때문이라고 한 것은 대단히 의미 있는 구별이다. 하지만 이에 대해서도 의문이 제기될 가능성이 있다. 따라서 이 두 개의 방법론적 입장이 서로 어떻게 다른지를 구체적으로 설명해 준다면 매우 유익할 것 같다. 철학자들은 이러한 구별이 익숙하게 여겨질 것이다. 하지만 철학자가 아닌 이들은 여전히 플루가 신에 대한 두 가지 종류의 논거를 내세우고 있다고 생각할 것이 분명하다. 즉 아리스토텔레스적 논증과 지적 설계론 시나리오 같은 과학적 논증을 결합한 것으로 여길 것이다.

최근 수년간 플루가 몇 차례 언급했듯이 그는 특별 계시나 예수님의 부활과 같은 기적, 그리고 사후의 생명 등의 가능성에 열려 있다. 이 책에서도 그는 계속해서 그러한 사안에 대해 열린 자세를 견지한다. 지면 한계로 그 부분은 더 다룰 수가 없다. 플루가 악과 고난에 대해 언급할 때 아리스토텔레스적 이신론과 자유의지 옹호 가운데 하나를 선택해야 한다는 그의 가정에 대해서는 의문이 생겼다. 그는 후자의 경우에는 신적 계시라는 기본 틀을 선험적으로 수용해야만 한다고 생각한다.[94] 내가 보기에는 자유의지 옹호는 그 어떤 계시도 요구하지 않는다. 따라서 이신론자 역시 자유의지 옹호를 받아들일 수 있다고 생각한다. 만일 그렇다면 그것은 악과 고통의 문제에 대한 또 다른 해결책이 될 수 있다. 하지만 여기서는 논의를 마치도록 하자.

3부
하버마스와 플루의 대화 검토

부활의 의의

데이비드 바게트

하버마스와 플루는 많은 시간과 노력을 들여 예수님의 부활에 대해 논의함으로써 우리에게 유익을 주었다. 역사상 예수님의 부활보다 더 중요한 문제는 아마 없을 것이다. 만일 예수님이 죽은 자들 가운데서 정말로 다시 사신 것이 아니라면, 우리는 기독교를 비신화화하고 위축시키는 분석을 수용해야만 할 것이다. 실제로 고전적 기독교는 거짓이 되고 예수님은 기껏해야 철학자, 최악의 경우에는 미치광이가 되고 만다. 그러나 만일 예수님이 정말로 무덤에서 일어나셨다면, 삶의 의미를 알 수 있는 이보다 더 중요한 실마리가 또 어디 있겠는가? 부활은 정말 중요한 문제다.

플루와 하버마스는 지금까지 세 차례에 걸쳐 논쟁을 했고, 이 세 번째 논쟁이 아마도 그들의 마지막 논쟁이 될 것으로 보인다. 두 사람이 나눈 세 번의 대화는 모두 책으로 출판되었는데, 이제는 한걸음 뒤로 물러나 두 사람의 대화를 분석하고 적절히 평가해 보아야 할 때인 것 같다. 지난

20여 년간 기독교의 진리에 관한, 역사적이고 증거에 근거한 논쟁이 다시금 주목을 받았다. 개혁주의 철학자 앨빈 플랜팅가는 평소 이러한 논쟁에 대해 부정적인 평가를 해 왔지만, F. F. 브루스(Bruce), 윌리엄 레인 크레이그, 스티븐 데이비스(Stephen T. Davis), 게리 하버마스, N. T. 라이트 등의 학자들이 "진지하고도 때로는 대단히 인상적인 역사적 주장을 펼쳤다"고 인정했다. 그는 이전에 증거주의(evidentialism)를 비판하는 입장을 취했음도 불구하고, "증거주의자들의 탁월한 성과를 폄하하거나 그것에 대해 진지하게 검토할 가치가 없다고 주장"했던 것은 아니었음을 분명히 밝혔다.[1]

따라서 나는 이 장에서 하버마스가 펼친 주장의 근거들을 빠르게 살펴보고, 그것에 대한 비판들을 검토한 다음, 그러한 반대 입장을 평가해 볼 것을 제안한다. 그리고 나서는 하버마스가 제시하는 결론과 그에 대한 비판들로 초점을 옮겨, 양측이 제기하는 논쟁과 관련된 다양한 철학적 문제들을 들여다보겠다. 마지막으로 우리는 다시 플루에게로 돌아와, 대단히 흥미로운 그의 지적 여정 가운데 그가 어디쯤 와 있는지 그리고 앞으로 어느 방향으로 나아갈지를 논의할 것이다.

역사적 증거

하버마스는 종종 성경 무오설이 참이라면, 부활을 인정하는 자신의 주장은 무난히 통과될 것이라고 말한다. 그것은 지극히 당연하다. 하지만 더 흥미로운 점은, 그가 만일 성경 무오설이 거짓이라 해도 자신의 주장이 입증될 것이라고 주장한다는 점이다. 하버마스는 주관적 감정이나 사적 확신, 개인의 신념, 종교적 교리뿐 아니라 심지어 성경의 권위에 관한 그 어떤 특정 주장도 근거로 삼지 않는다. 그는 자신의 주장을 '최소한의 사실들' 즉 대부분의 비판적 학자들—그들이 극단적인 보수주의에서 급진적 자유주의에 이르는 신학적 스펙트럼 가운데 어디에 위치하든—이 받아들이는 증거들에 의거하여 세운다. 하버마스는 개인적 선호도에 따라 학자를 선택하지 않고, 가장 인정받는 역사적 연구와 초창기 여러 목격자들의 이야기에 의해 수립된 사실상 공인받은 학계 입장들을 모은다. 다양한 각도에서 역사적으로 검증된 증거들은 설득력 있게 서로를 뒷받침하며 그가 주장의 기초로 세운 기반을 더욱 굳건히 해준다. 만약 어느 한 증거가 논란거리가 된다면, 예를 들어 두 개의 최초 사본에는 없는 마가복음 16:9-20이 이 경우에 해당하는데, 하버마스는 이 내용을 그의 논의에서 제외해 버린다.

부활 논증의 결론 부분에서 하버마스는 예수님이 죽으셨고 다시 살아나셨다는 것을 옹호하고 싶어 한다. 하버마스가 그의 주장을 경험적으로 검증 가능한 역사학의 표준적인 주장처럼 제시한다는 점에 주목할 필요가 있다. 그의 결론이 철학적으로나 형이상학적으로 대단히 야심찬 주장으로 이어질 수 있다고 해서 여느 역사적 주장들과 같은 검증 가능성이 결여될 필요는 없다는 것이다. 물론 그 주장이 가지는 독특함과 철학적 함의는 후에 논의될 것이지만 하버마스는 역사적 논의를 더 선호한다. 최소한 예수님이 (십자가에서 죽임당한 이후에) 다시 살아났다는 주장에 한해서는 말이다. 그러나 이러한 방식이 분명 유익하다 해도, 기독교의 신학적 교리 전체를 이런 식으로 입증해 낼 수는 없다. 또 부활 주장의 기적적인 면을 과소평가한다는 비판도 받을 수 있지만, 이 접근법이 역사가의 평가를 가능하게 한다는 강력한 대답도 있을 수 있으므로 이러한 논의를 뒤로 미루어 두려고 한다.

'최소한의 사실들'의 수가 자의적이라는 논란이 있지만, 하버마스는 앞서 나열한 것처럼 다음의 열두 가지 사실을 제시한다.

1. 예수님은 십자가 처형으로 죽임당했다.
2. 그는 장사되었다.
3. 예수님의 죽음은 그의 제자들에게 절망감을 안겨 주었다. 예수님의 삶이 끝났다고 믿었기 때문이다.
4. 위의 사실들만큼 널리 받아들여지고 있지는 않지만, 많은 학자들이 예수님이 묻혔던 무덤이 며칠 후 비어 있는 채로 발견되었다는 사실을 인정한다.
5. 제자들은 부활하신 예수님의 현현이라고 믿게 된 사건들을 여러 번 경험했다.
6. 제자들은 예수님과 함께했었다는 사실을 밝히는 것조차 두려워하던 상태에서 그분이 죽음과 부활을 선포하는 담대한 자들로 변화했다.
7. 이 메시지는 초대교회 설교의 핵심이었다.
8. 이 메시지는 특히, 불과 얼마 전 예수님이 죽고 장사되었던 곳인 예루살렘에서 선포되었다.
9. 이 가르침의 결과로 교회가 탄생했고 성장했다.
10. 일요일이 예배를 드리는 중요한 날이 되었다.
11. 의심 많던 야고보는 부활하신 예수님을 보고 믿게 되면서 회심을 했다.
12. 몇 년 후 바울도 부활하신 예수님의 현현이라고 믿게 된 사건을 경험한 후 회심했다.[2)]

하버마스가 주장을 펼치는 과정은 다른 학자들도 유사하다. 윌리엄 레인 크레이그는 부활을 역사적 사실로 주장하기 위해 일반적으로 다음 네 가지를 근거로 제시한다. 예수님의 장사됨, 무덤이 비어 있는 채로 발견됨, 예수님의 사후 현현, 그의 부활에 대한 제자들의 믿음. N. T. 라이트나 로버트 펑크(Robert Funk), E. P. 샌더스(Sanders), 루크 티모시 존슨(Luke Timothy Johnson), 게자 버머스(Geza Vermes) 등의 학자들도 저마다의 목록을 가지고 있다. 이처럼 기초적인 사실을 제공함으로써 어떤 사건에 대한 역사적 신빙성을 높이는 것은 역사 연구에 있어 일반적인 접근 방법이다. 하버마스 역시 '핵심 사실'들을 제공하는데, 이것은 복음서를 참조하지 않아도 될 만큼 가장 기초적이면서도 특정 목적을 달성하기 위해 적절하게 활용될 수 있는 사실들이다. 여기에는 네 가지에서 일곱 가지의 사실이 포함되는데 대다수의 학자들에게 논쟁을 불러일으킬 만한 것은 없다. 십자가형으로 인한 예수님의 죽음, 부활하신 예수님의 실제 현현을 보았다고 믿게 된 제자들의 경험, 이에 상응하는 제자들의 변화와 부활하신 예수님의 현현이라고 믿게 된 사건 후 바울의 회심.

우리는 하버마스가 이야기한 각각의 사실들을 뒷받침하는 다양한 증거를 세부적으로 반복하지는 않을 것이다. 하지만 그의 주장에 있어 증거는 가장 핵심적인 부분이다. 철학자인 나의 동료들은 부활 주장에 대해 회의적인 입장을 보이는 경향이 있다. 심지어 그 주장의 근거를 듣기도 전에 말이다. 그 이유는 아마도 이 주장이 역사에 뿌리내리고 있다는 사실에서 일부 기인할 것이다. 부활 주장은 일반적인 신학 체계에 등장하는 추상적인 논증과는 달리 확고한 구체성을 가지고 있다. 철학자들은 어떤 이유에서건 추상적 증거를 선호한다. 나 역시 그들 중 하나이기 때문에 이런 이야기를 할 수 있다. 하지만 기독교는 역사에 뿌리내리고 있고, 그 진리성은 실제 육체의 부활이 정말 일어났다는 사실에 전적으로 의존해 있다. 따라서 만일 우리가 기독교의 증거를 살피고자 한다면 우회할 다른 길은 없다. 추상적인 추론을 선호하는 철학자들도 역사적 접근 방식을 이해하고 수용해야 하며, 자신들의 개인적 선호가 추론에 영향을 미치는지 여부를 점검해 보아야 한다. 물론 부활 주장은 대단히 중요한 철학적 질문을 제기한다. 하지만 이 주장의 핵심 측면은 역사적인 것이고, 그 주장에 대한 판단 역시 본질적으로 증거를 기반으로 해야 한다. 철학적 판단이나 교조적 선언이 역사적 증거를 면밀히 고려하는 시도를 가로막기 위한 변명으로 작용해서는 안 된다.

한번은 수년 동안 철학 교수로 재직한 무신론 친구에게 부활 주장을 펼쳐 보인 적이 있다. 이때 나는 주요 학자들 사이에서 이미 십자가형에 의한 예수님의 죽음에 대해 합의가 이루어졌음을 언급했다. 그러자 그는 놀랍게도, 예수님이 생존했었다는 사실 자체를 거부하는 학자들도 일부 있다는 말로 대답을 대신했다. 그러고는 "결국 저마다 자기가 믿고 싶은 대로 마음에 드는 학자의 말을 취하는 것 아니냐"고 반문했다. 이러한 반응은 근거를 듣지 않았기 때문에 나오는 것이며 논의에 도움이 되지도 않는다. 또한 모든 궁금증이 역사적으로 쉽게 해소될 수 있는 것도 아니다. 예수님이 실존 인물이라는 사실을 받아들이지 않는 학자들도 있을까? 그렇다. 그러나 수가 적고 주류에서도 멀리 떨어져 있는데, 그러한 학자들의 주장에는 근거가 너무 부족하기 때문이다. 하버마스와 플루는 개방적이고 진심 어린 대화가 어떻게 이루어지는지 보여 준다. 진리에 관심을 가진 철학자들 사이에서 이루어질 수 있는 진정한 대화와 토론의 표본을 보는 것 같다. 소피스트들처럼 논쟁에서 이기는 것에만 관심을 가지지 않고, 우월감을 나타내려 하지도 않으며, 그저 우호적인 결론에 이르기 위해서라면 혹은 우호적이지 않은 것을 피하기 위해서라면 뭐든 하려는 그런 류의 대화가 아니다.[3]

하버마스가 제시하는 어떤 사실도 연역적으로 유신론이나 기독교를 증명해 내지 않는다. 또한 그의 주장을 받아들인다고 해서 기독교나 유신론을 믿어야 하는 것도 아니다. 하버마스가 말한 '최소한의 사실들'은 기초적인 역사에 근거하고 있다. 때문에 그에 대한 비판이 증거를 기반으로 하고 있지 않다면, 그 비판은 신빙성이 떨어지고 논의를 진전시킬 수 없을 것이다. 중요한 증거들이 각각의 사실들을 뒷받침한다. 그저 증거들에 코웃음 치거나, 알 수 없는 것이라며 무시하거나, 오래전의 일이라며 의심하거나, 학자들 사이에서 완전한 합의를 이루지 못했다고 지적하거나, 주장된 사실들을 둘러싼 불분명한 지식을 인용하거나, 혹은 그저 증거가 불충분하다고 고집하거나 하는 그 어떤 접근도 이성적 확신을 담보하지 못한다. 이중 그 무엇도 중요한 증거에 대한 정직한 검토를 대체할 수 없다.

그럼에도 회의주의는 존재하고 다양한 의문점들이 제기된다. 그중 일부는 플루와 하버마스의 대화 속에서 이미 살펴보았다. 그러나 다시 한 번 자주 제기되는 세 가지 의심들을 살펴보고 각각에 대해 간략히 평가해 보도록 하겠다. 세 가지 의심이란 성경적이고 역사적인 의심, 목격자 자체에 대한 의심, 그리고 유추에 의한 거부다. 각각을 순서대로 살펴보도록 하자.

성경적·역사적 반대. 여기에는 텍스트와 관련된 것(textual), 시간과 관련된 것(temporal), 배경과 관련된 것(contextual) 세 종류가 있다. 먼저 **텍스트와 관련된 의심**은 부활 사건에 대한 기술이 출처마다 서로 차이가 있다는 점에 기인한다. 플루는 바울의 이야기와 복음서의 이야기에 많은 차이점이 있다고 공격했고, 바트 어만(Bart Ehrman)은 복음서들 간에도 많은 차이가 있다는 점을 집중적으로 내세웠다.[4] 게르트 뤼데만(Gerd Lüdemann)은 복음서 이야기 자체에 의혹을 제기했는데, 복음서 사건들이 영지주의 복음서(Gnostic Gospel)들과 일치하지 않는 부분이 있었기 때문이다.

시간과 관련된 의심은 예수님의 출생일이나 사건들 사이에 경과한 시간 등 지극히 기본적인 것에 관해 제기되었다. 또한 그 사건들이 기록된 이후 보완되는 과정에서 없던 내용이 추가되었다는 의심도 있다.

배경과 관련된 의심은 부활 이야기가 당시 신비주의 종교와 문화적 환경 속에서 흔한 이야기였다는 관찰을 고려한다. 그래서 한 가지 이상의 부활 이야기가 등장했고 그에 대한 추종자들이 생긴 것은 놀라울 것도 없다고 주장한다. 그런데 부활에 대한 근거가 강력하면 할수록 초기의 기독교 추종자가 상대적으로 적었다는 사실을 이해하기 힘들다는 것이다. 왜 더 많은 개종자가 나오지 않았고 더 많은 회의론자들이 설득되지 않았는가? 아람어를 사용하고 예루살렘을 중심에 두며 유대적 맥락을 가지고 있던 초기 기독교가 몇 십 년 후 헬라어를 사용하는 광범위한 헬레니즘 맥락의 신약 시대로 전환하는 가운데, 신앙을 확산시키고 새로운 개종자를 끌어 모으기 위해 다양한 전설을 키우고 이야기들을 확장했던 것은 아닐까?

성경적·역사적 반대에 대한 응답. 이상의 우려에 대해 순서를 바꿔 거꾸로 이야기해 보도록 하겠다. 기독교의 부활 이야기가 이집트의 오시리스(Osiris) 이야기나 북유럽의 발데르(Balder) 신화 등 죽었다가 다시 살아난 신들의 전설을 그저 재구성한 것에 지나지 않는다는 주장에 대해 다음과 같이 몇 가지 점에서 반박이 가능하다. 첫째, 기독교의 부활 이야기가 그 이전의 부활 신화들로부터 유래한 것이 아니라고 생각되는 몇 가지 이유가 있는데, 그중 하나는 최근에 학자들이 1세기 팔레스타인에는 신비주의 종교의 영향이 거의 없었음을 발견했다는 점이다. 또한 기독교의 부활 이야기와 여타의 신화 사이에는 몇 가지 명백한 차이점이 있다. 예를 들어 신비주의 종교의 신들은 예수님과는 달리 역사적 인물이 아니다. 무엇보다 가장 중요한 점은 기독교 기록은 목격담이지, 전설을 변용한 결과가 아니라는 점이다. C. S. 루이스도 회심 전에는 기독교의 부활 이야기가 존재하기 전에 세계 곳곳에 유사한 전설이 있었다는 점 때문에 혼란을 느꼈다. 하지만 톨킨(J. R. R. Tolkien)의 도움으로 기독교가 '참된 신화'일 수 있음을 깨닫게 되었다. 그는 "신화가 사실이 되었다"라는 글에서 다음과 같이 말한다.

기독교의 핵심은 신화인데 그 신화는 또한 사실이기도 하다. 죽어가는 신에 관한 이 오래된 신화는, 그 **신화됨을 유지한 채** 전설과 상상의 하늘로부터 역사의 땅으로 내려왔다. 이것은 어느 특정한 날, 특정한 곳에서, 확인 가능한 역사적 결과들을 남기는 실제 **사건**이 되었다. 우리는 언제 어디서 죽었는지 아무도 알 수 없는 발데르 신화나 오시리스 전설에서, **본디오 빌라도의 지시 아래** 십자가에 달려 죽은 역사적인 인물의 이야기로 옮겨 왔다. 역사적 사실이라고 해서 신화됨을 그치는 것은 아니다. 그런 것을 기적이라고 부른다. 나는 종종 사람들이 자신이 고백하는 종교보다 자신이 믿지 않는 신화로부터 더 많은 영적 양식을 취하는 것을 본다. 정말로 기독교적인 태도는 부활의 역사적 사실도 수용하고 그 신화됨도(사실이 된 신화이긴 하지만) 받아들이는 것이다. 다른 신화들을 대할 때 우리가 발휘하는 모든 상상력이 여기에도 적용되어야 한다. 어느 쪽도 덜 중요하다고 말할 수 없다.

만일 하나님이 시적이고 신화적이기를 선택하셨다면—하늘이라는 말 자체도 신화 아닌가!—우리가 신화 감상자가 되기를 거부할 수 있을까? 이 사건은 하늘과 땅의 결혼이요 완전한 신화요 완전한 사실이며, 우리의 사랑과 순종뿐 아니라 경이와 기쁨도 요구한다. 그것은 우리 안의 도덕가, 학자, 철학자뿐 아니라, 야만인, 어린아이, 시인에게도 들려지는 이야기다.[5]

만일 예수님의 부활이 정말로 일어났다면 왜 당시 회심자의 수가 더 많지 않았느냐는 질문에 대해 생각해 보자. 사실은 이렇다. 우리는 당시 실제 회심자의 수가 얼마나 되는지 전해들은 바가 없다. 물론 사도행전 2장과 3장에 그 수가 컸다는 사실이 몇 번 언급되기는 하지만 정확한 수를 알지 못한다. 이것은 침묵으로부터의 논증이며 우리가 알지 못하는 것을 근거로 주장을 펴는 것이다. 하버마스는 우리가 **갖지 않은** 증거가 아니라 우리가 **가진** 증거를 기반으로 논증해야 한다고 역설했다.

부활 사건에서 신약 성경까지의 문화적 전환에 관해서도 몇 가지 짚고 넘어갈 점이 있다. '최소한의 사실들' 중 여러 개가 고린도전서 15:3 이

하의 내용을 근거로 수립되었다고 할 수 있는데, 여기서 바울은 초기(주후 55년에서 57년 정도)에 그가 다른 이들로부터 받아 또 다른 이들에게로 전달한 자료가 있음을 언급한다. 대부분의 학자들은 바울이 첫 번째 예루살렘 방문 때 베드로와 야고보에게서 그 자료를 받았다는 데 동의한다. 또한 그 자료는 바울 이전의 것이며 초기 신앙고백문의 형태로 여겨지는데 그렇게 보는 근거는 전승을 위한 기술적인 랍비식 언어 사용이라든지 양식화된 내용, 게바(Cephas, 베드로의 아람어식 이름, 이 신앙고백문이 아람어 기원을 가졌다고 생각해 볼 수 있는 이유)와 야고보의 이름 표기, 그리고 바울 같지 않은 어조 등을 들 수 있다.

바울은 그간 자신이 선포하던 메시지가 예루살렘에서 선포되던 메시지와 동일하다는 것을 확인하기 위해 예루살렘을 방문했다. 플루는 바울을 최고 수준의 철학적 사고를 하는 사람으로 평가했는데, 그런 바울이 그 자료를 받았고, 그 자료는 많은 목격자들 앞에 예수님이 나타나셨음을 확증하는 내용이며, 그들 중 몇은 바로 그 내용이 전달되는 자리에 있었다. 적어도 그는 목격자들과 함께 예수님의 나타나심을 확인할 수 있었고, 바울은 바로 그 점을 이야기하고 있다. 여기서 가장 흥미로운 사실은 이것이 고대 세계에서 유례없는 과정이었다는 점이다. 당시는 사건이 있고 나서 일이백 년 정도 후의 자료가 가장 최근 자료인 경우가 일반적이었기 때문이다. 바울은 이 신앙고백문을 예수님의 죽음 후 3년에서 8년 정도 지난 후에 받았다. 그 자료는 바울이 예루살렘에 방문하기 전에 이미 만들어져 있었을 것이다. 거기에 담긴 사실들은 더 이른 시기의 것이며, 그렇다면 예수님의 죽음과 부활 현현에 관한 이 보고는 그 사건이 일어난 직후에 정리되었다고 보아야 할 것이다. 역사가에게 이런 종류의 증거는 그야말로 황금과도 같다.

또한 오늘날 우리는 당시 문화에서 핵심적인 메시지를 분명하게 전달하는 데 구전이 발휘했던 힘을 과소평가하고 있음을 인지해야 한다. 물론 당시의 문화와 오늘날의 문화에는 차이점이 있다. 하지만 이 차이점—기록이 만들어지기 전까지 부활 사건의 핵심 내용을 보존하는 데 있어 구전 전승이 발휘했던 역량의 차이—때문에 더더욱 부활 메시지가 조작되거나 오염되었을 가능성은 낮아진다. 특히 부활은 그 사건 직후부터 시작해 초기의 교회가 선포했던 메시지라는 점에서 더욱 그러하다. 또한 초기에 등장한 다수의 목격담은 앞서 언급된 **시간과 관련된 의심을** 잠재우는 증거가 된다.

1세기 팔레스타인과 오늘날의 문화 사이의 또 다른 차이점은 **텍스트와 관련된 의심**을 불식시키는 데 도움을 준다. 어만은 복음서를 수평적으로 읽으면 성경적 기록의 정확성에 관해 무수히 많은 문제점이 발견된다는 사실에 주목했다. 그에게 줄 수 있는 대답 중 하나로, 신약 학자인 데이비드 바우어(David Bauer)의 말을 인용해 보겠다.

성경의 저자들과 초기 독자들은 역사란 주어진 대로의 벌거벗겨진 사실의 나열이 아니라 사건에 대한 해석이라는 관점을 공유하고 있었다. 다시 말해 어떤 사건에 담긴 깊은 의미는 그것이 기록된 방식을 통해 표현된다고 생각한 것이다. 이 말은 사건의 어떤 측면들은 그것이 이야기되는 과정에서 수정될 수 있다는 뜻이다. 이러한 이해는 동일한 사건을 다르게 기술한 공관복음서와 요한복음서의 차이를 설명해 준다. 바트 어만은 근대의 편향된 관점을 반영하는 인식론적 근본주의자로 남아 있다. 그는 (고대) 저자들의 기록이 계몽주의적 역사 기술이 제시하는 실증적 기준을 충족하지 못하면 거부되어야 한다고 고집한다.[6]

오늘날의 독자들은 고대 저자들이 이야기를 의도한 대로 구성하기 위해 역사적 세부사항을 수정했던 자유가 부활과 같은 사건들 자체에도 적용되었는지 묻고 싶을 것이다. 복음서들 사이에서 드러나는 피상적이고 명백한 차이점들은 부활이라는 중심적 사실에 대한 분명한 일치를 흐트러뜨리지 않는다. 그러한 세부사항은 중심 이야기에 비하면 주변적인 것일 뿐이다. 그 점을 보지 못하는 사람은 날카로운 지성을 가진 회의주의자가 아니라 형편없는 역사가일 것이다.

바울이 본 예수님의 환상과 제자들의 목격담 사이에 차이가 있다는 주장에 대해서는 하버마스의 논거가 이미 제시되었으니 반복하지 않겠다. 그러나 게르트 뤼데만 같은 학자는 예수님의 죽음과 부활에 관하여 영지주의적 복음서와 성경의 기록 사이의 불일치가 여러 번 발견된다는 점에 주목하여 성경 기록에 의구심을 갖는다. 이 점에 대한 로버트 건드리(Robert Gundry)의 대답은 다시 한 번 상기해도 좋은 만한 적절한 응답이었다.

뤼데만은 그리스도의 죽음에 대한 영지주의자들의 부인이 시작된 것이 십자가형이 집행되었던 바로 그 장소인 예루살렘이며, 예수님의 죽음 직후이며, 그 점을 의식하여 예수님의 장사됨이 언급되었다고 우리가 믿기를 바라는가? 영지주의자들이 예수님의 죽음을 부정한 것이 그 시기에, 그 장소로부터 시작된 것이라는 주장에 대해 학자들이 공감할 가능성은 조금도 없다. 증거가 없기 때문이다. 그런 주장은 부활에 대한 입장과는 상관없이 학자들 사이에서 커다란 웃음거리가 될 것이다. 예루살렘에서 나온 가장 오래된 이 전승에 언급된 예수님의 장사됨이 예수님의 죽음을 증명하려는 의도로 포함된 것이라는 그의 주장을 구출하기 위해, 고린도 교회에 존재했을 것이라고 상정되는 영지주의적 문제에 기대려는 것도 부질없다. 바울이 고린도전서를 기록한 것도 20년 이상이나 지난 후이기 때문이다.[7]

목격자 자체에 대한 의심. 이것은 데이비드 흄이 기적에 관한 그의 저작에서 제기했던 유명한 질문들과 관련 있다. 그 질문들은 직접적으로 부활을 부정하는 것은 아니지만, 부활이 일어났다는 증거 가운데 가장 중요한 것들에 대해 의심해 볼 이유가 있다고 말한다.

예를 들어 우리가 의존하고 있는 목격담을 전한 사람들을 생각해 보자. 우리는—꼭 그래야 할 필요가 있는 것은 아니지만—그들의 정직성을 의심하며 그들 중 일부가 거짓말을 했다고 생각해 볼 수 있다. 플루는 그런 가정을 하지 않기 위해 늘 노력해 왔지만 그럼에도 불구하고 지적 정직성은 특정한 인식을 요구한다. 예를 들어, 이 사람들은 타당성 구조(plausibility structure)가 우리와는 사뭇 다른 시대와 장소에 살았다. 그들은 흄의 용어를 사용하자면, '야만적'이었을 수도 있고 그렇지 않았을 수도 있다. 어쨌든 그들은 대부분 문맹이거나 교육을 충분히 받지 못했으며 남의 말을 잘 믿고 또 잘 속는 사람들이었을 것이다. 또한 구원이 완성된 더 나은 세상을 향한 강렬한 열망을 가지고 있었을 것이다. 그들 중 상당수가 환상에 열광했고, 귀신 들린 사람을 보는 것이 일상적이었으며, 신적 임재나 기적을 목격했다는 주장은 말할 것도 없이 그들의 하위문화 속에 깊숙이 자리잡고 있었을 것이다. 이러한 사람들은 분명 진지했겠지만 진지한 가운데 오도되었을 가능성도 배제할 수 없다. 종교 심리학이나 미신에 대해 우리가 어느 정도 아는 이상, 당대 사람들의 이야기를 의심하는 것이 가당치 않다고 말할 수만은 없다. 정직한 오류의 가능성은 주님이거나, 거짓말쟁이거나, 미치광이일 것이라는 가설 외에도 다른 대안이 가능함을 말해 준다.

목격자를 의심하는 것에 대한 응답. 우리가 부활의 근거로 의존하고 있는 목격담을 들려준 사람들은 진심으로 그 같은 진술을 했더라도 악의 없이 틀렸을 가능성을 배제할 수는 없다. 예수님을 보았다고 주장하는 사람들의 다수가 교육을 받지 않은, 무지몽매하고 쉽게 속을 수 있는, 혼란에 빠지기 쉬운 사람들 아니었던가?

분명한 한 가지 대답은, 그런 생각은 지나친 것이며 C. S. 루이스가 연대기적 속물근성이라고 불렀던 태도의 냄새를 풍긴다는 것이다. 그들은 분명 아무것에나 잘 속아 넘어가는 사람들은 아니었다. 그들도 죽음이 무엇을 의미하는지 알았다. 이를테면 죽은 사람은 다시 일어나 걸어 다니지 않는다는 것 정도는 알았다. 그리고 십자가 위에서 오랜 시간 고꾸라진 채로 있었고 그래서 더 이상 숨을 쉬지 않으면 죽은 것이라는 것도 알았다. 바울은 교육을 못 받은 사람이 결코 아니었다. 그는 고도의 훈련을 받았고, 플루 역시 그가 최고 수준의 철학적 사고 능력을 가졌다고 여러 차례 강조했다. 또 수많은 보고에 따르면 제자들은 예수님의 부활 소식을 처음 들었을 때 의구심을 가지고 있었고 회의적이었다고 한다. 바울은 야고보와 마찬가지로 거의 완벽한 회의주의자였고, 기적 같은 일이 벌어지고 나서야 예수님이 죽은 자들 가운데서 다시 살아나셨음을 믿게 되었다.

유추에 의한 거부. 기적 이야기는 역사를 통틀어 세계 곳곳의 다양한 종교 안에서 나타난다. 그리고 이렇게 전해지는 기적 이야기의 대부분은 간단히 폐기되고 사라진다. 신약 성경에 나오는 기적 이야기들도 마찬가지가 아닐까? 예수님의 십자가형 직후 어둠이 깔리고 지진으로 세상이 흔들렸다는 이야기를 믿어야만 할까? 마찬가지로, 기적이라고 주장되는 다른 이야기들을 들어도 우리 마음속에는 유사한 의구심이 차오른다.(그리고 사람들이 주장하는 대로, 그것은 정당하다.) 마호메트가 말을 타고 승천했다든지, 그 장면을 5백 명이 넘는 사람들이 목격했다든지, 조지프 스미스(Joseph Smith: 모르몬교 창시자—역주)에게 천사와 마리아가 나타났다든지 하는 이야기들 말이다.

유추에 의한 거부에 대한 응답. 하버마스는 자신의 주장에 대한 결론으로서 부활이 가능한 한 기적과는 상관없는 방식으로 표현되기를 원한다. 하지만 유추에 의한 거부에 대응하기 위해서는 부활의 기적적 측면을 논의해야만 한다. 일반적으로 우리는 기적에 관한 주장을 들을 때 의구심을 갖는 것을 당연하게 여기면서, 왜 예수님의 부활이라는 기적에 대해서는 의구심을 갖지 않는 것일까? 우리가 만일 부활하신 예수님이 5백 명의 사람들에게 나타났다는 것을 믿는다면, 마호메트가 백마를 타고 승천했고 그 역시 5백 명의 사람들에게 목격되었다는 것은 왜 믿지 못하는 것일까? 예수님이 제자들에게 나타났다는 것을 믿는다면, 왜 마리아가 파티마(Fatima)나 메주고리예(Medjugorje) 사람들에게 나타났다는 것은 믿지 못하는 것일까? 또 우리가 만일 후자들에 대해 의구심을 갖기로 결심했다면, 왜 전자에 대해서는 그렇지 못한 것일까?

타당한 질문이다. 하지만 이에 대해서는 명백한 대답을 할 수 있다. 모든 기적이 동일한 수준의 증거로 뒷받침되는 것은 아니다. 어떤 기적 주장들에 회의를 품는 것은 정당하지만, 그렇다고 모든 기적 주장에 대해 회의적이 되기로 미리 결심한다면, 그것은 증거에 대한 검토를 거부하는 결과를 낳을 뿐이다. 하버마스가 플루와의 첫 번째 논쟁에서 말했듯이 증거에 코웃음 치는 것은 그것을 반박하는 것과는 다른 이야기다.

마호메트의 승천에 관한 이야기는 그의 사후 수세기에 걸쳐 전설로 점차 굳어진 것이다. 이 이야기와 예수님의 부활 직후 제자들이 믿었던 내용은 증거의 측면에서 비교가 불가하다. 파티마나 메주고리예로 간 대부분의 순례자들은 아무것도 보지 못했고, 보았다고 말한 사람들 역시 객관적인 증거가 없다는 면에서 (집단 환영이 아니라) 시각적 환영이었을 가능성이 높다.

예수님의 부활에 관한 다수의 목격담과 초기 기록들을 보면, 부활의 기적 주장은 전혀 다른 범주에 속한다는 것을 알 수 있다. 반박이 불가능해 보이는 것 중 하나는 대단히 많은 수의 사람들이 스스로 부활하신 예수님을 보았다고 전적으로 믿었다는 부분이다. 물론 이 자체만으로는 여전히 아무것도 증명되지 않는다. 충분히 이해가 간다. 하지만 부활에 대한 그들의 진정성은—그 믿음으로 인해 많은 이들이 죽음을 불사했을 만큼—어떤 비난이나 폄하를 훨씬 능가하는 강도다. 윌리엄 레인 크레이그가 설명한 것처럼, 그들의 믿음은 모르몬교 창시자인 조지프 스미스와 극단적으로 구별된다.

스미스와 그의 아버지에 관한 흥미로운 사건이 있다. 그 부자는 뉴욕에 살던 무렵 키드 선장의 숨겨진 금을 찾는 데 골몰했다고 한다. 스미스는 그 때 자신이 무엇을 찾았다고 했는지 아는가? 천사 모로니의 금 접시를 찾았다고 주장했다. 그러나 후에 그것이 사라졌는데, 천국으로 옮겨져 다시는 볼 수 없게 되었다고 말했다. 조지프의 주장은 복음서에 비하면 꾸며낸 허튼소리에 지나지 않는다. 복음서에는 자신들이 전하는 것에 대해 명백한 진정성을 가진 사람들의 이야기로 가득차 있다. 모르몬교는 기본적으로 신뢰성의 문제가 있다. 조지프 스미스의 말은 신뢰하기도 어려울 뿐더러 그것을 뒷받침할 근거도 절대적으로 부족하다. 복음서의 경우 고고학과 고고학적 발견으로 그 신뢰성이 크게 강화된 반면, 모르몬경(Book of Mormon)은 번번이 약화되기만 했다.[8]

예수님의 죽음 이후 땅이 흔들리고 어둠이 깔렸다는 성경의 기록은 멀리서 끌어온 것처럼 보이는 것이 사실이다. 이런 부분에 대해서는 회의주의적인 태도가 꽤 타당해 보인다. 그럼에도 세 가지 점을 지적할 수 있다. 첫째, 우리는 기적을 보고한 진술들에 대해서만 회의해 보아야 하는 것이 아니라, 증거가 강력함에도 불구하고 기적 자체를 무시하는 태도에 대해서도 회의해 보아야 한다. 둘째, 흥미롭게도 그러한 불가사의한 일들이 실제 사건이었음을 지지하는 성경 외적인 증거들이 있다. 예를 들어 주후 52년에 쓰인 탈루스(Thallus)의 글이 그렇다. 가장 주의를 기울일 것은 세 번째 지적이다. 지금 하는 논의의 목적과 관련하여 어떤 부분도 —또한 하버마스가 말한 '최소한의 사실들' 중 그 어느 것도—지진이나 어둠이 실제였는지 여부나 성경 속에 분산된 몇 가지 구절에 대한 특정한 분석에 의존하고 있지 않다.

결론. 사건 직후의 목격에 근거한 독립적 진술, 부활 사건의 핵심 메시지를 보존하는 데 기여한 당시 문화의 구전 전승의 힘, 그리고 우리로 하여금 기록들 속에서 퇴적물을 골라 낼 수 있게 하며 실제적 확실성을 가지고 성경 내의 기록이 핵심 교리와 역사에 대해 본래 말한 바를 알 수 있게 해주는, 유례없이 많은 문서들, 이런 증거들은 상당히 확고하다. 그러므로 하버마스가 부활 논증을 위해 제시한 증거에 맞서는 회의주의의 도전에 대해서는 심각한 의심을 품지 않을 수 없다. '최소한의 사실들'에 대해 제기된 질문들은 우리의 확신을 약화하기보다는 더욱 강화했다고 보아야 할 것 같다. '최소한의 사실들'을 방어하기 위해 더 많은 이야기를 할 수도 있겠으나, 이제 그 의문점들은 잠시 뒤로하고 하버마스가 주장하는 '최소한의 사실들'이 타당하게 수립되었다는 전제를 가지고 논의를 진행해 보고자 한다.

아직은 유신론이나 기적이 가능하다는 결론에 이를 수 없다. 지금까지 우리는 부활에 대한 역사적 주장과 증거들을 살펴보았을 뿐이다. 역사 속의 사실들을 부활의 증거로 삼기 위해, 하버마스는 역사 연구의 견고한 원칙 위에서 흔들림 없이 주장을 펼쳤다. 예를 들어 그의 처음 세 개의 핵심 사실들을 살펴보자. 예수님이 십자가형으로 죽임당했다. 그 이후 제자들은 부활하신 예수님을 실제로 만난 것으로 믿는 경험을 하게 된다. 그로 인해 사람들이 변화했다. 개별적으로 살펴보면 첫 번째 사실은, 예수 세미나의 공동 설립자 존 도미닉 크로산의 표현에 따르면 고대 역사 가운데 가장 잘 세워진 사실이다. 이와 유사하게 자유주의적 성경학자 게르트 뤼데만은 "예수님이 십자가형으로 죽었다는 것은 베드로와 제자들이 예수님의 죽음 후 부활하신 그리스도가 자신들에게 나타났다고 믿어지게 된 경험을 한 것만큼이나 역사적으로 확실하다"고 했다.[9] 또한 에머리 대학 신약학 교수인 루크 티모시 존슨은 "초기 기독교가 보여 준 운동력이 존재하기 위해서는 사람을 변화시킬 만한 강력한 경험이 꼭 필요하다"고 이야기했다.[10]

우리는 이러한 증거의 힘을 감지해야 한다. 예를 들어 부활의 목격자들이 자신의 믿음을 지키기 위해 기꺼이 죽음을 택했던 것을 상기해 보자. 물론 우리는 종교적인 명분이든 정치적인 명분이든 자신의 신념을 위해 죽음을 불사하는 열성적인 지지자들을 많이 보아 왔다. 하지만 그런 일들은 초대교회 그리스도인들이 가졌던 믿음의 강도에 견줄 바가 못 된다. 그들은 예수님이 잔인한 처형을 당해 죽은 후 다시 살아난 것을 보았다고 주장했고, 그 경험적 주장을 고수하기 위해 기꺼이 죽었다. 그들은 틀림없는 증거들을 펼쳐 보였고, 자신들이 목격한 것을 진술했다는 이유만으로 기꺼이 순교를 당했다. 다른 세계관이나 정치적 신념을 열성적으로 그러나 추상적으로 믿었던 다른 지지자들도 많은 진술을 했지만, 부활에 관한 증언만큼 큰 힘을 발휘하지는 못했다. 예수님의 제자들은 그들의 믿음에 관해서만큼은 그 어떤 지적 자선도 요구하지 않는다. 부활에 대한 증거가 그만큼 압도적이었기 때문에, 그 사실을 부인하는 것이 이성적으로 수용될 수 없었다.

합법적인 회의주의의 도전은 면밀히 살펴야 마땅하다. 증거가 정말로 있는지 없는지를 조사하지 않고는 제대로 알기 어렵다. 그러나 그러한 도전들은 제시된 증거에 대한 심각한 의혹을 남기는 데 실패했다. 다음으로 생각해 볼 질문은 '이 증거들이 부활의 역사성을 추론하는 근거로서 적합한 것인가'이다. 이제부터 이 핵심적인 질문을 생각해 보기로 하자.

부활 추론

다시 한 번 짚고 넘어가자면, 하버마스가 하고 싶었던 추론은 바로 부활이 일어났다는 것이다. 예수님은 죽으셨고, 후에 다시 살아나셨다. 만일 예수님이 금요일 오후쯤에 죽으셨는데 그다음 주에 걸어 다니는 장면이 목격되었다면 부활이 일어난 것이다. 그가 하나님에 의해 일으켜졌는지, 또 불멸의 몸으로 부활했는지 여부는 좀 다른 문제다. 하버마스는 그런 문제를 잠시 미루어 둔다. 그리고 기독교 진리 전반에 부활이 어떤 영향을 미치는지, 그 신학적 함의는 무엇인지에 대한 논의도 잠시 보류한다. 먼저 대답해야 할 질문은 예수님이 다시 살아났다는 것을 믿을 만한 역사적 이유를 마련할 수 있느냐 하는 것이다.

하버마스는 종종 자신이 하는 추론의 성격을 귀납적이라고 말한다. 하지만 또한 귀추법(abductive: 주어진 증거들을 가장 잘 설명하는 가정을 선택하는 추론법)적 용어를 사용하기도 한다. 나 역시 여기서 그 추론법을 사용하도록 하겠다. 귀추법, 다른 말로 '최선의 설명을 찾는 추론'은 철학에서 과학, 역사에 이르기까지 다양한 분야에서 흔히 사용되는 추론 방식이다. 귀추법에 의한 추론은 다음과 같은 독특한 구조를 가지고 있다. 설명이 필요한 어떤 사건이나 자료가 있다고 하자. 우리의 논의에서 그 자료는 하버마스의 열두 가지 '최소한의 사실들'이고, 그것들은 일부만이 아니라 전부를 동시에 고려한 설명을 필요로 한다. 그렇다면 우리는 이것을 설명할 수 있는 일련의 후보들을 모으고 그 가운데서 결국 하나를 택하게 된다. 후보들 가운데서 최선의 설명을 선택하는 다섯 가지 기준은 다음과 같다. (1) 설득력, (2) 설명의 범위, (3) 개연성, (4) 임기응변성의 정도,

(5) 다른 신념들과의 조화. 설득력과 설명의 범위, 개연성, 다른 신념들과의 조화는 크면 클수록 좋은 설명이고, 임기응변성(인위적이거나 억지로 꿰맞춘 듯한 것)은 낮을수록 좋은 설명이 된다. 모든 설명을 이러한 검사 항목에 대응시키는 것은 쉽지 않지만, 그렇게 함으로써 최선의 설명, 결국 진리일 가능성이 가장 높은 것을 골라 낼 수 있다.

앨버트 슈바이처에서 N. T. 라이트, 제임스 던(James Dunn), 다비드 슈트라우스, 볼프하르트 판넨베르크, 한스 폰 캄펜하우젠, 루돌프 불트만(Rudolf Bultmann)에 이르는 부활에 관한 연구 문헌들 속에서 다음 여섯 가지 후보가 다양한 공식과 조합의 형태로 두드러지게 등장한다. (1) 기절설, (2) 시신이 가짜였다는 설, 혹은 시신을 훔쳤다는 설, (3) 환영, (4) 객관적인 환상, (5) 전설 혹은 신화라는 설, (6) 부활. 따라서 이제 우리가 해야 할 일은 이 설명 후보들을 귀추법적 추론에 적용해 보고, 그중 '최소한의 사실들'을 가장 잘 설명하는 후보가 무엇인지 살피는 것이다.

'객관적 환상'과 '부활'을 제외한 나머지는 모두 자연주의적 설명이라고 분류할 수 있다. 부활이야 당연히 이 범주에서 제외될 것이고, 객관적 환상이었다는 설도 제외될 것 같다. 그렇다면 우선 자연주의적 설명들을 진지하게 고려하는 것이 합리적이겠다. 다른 이유가 없다면 기적은 그 정의만 보더라도 상대적으로 드문 일이기 때문이다. 기적은 예외에 해당한다. 일반적인 경우가 아니다. 기적이 일어나는 것이 혹시 가능하더라도 그것이 우리의 첫 번째 추측이 되어서는 안 된다. 이에 대해서는 나 역시 다른 학자들에게 동의한다. 이렇게 사고를 전개해야 문제가 없고, 건전하고 올바른 회의주의일 가능성이 높다. 귀추법적 추론의 개연성 정도는 그 추론의 가장 취약한 부분의 개연성에 의해 결정된다. 먼저 앞의 다섯 가지 설명이 얼마나 개연성이 있는지를 살펴보겠다. 하지만 앞서 정리된 논쟁에서 이미 다루었기 때문에 간략하게 검토하고 넘어갈 것이다.

기절설. 이 설명에 의하면 예수님은 정말로 죽으신 것이 아니라 그저 정신이 혼미해져 기절했고, 무덤에서 정신을 차렸고, 얼마 후 걸어 나갔다. 마지막 세 번째 논쟁에서 플루는 그 무덤에 누가 들어간 적이 있었는지 증명해 달라고 요구했다. 그는 예수님이 십자가형을 받았다는 증거를 인정하면서도 죽었다는 증거는 없다고 주장했다. 그래서 하버마스는 십자가형이 야기하는 죽음의 의학적 증거를 이야기하느라 많은 노력을 기울였다. 다비드 슈트라우스는 일반적으로 기절설은 역사적 근거들에 의해 이미 오래전에 폐기되었다고 말했다.[11] 제자들은 예수님이 참혹한 상처로 피 흘리는 모습이 아니라 영광스러운 모습으로 부활한 것을 보았다고 믿었다. 그렇기 때문에 이미 오래전에 주요 학자들 대부분이 기절설이 타당치 않다는 데 동의했던 것이다. 기절설은 설명의 범위나 능력, 그리고 우리가 십자가형에 대해 알고 있는 사실의 측면에서 볼 때 그 개연성이 약하다.

시신이 가짜였다는 설, 혹은 시신을 훔쳤다는 설. 이 설에 따르면 제자들은 거짓말을 했고 그들이 시신을 가져갔거나 누군가에 의해 도난당했다. 만일 제자들이 정말로 시신을 훔쳤다면, 스스로 한 거짓말에 대해 그들이 가졌던 믿음이나 그 믿음을 지키기 위해 기꺼이, 그것도 종종 아주 끔찍한 방법으로 죽는 것을 불사했던 것을 설명하기 어렵다. 그렇기 때문에 이 가설은 너무나 명백하게 설명하는 힘이 약하다. 또 누군가가 시신을 훔쳐가 숨겼다면 예수님이 나타나신 것을 보았다는 부분은 어떻게 설명할 것인가? 더욱이 부활을 반박하려는 사람들이 왜 시신을 만들어 내지 않았을까? 이 이론은 설명의 범위가 좁다.

환영. 다양한 종류의 환영설이 부활하신 예수님의 현현을 설명하기 위해 제기되었다. 애도의 슬픔이 만들어 낸 환영이라는 설에서부터 죄책감 때문에 환영을 보았다, 혹은 회심에 따른 혼란으로 환영을 보았다 등. 플루와 하버마스의 세 번의 논쟁 모두에서 플루는 부활하신 예수님의 형상에 대한 가장 가능성 있는 설명으로 이 가설을 꼽았다. 하지만 환영설은 설명의 범위가 좁다. 왜냐하면 이 가설로는 빈 무덤이 설명되지 않기 때문이다. 또한 제자들의 믿음이 일종의 환상에서 비롯되었다고 보기 어려울 정도로 매우 구체적이다. 뿐만 아니라 환영설은 설득력과 타당성 면에서도 취약한데, 왜냐하면 부활하신 예수님은 신자와 비신자(바울과 야고보), 개인과 집단 모두에게 나타났기 때문이다. 환영은 집단적으로는 발생하지 않는다. 물론 이를 반박하는 주장이 있긴 하다. 파티마에서 마리아가 나타난 것을 집단적으로 보았다는 것을 근거로 그런 주장을 펴지만 그 경우에는 절대 다수의 사람들이 아무것도 보지 못했다고 말한다. 하지만 부활하신 예수님의 현현은 달랐다. 그리고 바울의 경험 역시 회심에 따른 이상 증세는 분명히 아니다.

객관적인 환상. 객관적인 환상은 환영과는 다르다. 거기에는 환영과는 다른 객관적인 부분이 있다. 이 가설에 따르면 제자들이 예수님의 십자가형 이후에 본 것은 부활하신 예수님의 몸이 아니라 환상적 투시 같은 것이다. 그러나 대부분의 자연주의자들은 환상적 투시는 부활만큼이나 기적적인 일이라고 간주한다. 또 제자들 스스로가 객관적인 환상 그 이상의 것을 보았다고 확신한 것 역시 이 가설을 약화한다. 따라서 이 가설은 몸의 부활과 관련된 제자들의 믿음과 또한 빈 무덤에 대한 증언을 설명할 수 없다는 점에서 설명하는 힘이 부족하다. 그리고 솔직히 이 가설은 부활만큼이나 기적적인 사건을 필요로 하는데, 그렇다면 굳이 이 가설을 고려할 필요가 어디 있겠는가.

전설 혹은 신화라는 설. 이 가설에 따르면 부활의 '신화'가 시간이 지남에 따라 부풀려졌다는 것이다. 이 가설도 설명의 범위가 좁은데, 빈 무덤을 설명할 수 없을 뿐 아니라 시간이 지나면서 주장이 더 발전되지 않았다는 점에서 개연성과 설명하는 힘이 떨어지기 때문이다. 고린도전서 15장에 나오는 부활에 관한 신앙고백문은 우리가 이미 살펴본 것처럼 사건이 있은 후 길어야 2년 안에 만들어졌다. 아주 초창기 그리스도인들이 부활이 실제 사건임을 주장했다는 증거는 매우 강력하다.

'최소한의 사실들' 전체를 설명하는 데 있어 자연주의적인 설명이 직면하게 되는 이러한 도전들을 감안할 때, 다음의 접근 방식은 꽤 수긍이 간다. 설명 범위와 능력을 증대시키기 위해 지금까지 살펴본 가설들의 관점을 조합하는 것이다. 하지만 그런 시도는 일반적으로 각 가설이 가진 한계를 증폭시키기 때문에 개연성이 더 떨어지게 된다. 예를 들어 어만의 시도를 살펴보자. 그는 설명을 필요로 하는 다양한 사실들에 대해, 가능성이 높지는 않지만 그래도 부활보다는 가능성이 높은 다른 대안들을 제시할 수 있다고 말했다. 아래는 그중 한 가지 대안이다.

예수님은 아리마대 요셉에 의해 장사되었다. 그러자 예수님의 가족 중 두 사람은 잘 알지도 못하는 유대 지도자가 시신을 장사지냈다는 사실에 화가 났다. 그래서 자신들이 직접 묻어 주기 위해 한밤중에 무덤을 습격하여 시신을 가져갔다. 그러나 보초를 서던 로마 군인들이 수의에 싸인 시신을 옮기는 모습을 목격하고 그들과 싸우다가 결국 그들을 현장에서 죽인다. 군인들은 세 구의 시신을 모두 공동묘지에 갖다 버렸고, 그 시체들은 3일 만에 형체를 알아볼 수 없을 정도로 부패했다. 그렇게 무덤은 비게 되었고 사람들은 빈 무덤을 보고는 예수님이 죽은 자들 가운데서 다시 살아나셨다고 생각하게 되었다. 그러고는 자신들이 다시 사신 예수님을 보았다고 생각하기 시작했다.[12]

어만은 이 시나리오가 실제일 가능성이 대단히 낮다고 인정한다. 하지만 최소한 신적 개입에 의존하지 않고 관련된 사실들을 설명해 내는 장점은 있다고 생각한다. 그의 말은 물론 맞다. 이런 시나리오는 가능성이 낮기는 하지만 불가능한 일은 아니다. 사실 자연주의에 입각하여 관련 사실들을 설명하려는 노력은 시도해 볼 만한 가치가 있다. 하지만 이런 설명 역시 지극히 협소하며 도저히 일어났을 법하지가 않다. 결국 관련된 모든 사실들을 설명하는 데는 취약한 것이다. 어만의 시나리오는 예수님의 가족 중 살아생전 그의 신성을 믿지 않았던 가족들이 과연 무엇 때문에 그런 일을 했는지 그 동기를 먼저 설명해야 할 것이다. 또 그런 일을 꾸밀 정도로 금요일과 일요일 사이의 시간이 충분했을까? 무덤 속 수의에 관한 이야기도 기록과는 다르다. 그리고 얼마 후 사람들이 예수님의 시신에 어떤 일이 벌어졌는가를 알아내기 위해 많은 노력을 하는 동안 로마 군인들은 시체를 숨기고 침묵을 지킬 이유가 있었을까? 뿐만 아니라 부활하신 예수님의 현현에 대해서는 아무런 설명도 하지 않는다.

그렇다면 이런 시나리오도 고려해 보자. 먼저 아리마대 요셉이 예수님의 시신을 넘겨받아 장사지냈다가 사람들을 고용해 그 시신을 일으켜 수레에 싣고 다른 곳으로 옮기도록 했다. 두 여인이 그 무덤에 도착했을 때 청소하던 남자가, 예수님은 '일으켜져' 다른 곳으로 갔다고 알려 주었다. 마가복음에 따르면 여인들은 무슨 일이 벌어진 것인지 몰랐다. 놀라고 두렵고 떨리는 마음으로 사람들에게 아무 말도 하지 않았다. 하지만 얼마 지나지 않아 빈 무덤에 대한 소문이 퍼지기 시작했고, 예수님이 '일으켜졌다'는 이야기가 하나님에 의해 죽은 자들 가운데서 살아났다는 식으로 바뀌었다. 믿음의 강도가 워낙 센 탓인지 소문은 사방으로 퍼져나갔고 예수님을 보았다는 주장도 많아졌다. 아마도 몇몇 사람들이 개별적으로 환영을 보았다고 주장하는 바람에 이 같은 소문이 더 커졌을 것이다. 어떤 이들은 신원을 혼동하여 예수님이 나타났다고 주장했고, 또 어떤 이들은 사실을 과장하기도 했다는 것이다.

이런 시나리오가 부활보다 더 나은 설명일까? 많은 사람들은 그 어떤 시나리오도 정말 좋은 설명이 되지는 못한다고 이야기한다. 이 시나리오도 분명 가능하긴 하다. 하지만 시나리오 속 사건들이 일어나기 위해 필요한 가정들을 다시 한 번 고려해 보자. 이 시나리오가 가능해지기 위해서는 뭔가 거대한 혼동이나 착각이 필요하다. 예를 들어 예수님이 묻힌 곳에 대한 집단적인 기억상실 따위 말이다. 요셉은 마을을 떠났어야 옳고, 바울은 하버마스가 지적했다시피 메시아 콤플렉스와 함께 청각적·시각적 환영을 경험했어야 한다. 또한 야고보는 자신의 형을 잘못 알아봤어야 한다. 게다가 이 시나리오는 부활이 일어나지 않았다는 주장을 지지해 줄 수 있는 그 어떤 설명도 제공하지 않는다. 있을 법하지 않은 사건들이 조합되어 결국 시나리오 전체의 개연성을 완전히 잃은 것이다.

모든 자연주의적 설명이 결국 이런 운명에 처하게 되는 것 같다. 자연주의적 설명들의 변함없는 특징 한 가지는 부활이라는 설명을 필요로 하지 않는다는 것이고, 우리는 이 점에 대해 다음 부분에서 논의해 볼 것이다.

그러나 지금은 **부활**을 가능성 있는 이야기로 다루어 보겠다. 실질적으로 거의 모든 학자들이 동의하는 사실들은 이미 깔끔하게 논의되었다. 예수님은 정말로 죽었고 묻혔으며 이로 인해 제자들은 낙담하고 소망을 잃었다. 그러고 나서 무언가 대단히 기념비적인 일이 벌어져 상심하고 위축되었던 제자들을 담대한 부활의 선포자들로 바꾸어 놓았다. 이 메시지가 그들이 가진 믿음의 핵심이 되었고, 예수님이 죽임당한 바로 그 도시에서부터 퍼져 나가기 시작했다. 제자들의 적대자들은 부활을 반박하지 못했고, 많은 사람이 부활하신 예수님을 보았다고 주장했다. 심지어 예수님의 동생은 심각한 회의주의자였다가 교회의 지도자로 변했다. 교회는 성장했고 일요일은 예배를 위한 날로 정해졌다. 몇 년 후 바울 역시 부활하여 승천하신 예수님을 보았다고 주장했고, 결국 예루살렘에 와서 이전의 목격자들과 만나게 된다. 그리고 자신의 메시지가 그들이 설교하던 메시지와 동일하다는 것을 확인한다.

부활이 일어났다는 설명이 마지막 남은 유일한 설명이라는 뜻은 아니다. 설명의 범위와 설명의 능력 면에서 손색이 없다는 것이다. 부활이 일어났다는 주장은 빈 무덤과 예수님이 곳곳에 나타난 사실을 설명해 준다. 또한 야고보와 바울의 회심, 그리고 예수님이 소생한 것이 아니라 영광스럽게 부활했다는 것에 대한 제자들의 진실한 믿음 등을 잘 설명해 준다. 뿐만 아니라 이는 십자가형으로 죽임당했다는 사실과 초기 목격자들의 다양한 보고와도 일치하기 때문에 개연성이 있다. 가능성이 희박한 사건들의 기묘한 조합이 아니라 설명의 범위와 설득력, 개연성 등을 확보한 설명인 것이다. 또한 신이 존재한다는 다른 증거들과도 일관성이 있는데, 이 점에 대해서는 후에 좀더 자세히 논의하도록 하겠다.

이런 논의를 고려하면 **부활**이 '최소한의 사실들'에 대한 최선의 설명이 된다. 자연주의적 설명의 실패와 부활을 믿을 수 있는 긍정적인 이유 때문에, 기이하고 예외적인 요소가 있음에도 불구하고 부활의 역사성을 믿고 주장하는 것이 합리적이라고 생각할 수 있다.

그러나 속단해서는 안 된다. 이 점에 대해 많은 비판가들의 지적이 있기 때문이다. 이제부터는 그 지적이 어떤 것들인지를 살펴볼 것이다. 그러한 지적들이 이 논의에서 너무 쉽게 간과되는 중요한 철학적 측면들에 초점을 맞추도록 도와주기 때문이다.

몇 가지 회의주의적 반대들

우리는 부활이 '최소한의 사실들'을 타당성 있게 설명한다는 점에 대한 회의주의자들의 일곱 가지 반대를 살펴볼 것이다. 그 반대들 역시 상상력이 발휘되었다는 특징을 가지고 있다. 여기서 나는 무신론자들이 부활을 거부하는 데는 역사적 증거 이상의 뭔가 더 강력한 토대가 있다고 주장하고자 한다.

이 회의주의적 반대를 이해하기 위해서는 지금 검토하고자 하는 논증의 구조를 다시 한 번 점검해 보는 것이 유익하다. 시작은 역사적 사실을 기반으로 수립된 하버마스의 '최소한의 사실들'이다. 여기서 우리는 귀추법을 이용하여 부활이 다른 자연주의적 설명들보다 '최소한의 사실들'

을 가장 잘 설명하는 최선의 설명임을 추론한다. 그러고 나서 부활이 최선의 설명이라는 기반 위에서 부활이 참된 설명임을 추론한다. 결국 부활이 실제로 일어났다는 결론에 이르고, 이후 몇 가지 추가적인 합리적 논증을 통해 기독교가 참임을 추론한다.

이 과정에 (최소한) 세 가지 추론이 포함된다는 사실을 기억할 필요가 있다. '최소한의 사실들'에서 부활이 최선의 설명이라는 데까지, 부활이 최선의 설명이라는 데서 참된 설명이라는 데까지, 부활이 사실이라는 데서 기독교가 참이라는 데까지. 회의주의자들은 이 세 가지 추론 중 어느 하나라도 반박할 수 있어야 그 타당성을 인정받을 수 있다. 여기서는 세 번째 추론에 대해서는 지면의 한계로 혹은 가장 논란이 적다는 이유로 자세히 언급하지는 않았다.

일곱 가지 반대는 선험적 기각, 우월성 주장, 확률적 반대, 승점 차이 요구, 엘비스 시나리오, 약속 어음 논리, 그리고 결정불가론이다. 선험적 기각부터 각각의 내용을 살펴보자.

부활에 대한 **선험적 기각**(priori dismissal)은 당시의 사건을 설명할 수 있는 후보자들 가운데 부활이라는 가설 자체를 포함하기를 거부한다. 따라서 그것이 최선의 설명이라는 추론에 도달할 수 없다. 부활은 그 성격상 처음부터 가설에서 제외된다. 어만의 반대는 이런 유형의 역사적 변용 중 하나인데, 부활 가설은 역사적으로 무슨 일이 벌어졌는가를 알아내려는 시도에 있어 기적적인 현상에 호소하기 때문에 역사가의 작업 범위를 넘어선다는 것이다. 왜냐하면 기적은 자연주의적 설명은 물론이고 다른 식의 설명에 비해서도 진실일 가능성이 낮기 때문이다. 이런 방식으로 그는 과학자들이 자신들의 탐구에서 수용하는 방법론적 자연주의의 역사적 변용을 받아들인다. 이런 관점에서 보면 초자연적 접근에 호소하는 것은 유신론적 설명을 택함으로써 배후에 있을지도 모르는 자연주의적 설명을 찾는 것을 포기하는 것과 같다. 어만은 역사가는 결코 그런 짓을 해서는 안 된다고 주장한다.[13]

이에 대해 하버마스는 부활에 대한 자신의 처음 결론이 기적을 가정하는 것은 아니라고 대답할 것이 틀림없다. 하지만 어만은 사람이 죽었다가 다시 산다는 이 이상한 결론이 후보에 포함되어서는 안 된다고 반박할 것이다. 앞으로 논의할 반대들에서도 기적에 대한 비슷한 언급을 볼 수 있을 것이다.

철학에 익숙한 독자들이라면 어만의 선험적 역사주의가 기적에 대한 합리적 믿음을 반박한 데이비드 흄을 상기시킨다고 생각할 것이다. 흄이 주장했듯 기적은 본질적으로 가능성이 대단히 희박하며, 자연주의적 설명이 언제나 그것을 능가한다. 따라서 기적을 믿는 것은, 특히 다른 사람들의 진술에 기초해 기적을 믿는 것은 언제나 비합리적이다. 하버마스와 플루의 논쟁에서, 하버마스가 플루에게 기적을 선험적으로 거부하는 입장을 취하고 있다고 지적한 것을 기억할 것이다. 세 차례 이어온 두 사람의 논쟁에서 이 문제는 항상 제기되었다. 하지만 플루는 최소한 자신의 논증이 기적을 완전히 배제하지는 않는다고 주장했다. 어떤 종류의 증거가 있다면 원칙적으로는 가능하다는 것이다. 이것은 플루가 이 첫 번째 부류에 속하는 것은 아니라는 의미다. 그는 오히려 이제부터 논의할 **우월성 주장**(overriding objection) 부류에 속한다.

우월성 주장은 기적이 발생할 수 있는 형이상학적 가능성이나 이성적 믿음을 전적으로 거부하지는 않는다. 그러나 선험적 기각과 마찬가지로 기적이 발생할 수 있다는 이성적 믿음에는 강한 거부감을 가진다. 그러므로 모든 이성적 의심을 검토해 볼 때까지 기적은 회의적으로 보류된다. 이러한 입장에서 보자면 부활이 설명 가능한 후보에 속하지 않는 것은 아니다. 그러나 기적은 본질상 신적 개입 없이는 불가능한 사건이기 때문에 그것을 증명하기 위한 증거들은 아주 강력해야만 한다. 기적에 호소하는 것은 당연히 극단적이며 개연성이 결여된 것이므로 이런 태도를 피하려면 가능한 자연주의적 설명을 찾아내야 한다. 그러나 자연주의적 설명이 반드시 개연성이 있을 필요는 없으며 그저 가능성만 있으면 된다.

플루와 하버마스가 이 점에서 종종 입장이 나뉘었던 것을 생각해 보라. 플루는 가능성 있는 자연주의적 설명을 제안했다. 가능성이 굉장히 낮은 설명이라도 충분하다는 것이다. 하버마스는 플루에게 매우 희박한 가능성으로는 부족하며 좀더 개연성 있는 설명이 필요하다고 주장했다. 이 부분이 바로 중대한 분기점이다. 만일 플루가 부활을 반대하는 근본적인 이유가 흄과 유사한 이런 입장 때문이라면 기적이라는 범주 자체를 거부하는 선험적 기각과 같은 태도를 취하는 것이 충분히 이해가 된다. 자연주의적 설명은, 그것이 아무리 가능성이 희박하더라도 플루에게 충분한 설명이 된다. 기적은 거의 자동적으로 가능성이 훨씬 더 희박한 것으로 취급되기 때문이다.

회의주의자들의 세 번째 반응은 **확률적 반대**(probability objection)다. 이 입장은 스윈번의 유신 논증에 대한 앨빈 플랜팅가의 비판과도 유사하다. 플랜팅가의 관점에서 볼 때 유신론과 기독교에 대한 스윈번의 논증은 '확률 감소'(diminishing probability)라는 문제의 덫에 걸린다. 마찬가지로 부활에 대한 스윈번의 논증도 서로 연결된 몇 가지 이유들을 제시한다. 우리가 각각의 이유에 후하게 50퍼센트씩 확률을 부여한다 해도 최종 확률, 즉 부활이 역사적 사실일 확률은 0.5퍼센트도 안 되게 된다. 왜냐하면 각각의 사건이 동시에 일어날 확률을 계산하면 수치는 점점 작아지기 때문이다. 하버마스와 플루의 논쟁을 진행했던 사회자는 논쟁이 결국 그럴 법하지 않음(unlikelihoods)과 확률 없음(improbabilities)의 비교로 압축되는 것 같다고 지적한 바 있다. 하버마스는 이에 대해 일어날 확률과 일어나지 않을 확률의 문제가 포함된다는 점에 동의하기도 했다.

하지만 그렇다 하더라도, 만일 부활이 일어났을 확률이 0.5보다 높지 않는 것을 보여 주지 못한다면, 설령 그것이 최선의 설명이라 **할지라도** 의심해 볼 이유가 있는 것이다. 이 입장은 이렇다. 부활을 당시 사건들을 설명하는 후보에 포함시키는 것을 생각해 볼 수 있다. 심지어 부활이 설명들 가운데 최선일 수도 있다. 그래도 여전히 회의주의를 견지할 이유가 있다는 것이다. 부활이 단순히 최선의 설명임을 보여 주는 것을 넘어 그 확률이 높다는 것을 보여 주지 않는 이상, 무신론자들은 부활의 역사성을 인정하기보다는 판단을 유보할 지적인 권리를 여전히 지닐 것이다. 요약하자면 우리는 부활이 사실들에 대한 최선의 설명이라는 것을 보였다는 것만으로는 부활의 확실성에 대한 추론을 정당화할 수 없다.

다음의 사례가 도움이 될 것이다. 여기 500개의 탁구공이 있다고 가정해 보자. 그중 249개에는 숫자 1이 쓰여 있다. 나머지 공은 거의 같은 비율로 2, 3, 4, 혹은 5가 쓰여 있다. 내가 그 공들에 손을 뻗어 그중 하나를 임의로 뽑는다면, 그리고 내가 뽑은 공에 어떤 숫자가 쓰여 있는지를 맞추어야 한다면, 나는 합리적인 추론에 의해 당연히 1이라고 말할 것이다.

1이 쓰여 있는 공의 양이 다른 숫자들보다 네 배 정도 많기 때문이다. 하지만 내가 정말로 1이 쓰인 공을 뽑았을 것이라고 얼마나 확신할 수 있느냐는 질문은 다른 문제다. 왜냐하면 내가 정말 1을 뽑을 확률보다는 그렇지 않을 확률이 더 높기 때문이다. 내가 뽑은 공들 중 절반 이상인 251개가 1이 아니기 때문이다. 내가 1이라는 숫자를 말하는 것이 2보다 확률이 높고 3보다도 확률이 높을 수 있다. 마치 부활이라는 설명이 기절설보다 낫고 신화라는 설보다 나은 것처럼 말이다. 하지만 그렇다고 부활이 거짓일 확률보다 참일 확률이 더 높은 것은 아니다. 마치 1이 아닌 다른 숫자의 공을 뽑을 확률이 1이라고 쓰인 공을 뽑을 확률보다 더 높은 것처럼. 그리고 부활이 최선의 설명이라는 귀추법적 추론 이상의 무언가가 수반되지 않으면, 즉 거짓일 확률보다 참일 확률이 더 높음을 보여 주지 않으면, 회의주의자들은 회의주의자로 남을 합법적인 이유를 주장할 수 있다. 최선의 설명이라는 데서 참인 설명이라는 데에 이르는 추론은 아직 해결되지 않은 문제다.

승점 차이 요구(margin of victory objection)란 부활이 최선의 설명이라면 다른 설명들에 비해 우월하다는 이른 바 승점 차이가, 죽은 사람이 다시 산다는 엄청난 결론을 보장할 만큼 충분해야 한다는 것이다. 믿기 어려운 결론일수록 그만큼 특별한 증거가 필요하기 때문이다.[14]

나머지 몇 가지 반대들은 부활이 최선의 설명이 될 가능성을 인정한다. 지금까지 제기된 자연주의적 설명들이나 설명들이 조합이 지닌 한계를 인정하기 때문이다. 하지만 **엘비스 시나리오**(Elvis objection)는 다른 접근법을 취한다. 이 입장은 자연주의적 대안이 제공되는지에 상관없이 부활이 최선의 설명이라는 점을 부인한다. 다음의 유추를 한번 살펴보자.

수많은 사람이 엘비스의 사망 소식이 있은 후에도 그를 보았다고 주장했다. 우리가 허락을 얻어 그의 무덤을 파헤쳐 보았고 일각에서 주장하는 대로 무덤이 비어 있는 것을 발견했다고 가정해 보자. 이렇게 해서 우리에게 사라진 시신과, 죽은 후 그를 보았다는 주장들이 있다. 하지만 어리숙한 몇몇 사람을 제외하고 우리 중 누가 이러한 점들이 그의 죽음을 진지하게 의심할 충분한 근거가 된다고 생각하겠는가? 엘비스가 부활했다고 하든 결코 죽은 적이 없다고 하든 그것은 주어진 정보에 대한 형편없는 설명으로 간주될 것이다. 추측 말고는 더 이상 적절한 자연주의적 설명을 제공할 수 없다고 해도 말이다. 이렇게 엘비스 시나리오는 부활이라는 최선의 설명을 거부하려면 더 나은 자연주의적 설명을 필요로 한다는 입장을 거부한다.

이런 반대와 관련된 것이 **약속 어음 논리**(promissory note objection)다. 이것은 지금까지 자연주의 세계관과 과학이 불가사의한 현상들에 대해 비유신론적 설명을 성공적으로 제공해 왔으므로, 결국에는 자연주의적인 설명이 등장할 것이라고 믿는 입장이다. 아직까지는 그 어떤 자연주의적 설명도 하버마스의 '최소한의 사실들'을 설명하기 어렵지만, 결국에는 과학이 우리가 찾던 설명을 제공할 것이라고 본다. 그러나 하버마스는 그렇게 기다리는 동안에도 우리가 이미 가진 사실들을 검토해야 하고 증거가 이끄는 곳으로 따라가기를 주저해서는 안 된다고 말할 것이다. 그러나 회의주의자들은 한때 비자연주의적 접근으로밖에 설명되지 않던 현상들도 후에는 완벽하게 자연주의적 방식으로 설명된 경우가 많다는 사실을 상기시킬 것이다. 그렇다면 이 사안에 대해서도 유사한 일이 벌어지리라 가정하는 것은 훌륭한 귀납적 추론이 아닐까? 하지만 유신론적 설명에 대한 하버마스의 확신은 자연주의적 설명에 대해 굳은 확신을 가진 무신론자만큼이나 강하다.

마지막으로 언급할 반대는 (이것으로 모든 반대 이론을 다 다룬 것은 아니지만) **결정불가론**(underdetermination)이다. 플루는 종종 이 입장을 취했는데 기본적으로 주장을 펼친다. 우리는 1세기 팔레스타인에서 무슨 일이 벌어졌는가를 알아내기 위한 정보를 충분히 가지고 있지 않다는 것이다. 부활이 실제로 일어났다는 유신론자들의 생각 자체는 어리석은 것이 아니다. 그리고 그렇게 생각할 근거가 없는 것도 아니다. 하지만―하버마스의 '최소한의 사실들'을 모두 인정한다 해도―우리가 가진 정보가 당시 사건의 진실을 밝힐 만큼 충분한지 묻는 회의론자들의 의문은 전적으로 옳다. 증거가 흥미롭긴 하지만 합법적인 의심의 여지가 있는 것이다. 우리는 이천 년 전에 과연 무슨 일이 있었는지를 결코 밝혀내지 못할 수도 있다. 그것을 설명해 낼 핵심적인 기록이 예루살렘 함락 당시 회복 불가능하게 유실되었을 수도 있다. 무슨 일이 벌어졌었는지를 추론할 역사적 근거가 항상 존재한다는 것도 선험적으로 알 수 없다. 사실 우리는 그렇지 않다는 것을 잘 안다. 설령 우리가 부활과 예수님의 현현을 주장하는 당시 사건들에 대해 상당히 많이 알고 있다 해도 실제 무슨 일이 벌어졌는지를 추론할 충분한 기초가 되는지는 보장할 수 없다.

우리는 지금 어디쯤 와 있는가? 우리가 합리적으로 확신할 수 있는 역사적 사실들에 기초하여 하버마스가 귀추법에 의해 부활을 추론하는 것을 살펴보았고 그 추론에 대한 여러 가지 회의론적 비판을 검토했다. 부활 논증과 그에 대한 비판은 몇 가지 중요한 철학적인 질문들을 끄집어냈다. 부활 주장을 제대로 평가하고자 한다면 이 질문들을 좀더 면밀히 검토해야 할 것이다. 지금부터는 바로 그것을 해 보려고 한다.

열 가지 철학적 문제

이제 우리는 이 논의의 배후에 숨어 있는 열 가지 철학적인 문제에 초점을 맞춰 보려고 한다. 각각의 문제는 논의 과정에서 가끔씩 그 존재가 감지되었다. 이것은 부활 논쟁에 있어 중요하고도 논란이 되는 부분이지만 종종 명확한 인식 없이 그냥 지나치게 되는 부분이다. 그래서 여기에서 우리는 이러한 철학적 문제들에 마땅한 만큼의 관심을 기울여 보겠다. 논의하게 될 이슈들은 방법론적 자연주의, 과학주의, 자연주의의 적합성, (기적에 관한) 흄의 생각, 기적의 판별 기준과 '틈새의 신'(god of the gaps: 현재의 지식이나 이해로 설명되지 않는 틈새를 성급하게 신을 끌어들여 채우려 하는 것-편집자 주) 비판, 확률 감소, 반증 가능성, 엘비스 유비, 확률 대 가능성, 그리고 설득 가능성이다.

방법론적 자연주의. 방법론적 자연주의의 배후에 있는 기본적인 생각은 자연주의적 설명은 언제나 초자연적인 설명보다 우월하다는 것이다. 이것이 바로 플루로 하여금 기적 냄새가 풍기는 주장에 거부감을 가지도록 만드는 기본적인 철학적 신념이다. 방법론적 자연주의의 역사적 변형인 어만의 태도도 이와 거의 동일하다. 여기서 주목해야 할 가장 중요한 점은 이 방법론이 과학이나 역사의 기여로부터 생겨난 것이라기보다는 하나의 철학적 신념에 가깝다는 점이다. 이 방법을 통해 자연주의적 설명을 발견해 가며, 방법들에 관한 한 이것은 좋은 출발점이다. 부활과 관련해서도 자연주의적 설명을 탐구해야 하는데, 적절한 자연주의적 설명이 발견된다면 그것은 우선적으로 검토되어어야 한다. 우리 모두는 기적을 보았다는 주장들에 대해 건전한 회의주의를 가져야 한다. 그러나 어느 지점에 이르면 초자연적 설명이 원칙적으로 허용되는지 여부가 이슈가 된다. 만일 이에 대한 답이 '그렇지 않다'라면, 그 방법론은 합당치 않은 형이상학적 우선권을 잠재적으로 부여받았다고 볼 수 있다. 물론 자연주의가 언제나 참된 세계관이라고 가정할 충분한 이유가 없다면 말이다.

과학주의. 일각의 주장과는 다르게 과학은 아직 물리적 세계가 존재하는 모든 것임을 보여 주지 못했다. 인스퍼레이션 네트워크에서 열린 2000년 논쟁에서 플루는 철학적 자연주의에 대한 그의 주장을 간략히 요약해 달라고 요청받았다. 그는 다음과 같이 말했다. "글쎄요. 제 생각에는 철학적 자연주의를 옹호하는 주장을 펼칠 필요가 없을 것 같습니다. 역사는 과학의 역사이고, 과학적 성취의 역사입니다. 자연주의로 인해 이 세상에 대한 엄청나게 많은 사실들이 밝혀졌다는 점에 대해 논증이 추가될 필요는 없습니다."[15] 플루는 탁월한 철학자다. 그러나 이 부분에서만큼은 최선의 모습을 보여 주지 못했다. "과학이 우리에게 물리적 세계에 대해 가르쳤다"라는 진술에서 "물리적 세계가 존재하는 전부다"라는 진술을 추론하기까지 그 사이에는 방어할 수 없는 커다란 논리적 도약이 존재한다. 그러나 최근과 달리 당시 플루는 과학이 자연주의를 수립하는 데 도움을 주었다는 그럴듯한 관념에 갇혀 있는 듯 보였다.

이런 사고는 착오이지만 이해할 수는 있다. 과학은 정말로 우리에게 물리적 세계에 관해 많은 것을 가르쳐 주었고, 신의 영역으로 여겨지던 설명되지 않던 현상들이 자연주의적 방식으로 설명되었다. (그러나 분명히 해둘 것은 자연주의적 방식으로 설명되었다고 해서 신적 개입이 배제되는 것은 아니다.)

어쨌든 우리는 여기서 선을 넘지 않도록 주의해야 한다. 과학은 물리적 세계를 설명하는 데 국한하여 수립되었다. 그래서 과학의 관심은 경험적 세계에 맞춰져 있다. 그런데 물리적 세계만이 과학이 볼 수 있는 전부라는 사실을 기초로 물리적 세계가 존재하는 모든 것이라는 매혹적이지만 잘못된 추론에 빠질 수 있다. 그 선을 넘는 것은 철학적 걸음이지 과학의 걸음이 아니다. 그 결과로 과학(science)에서 과학주의(scientism)로 이동하게 된다. 버트런드 러셀이 '정오의 밝음과도 같은 인간 지성의 멸절'을 예언한 유명한 말도 과학의 주장에서 나온 것이 거의 확실한데, 과학주의 패러다임의 사례라 할 수 있다. 루돌프 불트만의 유명한 구절도 마찬가지다.

우리는 전깃불과 무선통신을 사용하고 현대의학과 수술에 기대면서 동시에 영혼과 기적으로 가득찬 신약 성경의 세계를 믿을 수는 없다. 어쩌면 우리 자신은 두 가지 모두를 삶 속에 융합할 수 있다고 생각할지 모른다. 하지만 다른 사람에게도 그것을 기대한다면 현대 사회는 기독교 신앙이 비이성적이고 용납될 수 없는 것으로 여길 것이다.[16]

의심할 것도 없이 현대 사상가들, 그중에서도 종종 철학자가 아닌 자유주의 신학자 불트만이나 신약학자 어만 등은 형이상학이나 기적에 반대하는 결정적이지 않은 논증(과학이나 역사를 철학적 자연주의의 근거로 삼으려 하는 칸트나 흄 등에 의해 발전된)에 지나치게 매여 있는 경향이 있다.

자연주의의 적합성. 자연주의가 적합하다는 가정은 모든 기적에 대해 완고하게 회의적인 사람들의 생각을 이끄는 거대한 원동력이다. 이것이 반드시 비합리적인 자세라는 것은 아니다. 나와는 근본적으로 상반되는 세속적인 가정을 가졌지만 지적으로 균형잡히고 지성적으로 정직한 대단히 훌륭한 무신론자들이 있다. 만일 그들이 우리에게 필요한 모든 설명을 제공하는 데 있어 자연주의가 절대적으로 우월하다는 확신이 원칙에 입각한 합당한 것이라고 생각하고 있다면, 기적에 대한 주장 혹은 그 방향으로 이끄는 주장들을 강력하게 거부하는 것이 당연할 것이다.

내 생각에 자연주의는 몇 가지 심각한 난관에 봉착해 있다. 자연주의는 응답받은 것으로 여겨지는 기도나 증거가 잘 뒷받침된 임사체험 등을 설명하는 데 어려움을 겪는다. 감각(qualia), 의식, 생명의 출현, 우주의 시작 등을 설명하는 데도 아직 미흡하다. 인간의 이성 자체를 설명하기에도 부족하다. 우리가 복잡한 유기적 기계이고, 우리의 모든 선택은 선행 조건과 세계의 물리 법칙에 의해서만 일어난다고 가정한다 해도 말이다. 나는 자연주의가 도덕적 후회, 도덕적 의무, 도덕적 권리와 자유 등을 설명하는 데 특히 취약하다고 느낀다. 이러한 것들은 유신론적 관점에서 본 때 훨씬 쉽게 이해된다. 자연주의는 일각에서 주장하는 것처럼 무한한 충성이나 헌신의 대상이 될 수 없고, 이 논쟁에서 항복의 기준을 규정할 자격을 지니지 못했음이 분명하다.

자연주의에 대한 기존의 신념이, 부활 논증에 사용된 추론의 힘을 판단하는 관점을 형성하는 데 큰 영향을 미친다고 말하는 것으로 충분할 것 같다. 나는 무신론에 동의하지 않지만, 그들의 세계관이 합리적일 수 있다고 생각한다. 그래서 나는 부활 논증이 그 자체로 그들에게 합리성의 제약을 요구할 필요는 없다고 생각한다. 그들이 가진 기존의 신념이 그들의 전반적인 관점을 형성하고 있으며 이 경우에도 논증에 대한 평가에 항상 영향을 미치고 있기 때문이다. 그러나 경우에 따라서는 자연주의에 대한 무비판적인 추종이 있을 수 있다. 이 경우 인식론적 겸양이 부족할 수도 있고, 새로운 증거를 검토하는 데 폐쇄적인 교조적 무신론으로 빠질 수도 있다. 자연주의에 대한 신뢰는 모든 세계관이 저마다 (해결하기 곤란한 것이든 그렇지 않은 것이든) 약점을 가지고 있다는 정직한 인식과 함께 가야 한다. 자연주의가 부활에 도전장을 내밀고 있기도 하지만 동시에 부활이 자연주의에 도전하고 있기도 하다. 부활에 대한 합리적 거부가 가능하다고 해서 부활 논증에 대한 거부가 모두 합리적인 것은 아니다. 또 특정 유신론자나 무신론자에게는 부활 논증이 기독교의 진리성을 증명하는 데 그다지 강력하지도 놀랍지도 않은 것일 수 있다.

기적에 관한 흄의 생각. 기적에 대한 데이비드 흄의 유명한 반대 주장은 최근 많은 철학자들에게 혹독한 비판을 받고 있다. 그럼에도 불구하고 많은 자연주의자들이 흄의 논리에 기대어 증거가 있는 유력한 기적 주장에 대해서조차 회의적인 자세를 고집하고 있다. 흄 전문가이기도 한 플루는 이에 대한 완벽한 사례이기도 하다. 그는 부활이 존재하는 기적 주장들 가운데 가장 강력하다고 인정함에도 불구하고, 여전히 설득되지는 않고 있다. 앞서 부활 주장의 증거를 검토하며 우리는 흄의 비판에 대해 언급했는데, 그것은 기적을 목격했다고 주장하는 사람들 자체의 신빙성을 의심해야 한다는 것이었다. 기적 주장의 추론적 측면과 좀더 관련 있는 흄의 우월성 주장에 대해서는 이미 논의했다. 요약하자면, 기적을 결코 믿지 않거나 혹은 가능한 한 최소한으로 받아들이는 것이 합리적이라는 것이다. 왜냐하면 기적은 본질적으로 가능성이 극히 희박하고 자연법칙에 위배되며 실제적으로 불가능하기 때문이다. 그래서 다른 설명들이 아무리 억지스럽고 개연성이 낮아 보여도, 언제나 기적보다는 가능성이 높다. 플루는 기적에 대한 이러한 주장은 다듬어져야 할 필요가 있다고 스스로 인정했고, 여기서 그 이야기를 반복하지는 않겠지만 하버마스가 흄에 대해 (그리고 플루가 수정한 견해에 대해) 제기한 다섯 가지 반대 의견을 간략히 언급하겠다.

1. 흄 방식을 따르는 대부분의 기적에 대한 철학적 반대는 선험적으로 기적에 반대되는 자료들만 축적하려고 한다. 기적을 지지하는 증거가 나타나도 무시하거나 거부하므로, 실제로 기적을 옹호하는 사실들은 축적되지 않는다.
2. 이러한 철학적 반대 입장은 자연에 대한 외적 개입의 가능성을 허용하지 않는 오류가 있다.
3. 이러한 철학적 반대 입장은 자연 법칙을 거의 뉴턴적인 의미에서 일어날 수 있는 모든 일에 대한 최종적인 선고로 받아들인다. 그래서 자연 법칙을 통계적 일반화로 간주함으로써 예외적이고 예상하지 않았던 사건들도 일관성 있게 수용할 수 있는 자연 법칙에 대한 새로운 관점을 간과한다.
4. 엄격한 경험주의는 기적에 대한 경험적 증거(심지어는 반복 가능한 것까지도)를 무시할 뿐 아니라 엄격한 검증 기준들 자체도 검증 불가능하다는 사실을 간과한다.
5. 흄의 철학적 접근은 예수님의 부활에 대한 강력한 역사적 증거를 종종 무시한다.[17]

이미 언급했지만, 기적에 대한 흄의 비판론에 영향을 받은 많은 학자들은 흄의 유명한 논문인 "기적에 관하여"(Of Miracles)를 기적을 선험적으로 거부하는 결정적인 근거로 삼는다. 그러나 흄에 대한 비판적 입장을 취하는 근래 학자인 존 이어맨(John Earman)은 「흄의 처절한 실패: 기적에 대한 반대 논증」(*Hume's Abject Failure: The Argument Against Miracles*)에서 기적에 대한 흄의 반대는 결정적이지 않을 뿐만 아니라 치명적인 오류가 있음을 분명하게 보여 주었다. 예를 들어 흄은, 부활과 같은 사건이 그 자체만으로 지니는 확률과 (이것은 매우 낮을 것이다) 우리가 가진 증거를 조건으로 부활이 일어났을 확률을 구별하지 못했고, 부활 사건이 없었다면 그 증거가 존재하지 않을 확률과 자연주의적 대안들이 지닌 낮은 확률을 비교하지 않았다. 이런 것들을 함께 고려할 때 부활이 일어났을 확률은 이런 것들을 고려하지 않는 경우에 비해 현저하게 높아진다. 그러므로 기적을 폄하하기 위해 흄의 이름을 부르는 것은 생각보다는 별로 신통치 못한 일이다.

틈새의 신이라는 비판. '틈새의 신'을 끌어들인다는 비판을 면하고 기적에 대한 건전한 경계심을 가지기 위해서는 기적 주장을 옹호하려는 편에서 합법적인 기적을 판별하는 합리적인 기준을 제공해야만 한다. 만일 어떤 무신론 학자가 사건에 대한 설명 후보에서 기적을 선험적으로, 혹은 실제적인 목적 때문에 거의 선험적으로 배제해 버렸다면, 이런 기준들은 적용이 되지 않을 것이다. 하지만 기적을 설명 후보에 포함시키고자 하는 사람들에게, 철학자 스티븐 데이비스는 다음 세 가지 기준을 제안한다. (1) 자연주의적 설명이 모두 실패하고 자연주의적 지평에서는 더 이상 유력한 후보가 없어 보일 때, (2) 그 사건이 도덕적·종교적 중요성을 가질 때, (3) 문제시 되는 사건이 계시된 신의 뜻과 목적에 대해 그 사람이 가진 신앙과 일치할 때, 예를 들어 그 사건이 기도 후에 벌어졌다거나 신적 현현(epiphany) 혹은 성육신한 양상으로 이루어졌을 때 등이다.[18]

한편 무신론자는 유신론이 방어 불가능하다거나 극단적으로는 근거가 취약하다고 생각하는 합리적 이유를 제시해야 한다. 기적에 대한 자신의 반대가 원칙에 입각한 것임을 보이기 위해서는 말이다. 하지만 그렇다고 해도 이런 기준들이 무신론자에게 부활이 정말 일어난 사건이라고 설득하는 데는 기적의 발생을 설득하는 것만큼은 도움이 되지 않을 것이 분명하다. 이것은 어느 정도는 불가피하다. 어떤 사안을 분석할 때 우리가 가진 세계관이 우리의 관점을 형성하므로 합리적 사고를 가진 사람들이라도 서로 동의하지 않을 수 있다. 설령 부활 논증이 무신론자들에게 유신론과 기독교에 대한 어느 정도의 증거를 제공한다 해도, 심지어 그 증거들이 인식론적 회심을 가능하게 한다고 할지라도, 부활 논증 자체는 그들을 믿음에 이르도록 합리적으로 강제할 수 없다.

확률 감소. 앞서 나는 스윈번의 역사적·증거주의적 유신론 논증에 대한 앨빈 플랜팅가의 비판을 언급했다. 그러한 비판은 부활 논증의 경우에도 적용 가능할 것이다. 몇 가지 요점을 이야기하면, 티모시 맥그루(Timothy McGrew)는 필로소피아 크리스티를 통해, 또 후에는 리디아(Lydia) 맥그루와 공저로 플랜팅가에 대한 비판적 분석을 펴냈는데 그의 주장을 효과적으로 반박한 것으로 보인다.[19] 이 논쟁은 플랜팅가가 과거의 반증거주의(antievidentialism)에서 후퇴해 기독교 신앙의 내용에 관한 몇몇 역사적 논증이 꽤 인상적이었다고 인정하면서 절정을 이루었다. 거기에는 하버마스의 논증도 포함되어 있었다. 맥그루는 기독교적 유신론에 대한 스윈번의 역사적 논증이 적절하게 진술되면 확률 감소의 문제를 피할 수도 있다는 점을 잘 보여 주었다. 부활 자체에 대한 증거가 유신론을 지지하는 전체 근거의 일부로 고려된다는 것이다.

만일 부활에 대한 역사적 증거가 부활과의 관련성을 통해 유신론 논증과도 관련이 된다면, 우리는 유신론의 확실성(probability)을 생각하는 과정에서 그것을 최우선적으로 고려해야 한다. 그리고 그런 경우 우리는 이미 증거와 그 증거가 부활 논증에 미치는 효력을 이미 고려했고, 부활의 확실성을 평가하는 데 그 증거가 얼마나 필요한지를 알아내려고 시도하는 것에 머물러 있을 수만은 없다.[20]

그들은 또한 플랜팅가가 전체 확률의 정리(Theorem of Total Probability)에 따른 연속 곱셈을 통해 스윈번을 비판하는 것이 얼마나 이상한 일인지를 지적하고 있다. 왜냐하면 스윈번은 종교철학에서 베이즈 정리(Bayes's theorem: 조건이 주어지기 전 확률과 조건이 추가된 후의 확률 사이의 관계를 설명하는 정리—역주)를 선도적으로 도입한 인물이기 때문이다.[21] 유신론과 부활 논증, 이 두 개의 상호 관련된 문제에 대한 제대로된 접근법은 직접적으로든 간접적으로든 각각에 관련된 증거를 가능한 상세하게 검토하는 것뿐이라고 맥그루는 주장한다. 다시 말해, 증거 자체의 조사를 대치할 것은 없다. 의심스러운 전제를 따라 확률을 임의로 부여한 후, 증거를 수용할지 여부를 미리 결정해 버려서는 안 된다.

물론 증거의 조사와 관련된 어려운 문제는, 확률 부여에서 지나치게 낙관적이거나 부적절할 정도로 비판적인 이유들을 고려하다가 다루고 있는 증거의 질에 대한 객관적인 평가가 왜곡될 수 있다는 것이다. 예를 들어 무신론자는 베이즈 정리를 사용하여 부활이 일어났을 확률이 0.5 이하라는 결론에 이르게 될 가능성이 높다. 그리고 그에 대해 많은 유신론자들은, 자연주의에 대한 믿음이나 기적을 자동으로 거부하는 선험적 태도가 없으므로, 그 결론을 억지라고 여기게 될 것이다.[22] 이런 정직한 편향의 유사한 사례가 하버마스가 제시하는 증거 논증을 평가하는 데도 반영될 수 있다.

자연주의적 설명의 힘에 대해 어떻게 생각하는지(스스로 깨닫지 못할 수도 있다), 그리고 배후의 신념에 근거하여 부활이 얼마나 타당하게 느껴지는지는 우리가 지닌 철학적 전제에 깊이 의존하고 있다. 어떤 면에서 이것은 너무도 명백한 말이다. 그러나 세계관의 차이가 단순히 심리적인 것이 아닌 인식론적으로 고려해야만 할 무엇인가를 드러낸다면 그것은, 비록 부활 논증이 많은 유신론자와 몇몇 무신론자로 하여금 기독교가 참이라고 믿게 할 탁월한 증거를 제공한다고 해도, 어떤 이의 거부가 (적어도 그 자체만으로는) 비합리적이 아니라는 것을 의미한다. 그러나 이런 가능성이 모든 저항이나 의심의 이유, 혹은 회의주의를 동일하게 합리적인 것으로 만드는 것은 아니다. 그런 태도가 나타난다면 놀랄 일이다. 예를 들어 하버마스는 증거적·감정적·의지적 의심을 구별했는데, 일단 증거와 관련된 문제가 해결되면 다음으로는 감정적·의지적 측면의 의심이 무엇보다도 중요한 문제가 된다.[23]

앞의 예에서 1이 적힌 공을 뽑을 확률이 2, 3, 4를 뽑을 확률보다 높지만, 그래도 1을 뽑지 않을 확률이 1을 뽑을 확률보다 더 높다고 한 점을 상기해 보라. 그 예에서 끌어낼 수 있는 한 가지 결론은, 설령 부활이 제시 가능한 모든 자연주의적 가설들보다 훨씬 나은 설명을 제공한다 해도, 부활이라는 가설 자체가 갖는 본래적인 난점 때문에 그것을 믿는 것을 합리적으로 거부할 수 있다는 것이다. 그러나 생각해 보아야 할 또 다른 가능성은 바로 그 정반대의 결론이다. 그럼에도 1을 선택하는 것이 합리적이라는 점은, 동일한 논리에 의해 부활을 믿는 것이 합리적일 수 있음을 보여 준다. 설령 부활이 일어나지 않았을 확률보다 일어났을 확률이 더 높음을 보여 줄 수 없으며 경쟁하는 다른 후보를 크게 앞지르지 못해도 최소한 관련된 다른 것보다 더 잘 설명하기 때문이다. 이 점을 더 강화하는 사실은, 논리적으로 양립 불가능한 자연주의적 대안들은 각각이 지닌 설명력이 하나로 모아질 수 없으므로 부활보다 더 큰 설명력을 지닐 수 없다는 점이다. 그리고 그렇다면 그것은 곧 확률 계산이 하버마스의 귀추법 추론보다 훨씬 덜 중요하다는 것을 보여 준다. 그리고 이 점은 다시금 우리를 역사적 논증으로 이끄는데, 이런 논증을 선험적으로, 증거를 살펴보지도 않고 당연한 듯이, 검증할 수 없는 임의적 확률 부여에 따라 미리 기각해 버리면 안 된다.[24]

  반증 가능성. 반증 가능성의 원칙을 문제로 제기한 철학자가 바로 플루다. 그는 1950년에 쓴 그의 초기 논문 "신학과 반증 가능성"에서 이 문제를 제기했고, 옥스포드 대학에서 C. S. 루이스가 주관했던 소크라테스 클럽에서 이 논문의 초고를 읽기도 했다. 그 글의 목표는 무신론을 지지하고 논리실증주의를 반대하는 것이었다. 그는 이 논문을 통해, 어떤 주장이 의미 있는 것인지 여부가 아닌, 단지 합리적인지 여부를 검증하기 위한 시험 방법을 제시하려 했다. 만일 어떤 주장이 거짓임을 원칙적인 수준에서라도 보일 방법이 없다면, 그 주장은 반증 가능성의 시험을 통과

할 수 없기에 기각해도 된다는 것이다. 그런 주장은 일관성을 갖추었다 하더라도 그것을 믿는 것은 합리적이지 않다는 것이다.

이처럼 무엇이 플루로 하여금 선험적으로 기적을 거부하게 하는지를 볼 때, 하버마스가 이 반증 가능성의 문제에 관해 도전한 것은 놀랄 일이 아니다. 부활이 일어나지 않았다는 플루의 신념은 반증 가능한 믿음인가? 좀더 일반적으로, 기적에 대한 그의 혐오는 반증 가능한가? 과연 그의 생각을 바꿀 수 있는 것이 원칙적으로라도 존재하는가? 플루는 바로 이 지점에서 분명하게 자신의 입장을 기적을 순수하게 선험적으로 거부하는 일부의 태도와 구별한다. 그는, 적어도 이론적으로는, 충분히 극적인 무언가가 나타나면 기적의 가능성을 자신에게 설득할 수 있다고 말한다. 예를 들어, 하나님이 전 세계를 향해 큰 소리로 말씀하시는 것 같은 일 말이다. 하버마스는 이 이슈에 대해 플루를 압박했다. 어쨌든 플루의 이야기는 선험적 거부와 전혀 다를 것 없게 들린다는 것이다. 그러나 그럼에도 불구하고 플루는 자신의 관점은 반증 가능하다고 주장한다.

프랑스 출신의 철학자 블레즈 파스칼이 그의 글에서 주장한 세 가지 흥미로운 논점을 언급해야 할 것 같다. 왜냐하면 지금까지 이 논의를 통해 부활 추론에 관한 세 가지 지적 도전이 제기되었는데, 파스칼은 그것에 응답할 수 있는 자원을 제공할 수 있기 때문이다. 만일 부활이 일어났을 확률이 그렇지 않았을 확률보다 높다는 것을 보일 수 없는 이상, 가장 합리적인 대응은 판단을 유보하는 것이라고 말하는 무신론자를 떠올려 보라. 파스칼은 이렇게 답할 것이다. 이처럼 중대한 문제에 대해 판단을 유보하는 것은 중립을 유지하는 것이 아니며, 도박장에 드나드는 대신 안방에 앉아 있는 것도 아니고, 중대한 의미를 가진 결정을 내리고 있는 것이다. 이것이 바로 그의 내기다. 부활 같은 거대한 주장은 그에 상응하는 거대한 증거를 요구한다. 맞는 말이다. 하지만 파스칼은 또한 거대한 주장에는 거대한 함의가 따라온다는 사실을 우리에게 상기시켜 준다. 그것은 우리가 실수를 피하는 데만 집착하는 지나치게 편협한 증거주의에 빠져 놓쳐 버려도 되는 진리가 아니다. 그런 태도는 충분히 알 수 있을 만큼 드러나 존재하는 진리로 나아가는 길을 가로막는다. 더구나 그 진리는 인간의 조건과 실재의 본질에 대해 품어 온 오래된 질문들과 핵심적 관련이 있다.

윌리엄 제임스는 엄격한 세속주의자와 자연주의자들, 다시 말해 오컴의 면도날(Ockham's razor: 필요 없는 가정을 제거하고 좀더 단순한 설명을 채택해야 한다는 원리-역주)의 열렬한 기사들은 미신에 빠지는 것을 두려워한다고 말한 적이 있다. 하지만 동시에 그는 메마름도 두려워했다. 가장 흥미롭고 중요한 부분을 벗겨내 버린 말라빠진 세계관, 볼품없는 물리주의적(physicalist) 그림만 남게 되는 것을 두려워한 것이다. 파스칼도 같은 고민을 했었다. 또한 파스칼은 아마도 신에 대한 증거가 그다지 압도적이지도, 추론이 그다지 강력하지도 않은 점에 대해, 하나님이 적당히 감추시는 이유가 있을 것이라고 말할 것이다. 하나님은 계시의 빛을 우리에게 넘치게 쏟아부음으로써 우리의 의지를 강요하지 않으신다는 것이다. 오히려 그분은 우리가 마음과 뜻과 의지를 다해 지적인 통합성을 가지고 반응할 수 있을 정도의 빛을 우리에게 비추시는 것이다. 결국 하나님은 우리가 증거를 평가하는 데 얼마나 뛰어난지에 관해 관심을 갖는 것이 아니라는 뜻인데, 타당한 말이라고 생각하지 않는가? 쭉정이에서 알곡을 골라내는 데 그런 일은 별 상관이 없다는 것이다.

엘비스 유비. 엘비스 유비를 기억해 보라. 그것은 자연주의자들에게 부활에 대한 그럴듯한 자연주의적 대안을 제공해야 할 의무가 없다고 여긴다. 엘비스의 시신이 사라졌고 이성적인 많은 사람들이 엘비스가 살아 있는 것을 보았다고 주장한다고 가정해 보자. 엘비스는 죽은 자들 가운데서 다시 살아난 것이거나 애초에 죽지 않았던 것이다. 우리는 시신이 사라진 것도, 다시 나타난 것을 보았다는 주장도 설명할 수가 없다. 하지만 그렇다고 해서 유신론적이거나 초자연주의적 설명을 해서는 안 된다. 이 점은 하버마스가 플루에게 부활에 대한 자연주의적 설명을 해내라고 요구한 것이 잘못임을 보여 주는 것일까?

아니다. 왜냐하면 예수님의 경우와 엘비스의 경우에는 유비가 성립하지 않는 점이 많기 때문이다. 엘비스를 보았다는 증언은 널리 퍼져 있지 않았다. 게다가 몇몇의 주장대로 엘비스의 시신이 결코 묻힌 적이 없다면, 예수님의 경우와는 달리 그가 죽었다는 증거가 별로 없는 셈이 된다. 엘비스는 자신의 죽음을 예언하지도 않았고, 예수님의 죽음처럼 풍부한 신학적 맥락 속에서 그의 죽음이 일어난 것도 아니다. 예수님의 죽음은 신학적 맥락 안에서 이해되었고 도덕적·영적 의미를 품고 있었지만, 엘비스의 경우에는 전혀 그렇지 않았다. 또한 엘비스가 다시 나타났다는 것을 주장한 사람들이 자신들의 진술 때문에 진지하게 목숨을 내놓으려 하지도 않았다.

엘비스의 경우가 보여 주는 것은, 간단히 말해, 기적에 대한 주장을 기각하기 위해서는 항상 먼저 자연주의적 설명을 알아야 한다는 원칙이 수정되어야 한다는 것이다. 엘비스의 경우는 그 원칙에서 예외로 인정받아야 한다. 하지만 엘비스와 예수님의 경우는 유비가 성립하지 않는 정도가 매우 크고, 따라서 예수님의 경우에는 지금까지 나온 것보다도 더 나은 자연주의적 설명이 요청되는 것이다. 엘비스의 경우가 부활에 관한 논의와 뭔가 관련성이 있다고 주장하는 사람들은, 자신들이 실제로는 정당하지 않은 방식으로 부활 논증을 사소한 것으로 만들려는 경향이 있음을 드러낼 뿐이다. 증거들이 부활에 의해 가장 잘 설명되며, 제시된 자연주의적 가설이 명백하게 약할 때, 부활을 추론하는 것은 정당하다.

확률 대 가능성. 플루와 하버마스는 계속해서 증거에 대해 서로 다른 기준을 고집했다. 자연주의적 가설에 관해 플루는 아무리 희박하다 하더라도 일말의 가능성만 있으면 충분하다고 했다. 하버마스는 이에 대해 진정으로 개연성 있는 자연주의적 설명이 필요하다며 플루를 압박했다. 이러한 충돌은 논의에서 계속해서 등장하는 중대한 갈림길이다. 이에 대해 나는 어떤 판결을 내리지 않겠다. 다만 그 점을 지적하고 그 이유가 단순하다는 점만 밝히겠다. 그들은 이 문제에 대해 서로 다른 세계관을 가지고 접근하고 있다. (이 논쟁 당시) 헌신된 무신론자로서 거의 모든 기적 주장을 선험적으로 기각하는 태도를 보이는 플루는 가능성만으로도 충분하다고 생각했다. 왜냐하면 아무리 확률이 낮다 하더라도 예수님이 다시 살아날 확률보다는 높을 것이기 때문이다. 반면 하버마스는 원칙을 지닌 유신론자로서 기적에 대한 흄 스타일의 거부에 대해 합법적인 의구심을 가지고 있으며, 마치 약속 어음이라도 받은 것처럼 자연주의가 결국 모든 현상을 설명할 수 있을 거라는 믿음에 반대할 많은 이유를 가지고 있다. 하버마스는 자신의 귀추법적 추론과 그에 따른 기독교 진리 주장에 대응하기 위해서는 그저 희박한 자연주의적 가능성 이상의 무엇이 필요하다고 생각하는데, 이는 타당하다. 불가능한 것은 아니지만, 두 가지 상충하는 일련의 전제들 가운데 어떤 것이 철학적으로 방어 가능한지를 보여 주는 것은 엄청난 도전이다. 이 문제에 대해 나도 나름의 신념을 가지고 있고 독자들 역시 저마다의 결론을 찾아야 할 것이다. 하지만 내 주장은 이것이야말로 이 논쟁의 기저에 흐르는 충돌이며, 부활 논증에 관한 다른 논란들은 이런 더 일반적인 불일치와 표면화일 뿐이라는 것이다.

설득 가능성. 이점은 우리로 하여금 이런 종류의 중요하고도 가치 있는 논쟁이 지닌 특성을 주목하게 한다. 이런 논쟁은 물론 한계를 지닌다. 논쟁을 통해 우리는 좀더 깊은 불일치가 무엇인지 효과적으로 드러낼 수 있지만, 그런 불일치는 조만간에 쉽게 해소되지 않을 것이다. 사람들은 한 번 논쟁을 경청했다고 마음을 바꾸지 않는다. 논쟁에 참여하기 전에 가지고 있었던 가정들이 논쟁을 듣고 평가하는 데 영향을 미친다. 이것은 양편이 마찬가지다. 시간이 지나면 마음이 바뀔지도 모르지만, 그 자리에서 당장 그런 일이 일어나지는 않는다.

또한 부활 논증이 극복해야 할 도전들을 감안할 때, 개인적으로 나는 이 논증이 그 자체만으로 헌신적이고 지적이고 원칙을 지닌 무신론자의 마음을 바꾸어 놓을 수 있다고 생각하지 않는다. 더 나아가 나는 무신론자가 이 문제에 대해 어느 정도 지적인 완고함을 유지할 권리가 있다고 생각한다. 나는 부활 논증이 꽤 강력하다고 평가한다. 그러나 이 논증은 더 넓은 범위의 일반적인 유신 논증과 기독교 변증의 축적된 논의 속에 놓일 때 최선의 효력을 지닐 것이다. 그러므로 이 논증이 하나님이 존재하며 1세기 팔레스타인에서 기적이 일어났다는 점에 대한 중대한 증거를 제시한다고 하더라도, 이 논증을 통해 더 잘 설득될 수 있는 사람은 똑똑하고 강한 신념을 지닌 무신론자가 아니라 이미 유신론자가 된 사람일 것이다.

이제 이 논쟁의 기저에 깔린 철학적 이슈들에 대한 논의를 마쳤다. 이제 논의를 다시 앤터니 플루에게로 돌릴 준비가 되었다. 플루는 아마도 싫어할 것이다. 이미 그의 여정에 깊이 관련 있는 많은 내용을 언급했기 때문이다. 그는 여전히 흥미로운 이야기를 가진 매혹적이고 수수께끼 같은 인물이다. 마지막 논쟁 이후 그의 지적 순례에는 눈에 띄는 발전이 있었고, 그런 조짐이 논쟁 직후에 나타났으므로 이제는 그가 현재 어디에 있으며 앞으로 어디로 향하게 될지 검토해 볼 차례다.

플루의 현재 위치

세 번째 논쟁이 있은 지 얼마 되지 않아서, 플루는 하버마스에게 자신이 유신론을 고려하고 있음을 이야기했고, 칼 폴리 논쟁(Cal Poly Debate: 캘리포니아 주립 공과대학에서 열리는 논쟁—편집자 주)이 있기 약 1년 전에 자신이 유신론자가 되었다고 전했다. 그는 이제 신을 믿는다. 이 말은 플루가 그리스도인이 되었다는 말인가? 그렇지 않다. C. S. 루이스처럼 그는 그저 유신론자가 (플루의 경우는 이신론자가) 되었을 뿐이다. 물론 C. S. 루이스는 결국 그리스도인이 되었다. 플루 역시 그렇게 될지는 지켜보아야 한다.

무엇이 그의 마음을 바꾸었을까? 신이 정말 존재한다고 플루를 설득한 것은 무엇일까? 하버마스는 이를 알고자 플루를 만나 인터뷰했고, 그 내용이 필로소피아 크리스티에 실렸고, 이 책에도 실려 있다. 그 후로 얼마 지나지 않아 플루는 로이 에이브러햄 바기즈와 함께 「존재하는 신」이라는 책을 펴냈다.[25] 그 책에 대한 하버마스의 논평도 이 책에 수록되어 있지만, 플루의 마음에 벌어진 이 극적인 변화를 일으킨 이유들을 간략히 살펴보겠다. 그리고 이 장의 마지막 부분에서는 이 논의를 부활 논증과 다시 연결 짓고, 이것이 사태를 어떻게 변화시킬 수 있고 또 변화시켜야 할지 고려해 보겠다.

플루는 훌륭한 철학자다. 하지만 그렇다고 해서 그의 회심이 유신론이 진리라는 확실한 증거는 아니다. 플루도 썼듯이, "인간은 혐오스러운 논증에도 설득될 수 있고, 마땅히 받아들여야 할 주장도 무시할 수도 있다."[26] 위대한 철학자도 실수할 수 있고, 설령 플루가 증거가 이끄는 곳으로 정직하게 따라갔다고 해도 그 자체가 유신론이 진리임을 보여 주는 것은 아니다. 우리가 할 수 있는 것은 지적 최선뿐이다. 플루의 이야기가 극적인 것은 사실이지만, 유신론자 중에도 무신론 주장이 원칙에 입각해 타당하다고 생각해 자신의 신념을 포기하는 경우도 있다. 이 논의는 유신론자의 명부에 유명인사의 이름을 추가하기 위한 노력이 아니다. 비록 플루 자신도 지금은 고인이 된 옥스포드 출신의 감리교 목사였던 그의 부친이 "하나님의 존재에 대해 내가 지금 가신 관점을 들으면 매우 기뻐하실 것이다. 그리고 이것이 교회의 대의를 위해서도 큰 도움이 된다고 여기실 것이다"라고 기록하고 있지만 말이다.[27]

어찌되었든 플루가 왜 증거들이 자신을 유신론으로 이끈다고 생각하게 되었는지, 특히 크리스토퍼 히친스(Christopher Hitchens)에서 리처드 도킨스, 또 샘 해리스까지 '새로운 무신론자'들이 등장한 지금 이 시기에 그런 마음의 변화를 가지게 되었는지를 살펴보는 것은 흥미로운 일이다. 새로운 무신론자들은 종교는 불합리성의 패러다임임을 알아야 한다고 끊임없이 주장하고 있다. 이와 관련하여 플루가 바기즈에게 그들이 함께

펴낸 책의 부록으로 새로운 무신론(이제는 플루와 대조적인 입장이 됨)에 대해 쓰게 했다는 사실은 매우 흥미롭다. 새로운 무신론자들이 쏟아내는 유신론자들의 어리석음에 대한 현란한 수사적 비난들은 플루에게 거의 영향을 끼치지 못했다. 플루는 하버마스에서 앨빈 플랜팅가, 리처드 스윈번, 윌리엄 레인 크레이그, 브라이언 레프토까지 의도적으로 가장 명석한 대표자들과 논쟁하며 시간을 보냈고, 가장 어두운 부분을 전형적으로 싸잡아 비난하는 데 머무르지 않았다.

플루의 지적 여정 후반기에 변화가 일어난 것은 그가 일반 계시의 힘을 감지하기 시작했기 때문이다. 그는 특별 계시에 대해서는 설득되지 않았다고 말한다. 그래서 부활이나 기독교는 아직 그에게 설득력이 없다. 하지만 일반 계시로부터 하나님의 존재를 논증하는 것은 강력하다고 생각한다. 그는 죽음 이후에 삶이 존재한다는 것에도 설득되지 않았다. 그래서 그는 자신이 유신론으로 전향하게 된 이유가 나이 때문이라고 추측하는 것을 멈추고자 한다. 그는 비록 바기즈의 도움을 받아 책을 썼지만 그 책에 제시된 것이 자신의 관점이 맞다고 확언한다. 그러므로 나이를 먹어 그의 지성이 쇠퇴했다는 일각의 비난은 합당하지 않은 것 같다. 비록 플루가 A. J. 에이어가 '임사체험' 후에 그것에 대해 유신론적 해석을 했던 것 정도는(에이어는 임사체험 후에도 무신론을 포기하지 않았다) 넌지시 말한 적이 있지만 말이다.

플루는 칸트가 말한 철학의 세 가지 중요한 질문인 신, 자유, 그리고 불멸을 언급한다. 플루는 그중 두 가지에 대해서는 확실히 마음을 바꾸었다. 초기에 그는 자유의지에 대한 양립론적 관점(compatibilist view)을 받아들였다. 즉, 자유의지와 결정론이 양립 가능하다는 관점으로, 우리의 자유의지는 삶의 각 순간에 우리가 행동하도록 결정된 방식과 조화를 이루며 다른 방식으로 행동할 능력은 없다고 간주한다. 유신론으로 회심하기 훨씬 전에 플루는 양립론으로부터 마음을 돌렸고, 지금은 로데릭 치솜(Roderick Chisholm)과 거의 유사한 입장을 취하고 있다. 철학적 신념에 대한 그의 유연성을 보여 주는 좋은 사례다. 플루는 양립불가론으로의 '회심'은 유신론으로의 전환만큼이나 의미심장한 변화였다고 말한다. 그러나 아직까지 그는 칸트가 말한 세 번째 주제인 불멸에 관해서는 양보하지 않고 있다.

플루는 1966년 「신과 철학」을 출판했고, 이 책에서 신의 존재에 대한 설계적·우주론적·도덕적 논증을 반박했다. 그가 보기에는 신의 존재를 부정하는 가장 강력한 논증은 악의 문제다. 그는 또한 유신론에 따르는 구별과 개인화의 문제에 대해 의문을 제기했었다. 그가 제기한 이 같은 의문점에 대해 답하기 위해 스윈번이나 코플스턴 등이 뛰어난 연구 업적을 내놓은 것에 플루는 어느 정도 자부심을 느끼고 있는 것처럼 보인다. 그가 제기한 또 다른 문제에 대한 플랜딩가의 응답에 대해서도 마찬가지다. 이제 그는 1966년에 출판한 자신의 저서를 '역사의 유물'이라고 말한다. 논의 초기에 중요한 의미가 있었던 작품이라는 것이다. 당시 그는 여전히 무신론을 전제하고 있었지만, "신의 존재에 대한 믿음의 근거를 고려할 때 유신론자가 그렇게 믿는 것은 아니다. 무신론이라는 전제는 기껏해야 방법론적 출발점이지 존재론적 결론은 아니다"라고 말한다.[28]

오랫동안 플루의 무신론을 지탱해 온 확신들 가운데 몇 가지만 살펴보면, 성경은 엄격한 숙명론을 가르친다는 믿음, 전능하신 하나님이 모든 이들로 하여금 자유롭게 선을 택하도록 하실 수 있었다는 점, 그리고 우주가 영원할 수 있다는 점 등이 있다. 이 확신들이 하나씩 포기되는 과정이 순서대로 「존재하는 신」에 담겨 있다. 2004년 뉴욕에서 열린 컨퍼런스에서 물리학자 게리 슈뢰더(Gerry Schroeder)가 '원숭이 정리'—생명이 우연히 발생할 확률을 수많은 원숭이들이 컴퓨터 키보드 위를 날뛰다가 결국 셰익스피어의 소네트를 쓰게 될 확률과 비교하는 것—에 대해 설득력 있게 반박하는 것을 들을 무렵, 플루는 많은 이들을 놀래키며 신의 존재를 받아들인다는 발표를 했다.

플루는 세계가 왜 존재하는가와 같은 물음에 대해 스스로 탐구 가능성을 차단해 버리는 교조주의적 무신론의 위험성을 알게 되었다. 있는 그대로의 사실을 단순 수용하는 것은 설명이 아니며 특별한 권위도 가질 수 없다고 했다. 플루가 다양한 현상에 대한 신적 설명을 받아들이기까지 나아가게 된 데는 과학의 발전이 한몫했다. 이제 플루는 과거 자신이 받았던 질문들을 자신의 과거 동료들인 무신론자들에게 묻는다. "당신이 우월한 지성이 존재하는지 최소한 고려라도 해 보려면 어떤 일이 벌어져야, 혹은 벌어졌어야 하는가?"[29]

플루는 현대 과학으로 말미암아 등장한 세계상은 신의 존재를 가리키는 자연의 세 가지 차원을 조명하게 되었다고 생각한다. 그의 설명을 반복하지는 않고, 여기서는 그 세 가지를 언급만 하겠다. 자연이 법칙을 따르고 있다는 사실, 자연으로부터 지적으로 조직되고 목적에 이끌리는 존재들이 등장했다는 사실, 그리고 자연의 존재 자체, 이 세 가지는 그가 고전 철학의 논증을 새롭게 연구할 때 그를 설득했던 것들이다. 그는 이 과학적 세계상에 대해 철학적 질문을 던지고 철학적 결론을 내리는 것이 철학자로서 사고하는 것임을 강조했다. 과학으로부터 철학적으로 흥미로운 것을 알아내기 위해 과학자가 될 필요는 없다. 또한 과학자라고 해서 과학에 대해 철학적인 사고를 잘할 수 있는 것도 아니다. 사실 여기서 그는 아인슈타인을 인용한 것이다. "과학자들은 형편없는 철학자다."[30]

그러한 증거들이 가리킨 신의 모습은 아리스토텔레스가 생각한 신과 같다. 플루는 신의 존재에 대한 데이비드 콘웨이의 논증에 가장 크게 영향을 받았다고 인정했다. 흥미롭게도 콘웨이는 아리스토텔레스의 신이 유대 기독교 전통의 신과 놀랄 만큼 유사하다고 주장했다. 플루는 비록 자신의 여정은 특정 종교의 신으로 향하는 것이 아니라고 계속해서 강조하고 있기는 하지만 콘웨이의 주장을 반박 없이 수용하고 있다. 다시 말해 그의 여정은 자연 신학의 결과라는 것이다. 과학적 증거에 입각하여 우주론적이고 목적론적인 어떤 특정한 논증에 대해 마음을 열었지만, 도덕적 논증은 아직 그를 움직이지 못했다. 때문에 플루는 자신을 이신론자라고 말하는 것이 가장 적합하다고 생각한다.

과학의 영역에서 플루를 설득한 것은 과학 사제가 아니라 철학이었다. 그는 문제가 되는 중요한 이슈들은 단순히 과학적인 것이 아니라 철학적인 것임을 알게 되었다. 빅뱅 이론에서 우주의 미세 조정을 지지하는 증거들, 그리고 물리 상수에 이르기까지 그는 신성한 창조적 지성이 효과적 설명을 제공하는 것을 보기 시작했다. 토머스 트레이시와 브라이언 레프토 등 분석철학자들의 유신론에 대한 획기적인 업적 등과 함께, 플루의 유신론으로의 지적 여정은 정당화되는 것 같다.

그는 여전히 악의 문제에 대해 부담을 느끼고 있지만 하나님에 대한 이신론적 개념을 가지고 있기 때문에 그의 유신론에는 방해가 되지 않는다. 그는 신에 대해 스스로 있고, 불변하며, 전지전능한 존재로 생각하는 동시에, 본질적으로 비인격적이고 도덕적으로 특별히 의미가 없는 존재라고 본다. 아리스토텔레스적 신은 악을 추방하기 위해 세상에 개입하지 않는다. 그렇기 때문에 악의 존재가 그러한 신의 존재를 부정하는 증거가 되지는 않는다. 자유의지 옹호가 지속될 수 없다면 선한 신은 아마도 세상에 더 많이 개입할 것이다. 하지만 그는 그 같은 자유의지 옹호는 신적 계시의 기본 틀, 다시 말해 '신이 자신을 계시한다는 생각을 수용했는지 여부'에 달렸다고 말한다. 신이 역사 속에서 자신을 계시해 왔느냐는 질문에 대해 플루는 가능성은 열어 두고 있지만 아직까지 설득되지는 않았다. 부활에 관해서는 그가 신약학자인 N. T. 라이트에게 부활에 관한 부록을 써 달라고 요청했다는 사실을 주목해 볼 수 있겠다. 마지막 장에서 플루는 "이미 여러 번 말했다시피, 그 어떤 종교도 예수님과 같은 카리스마적 인물과 바울과 같은 최고 수준의 지성을 결합하고 있지 않다. 만일 당신이 전능하게 되어 종교를 창시하여 한다면, 내가 보기에는, 기독교를 능가하는 종교를 만들어야 할 것이다!"[31]라고 썼다.

플루는 다음과 같은 말로 책을 끝맺고 있다. "전능한 신을 만났다고 주장하는 사람들이 있다. 나는 '아직' 그런 적이 없다. 하지만 앞으로 어떤 일이 벌어질지 그 누가 알겠는가? 어느 날 나는 이렇게 말하는 음성을 듣게 될지도 모른다. '이제 내 목소리가 들리느냐?'"[32]

그렇다면 플루의 회심에 비추어 부활 논증을 다시 검토해 보는 것으로 우리의 논의를 마무리하도록 하자.

플루는 왜 기독교인이 되어야 하는가

이 소제목이 다소 도발적일지도 모르겠다. 절반 정도만 진지하게 말하는 것이다. 플루의 다음 여정에 무슨 일이 벌어질지 누가 알겠는가? 그가 킹스 크로스 기차역에 출발하여 호그와트로 떠나버릴지도 모를 일이다. 하지만 그의 삶은 분명 흥미로운 이야기이기 때문에 그 이야기가 앞으로 어떻게 펼쳐질지 궁금해하는 것은 당연하다. 그런 의미에서 나는 우리의 논의에서 나온 몇 가지 가닥을 골라 엮어 보고, 무엇보다도 플루의 유신론으로의 회심이 부활에 관한 우리의 논의와 어떤 연관이 있는지 짚어 보려 한다. 나는 플루가 향후에 기독교로 개종하는 것도 놀랄 일이 아니라고 생각하며, 그렇게 생각하는 몇 가지 이유를 제시할 것이다. 그렇지만 내가 탐정이나 예언자는 아니므로 미래는 알 수 없다. 우리는 플루의 향후 걸음이 어디로 향하든지 그의 지적 자유를 전적으로 존중해 주어야 한다.

플루는 분명히 부활을 고민하고 있다. 앞서 언급했다시피 플루는 라이트에게 800쪽에 이르는 부활에 관한 라이트의 최신작에 담긴 몇 가지 중요한 발견들을 자신의 최근 저서 부록에 실어 달라고 요청했다. 플루는 부활에 관한 라이트의 논증과 새로운 무신론자들에 대한 바기즈의 글이 신의 존재에 대해 마음을 바꾸게 만든 추론의 사례들이라고 말했다. 또한 그는 흥미롭게도 그 두 학자의 논의가 자신의 향후 여정의 방향에 관한 통찰을 제시한다고도 이야기했다. 그리고 플루는 그들의 논의가 유신론이 왜 철학적으로 더 유력한지에 관한 자신의 성찰과 더불어, "종교 철학에 새롭고도 강력한 비전을 제공하는 유기적 전체를 구성"한다고 했다.³³⁾ 종교 철학의 세계에서 플루가 던지는 충격은 이제 겨우 시작인지도 모른다.

플루는 부활에 대해 회의적인 입장을 견지하고 있다. 비록 "부활이 다른 어떤 종교적 주장보다도 인상적"이라고 생각함에도 불구하고 말이다. 그의 비판 대부분은 역사적 문제에 관한 것이다. 동시대적 증거의 부족, 집단적으로 경험한 현현 사건의 신빙성, 부활한 모습에 대한 물리적 세부 사항의 부족 등. 이러한 점에도 불구하고 그는 이제 신적 계시나 개입에 관한 적어도 몇 가지 주장에 대해서는 마음이 열리고 있다고 인정했다. 그는 "사실 나는 기독교가 스스로 주장하는 대로 신적 계시건 아니건 가장 많은 존경과 존중을 받을 만한 종교라고 생각한다"고 말했다.³⁴⁾ 역사적 문제 외에도 플루는 또한 여전히 "기적의 발생은 역사적 증거로 알려질 수 있는 것이 아니기 때문에 부활이 역사적 사실로 알려질 수 있다는 주장은 신빙성이 없다"고 했다.³⁵⁾ 이와 같이 기독교에 대해 열린 태도에도 불구하고 그는 아직 설득되지는 않았다.

라이트의 주장에는 여러 흥미로운 논점들이 있지만 여기서 언급하지는 않을 것이다. 왜냐하면 그의 논의는 대체로 역사적 문제나 의문점들에 대한 대답을 목표로 하고 있기 때문이다. 지금까지 이루어진 부활에 관한 논의를 두고 볼 때, 이 논쟁은 라이트나 하버마스 등의 승리라고 볼 수 있을 것 같다. 내가 만일 부활을 반박하고자 하는 무신론자 친구들에게 전략을 제안해야 한다면 역사적 증거 이외의 부분에 초점을 맞추라고 조언할 것이다. 그러한 이슈에 대해 하버마스나 그의 동료에 맞섰다가는 물살을 거슬러 헤엄치는 듯한 어려움을 겪을 것이다. 부활 추론이 기반하고 있는 역사적 증거들은 상당히 단단하다. 남은 논쟁은 추론적인 것이다. 부활을 향한 추론이 과연 좋은 추론인가 하는 문제인 것이다. 마치 플루가 현대 과학의 양상들로부터 뭔가 철학적으로 중요한 명제를 말할 수 있다고 추론한 것처럼, 하버마스의 역사적 논증은 훌륭한 것이고 그것으로부터 우리는 뭔가를 배울 수 있다. 하지만 그것으로부터 얼마나 많은 것을 얻을 수 있는지는 철학적 질문이며 이에 대해 답할 때 역사적 논증의 힘이 제대로 느껴질 것이다.

이제 형이상학적으로는 대단히 얇은—제시한 증거가 얇다는 의미는 결코 아니다. 다만 함의가 최소화되어 있고 기적에 관련된 내용을 가능한 배제하고 있다는 말이다—하버마스의 부활 결론으로 돌아가 보자. 그의 주장은 그저 예수님이 죽었고 후에는 살아 있었다는 것이다. 무신론자들은 하버마스가 근거로 제시하는 역사적 사실들은 받아들이더라도 그의 결론은 받아들이려 하지 않을 것이다. 그의 추론에 설득되지 않는 것이다. 이 점은 어떤 면에서 보면 당연하고 또 사소한 문제다. 무신론자들은 유신론자가 아니기 때문이다. 그들은 세상을 다르게 본다. 무신론자이기를 멈추려 하지 않는 이상, 유신론적인 결론을 받아들이지 않을 것이다. 하지만 무신론자들의 이런 저항이 반드시 불합리한가? 그들이 단지 심리적인 이유로 저항하는 것인가? 나는 그들이 꼭 불합리한 것도 아니고 저항의 이유에도 심리적인 것 이상의 무언가가 있다고 생각한다. 왜냐하면 예수님이 죽은 후에 다시 살아나셨다는 주장은 평범한 역사적 주장이 아니기 때문이다. 여기에는 기적이 개입되어 있을 것이고 따라서 자연주의가 틀렸다는 의미를 내포한다. 원칙을 지닌 무신론자들로서는 그냥 삼키기에는 너무 큰 주장이다.

그런데 우연스럽게도 하버마스의 작업 방식은, 역사적 증거들만 가지

고서는 기적이 일어났는지를 알 수 없다는 플루의 문제의식을 다소 완화해 주는 것으로 보인다. 왜냐하면 하버마스는 처음부터 기적을 증명하려 한 것이 아니라 기적 여부를 떠나 예수님이 살아 있다는 것을 보이려 했기 때문이다. 그것은 영리한 전략이었지만, 예수님이 죽었었고 또 그 후에 살아 있었다는 것은 기적 주장과 관련될 수밖에 없고 기적 주장에 대한 평가는 역사적 자료 이상의 것을 동원해야 한다. 또한 여기서는 가능성과 불가능성, 개연성과 개연성 없음, 일어날 확률과 일어나지 않을 확률, 그리고 최선의 설명이 갖추어야 할 요소 등 다양한 철학적 판단이 개입된다. 예수님이 죽었었고 그 후에 다시 살아 있었다는 것을 증명하기 위한 증거는, 자연주의적 세계관에 도전을 던지지 않는 흔한 역사적 사건을 위한 증거들보다 더 나아야 한다. 그렇지 않다면 자연주의자들과 심지어 일부 유신론자들까지도 하버마스가 제시하는 역사적 사실들로부터 부활을 최선의 설명으로 추론하는 것을 거부할 권리가 있다고 여길 것이다.

흥미롭게도, 부활 주장은 우리가 당연하게 사실로 받아들이는 다른 많은 역사적 주장들(예를 들어 카이사르가 루비콘 강을 건넜다는 식의 주장)보다는 더 나은 증거를 가지고 있는 것 **같다**. 우리는 부활에 대해서는 더 나은 증거를 가질 필요도 있고, 실제로 가지고 있다. 그래도 의문은 여전히 남는다. 과연 우리는 필요한 만큼 충분한 수의 충분히 좋은 증거들을 확보하고 있는가? 이러한 질문은 단지 역사적인 것을 넘어 철학적 질문을 불러일으킨다. 이 점에서 나는 플루에게 동의하는 부분이 있다. 하버마스 역시 조금 다른 이유에서이긴 해도 동의할 것이다. 즉, 역사만으로는 기적 주장을 충분히 뒷받침할 수가 없다. 그래서 하버마스는 부활에서 기적을 추론하는 근거가 될 추가적인 증거를 제시한다. 플루는 우리가 가진 것 이상의 증거가 필요하다고 생각하는 것 같다. 하지만 내가 보기에 그의 이런 태도는 역사적인 것보다는 철학적인 것에 뿌리를 두고 있다. 그가 무신론자이자 확고한 자연주의자였을 때는 이 점이 더 잘 이해가 되었다. 자연주의가 그의 사고 배후의 전제들에 영향을 끼쳤기 때문에 자연주의적 설명은 더 개연성이 높아 보이고, 기적 사건은 개연성이 떨어져 보였을 것이다. 그 결과 부활에 대한 그의 선험적인 저항감은 신성불가침한 것이 되었다.

그래서 하버마스는 몇 해 전부터 자연주의를 확고하게 신봉하는 논쟁 상대자들에 대응하여 그들의 확신을 약화시키기 위해 임사체험에 대한 증거를 모으기 시작했다. 하버마스의 이 같은 노력은 부활 논증이 자연주의의 반박과 같은 다른 요소와 결합될 때 더 강력해질 수 있음을 알았기 때문이다. 그의 부활 논증은 신의 존재에 대한 자연 신학의 전통적인 논증과 이상적으로 결합될 수 있다. 왜냐하면 유신론자는 기적에 대해 신험직인 또는 실실석으로 선험적인 저항의 벽을 세우지는 않을 것이기 때문이다.

그러나 플루에 대해서는 변수가 있다. 그는 더 이상 무신론자가 아니다. 부활에 대한 그의 선험적 반발심은 근본적으로 약화되어야 한다. 사실 그는 하버마스와의 몇 차례 대화에서 이 점을 이미 인정했다. 그는 자신이 만일 유신론자였다면 부활 주장이 훨씬 더 설득력 있었을 것이라고 말한 바 있다. 그러나 그는 유신론자가 되었지만 여전히 부활과 기독교로의 회심은 거부하고 있다. 부활 주장에 대해 이렇게 많이 생각해 본 사람으로서, 또 부활 주장의 강도와 힘을 인정하기도 했던 사람으로서, 그리고 이제 유신론으로 마음을 돌린 사람으로서, 그가 가진 경계심은 여전히 놀랍다. 오히려 그의 기독교로의 회심은 훨씬 덜 놀라운 일이 될 것 같다.

다시 한 번 강조하지만, 부활이 일어났을 확률을 베이즈 정리로 계산해 본 확고한 자연주의자라면 그 확률이 적다고 생각하게 될 수 있다. 부활 사건의 확률을 계산해 보니 그 값이 지극히 낮다면, 부활의 귀추법적 추론에 반대할 확실한 최우선적인 근거를 얻은 것이다. 그런데 문제는 좀더 복잡하다. 부활에 대한 귀추법적 추론을 부정적으로 판단하는 이유는 대체로 최초의 확률 부여에 기인하기 때문이다. 그러므로 그런 판단에 대해, 비합리적이며 기적에 대한 흄 식의 선험적 저항에 사로잡혀서 역사적 주장의 타당성을 정직하게 평가하지 않은 것이라고 말하고 싶을지도 모르겠다.[36]

나는 그런 주장을 하고 싶지는 않다. 왜냐하면 현재로서는 그들이 할 수 있는 최대한의 정직성을 발휘하고 있고 다만 사물을 다르게 보는 것 뿐이라는 가정만으로도 충분하기 때문이다. 하지만 이번에는 유신론자들에게로 관심을 돌려 보자. 유신론자들에게는 그들이 가진 기본 전제 때문에 부활의 가능성에 낮은 확률을 부여하는 것은 지적으로 정직하다고 볼 수 없다. 유신론 자체에 낮은 확률이 부여된 것이 아니라면, 부활에 대한 낮은 사전 확률 책정은 설령 확률을 높게 잡을 특별한 이유가 없다 하더라도 부적절한 일이 된다. 이와 유사하게 하버마스의 '최소한의 사실들' 전체를 설명하는 데 자연주의적 가설들이 확연히 실패했다는 점을 상기해 볼 때, 유신론자라면 그 사실들을 설명하는 최선의 자연주의적 가설에 높은 확률을 부여하지 않을 것이다. 다른 말로 하면, 유신론자는 베이즈 정리를 적용하면서도 부활의 확률이 낮다고 생각하기 어려워진다. 그 결과는 부활에 대한 강력한 귀추법적 추론과 결합하여 유신론자로 하여금 부활 가설을 거부하기 어렵게 만든다. 자연 신학의 힘을 인정하는 플루 같은 유신론자에게는 더욱 그러할 것이다. 무신론자라면 부활 논증을 거부하는 것이 그 문제만 놓고 볼 때 그다지 비합리적이지 않을 것이다. 하지만 유신론자라면 비합리적일 수 있다. 이신론자는 또 다른 수 있다. 하지만 이신론이 부활에 도전하는 것 이상으로 부활이 이신론에 도전한다.

플루는 하버마스와의 논쟁에서 부활 논증은 유신론자들에게 더 강력하다고 반복해서 강조했었다. 이제 그가 유신론자가 되었다. 그는 부활 논증이 자연 신학과 결합될 때 더 강력해진다는 점을 인정했다. 그러나 그는 신이 존재한다는 자연 신학의 주장에 설득되었음에도 여전히 부활을 거부한다. 왜일까?

이유를 안다고 단정할 수는 없지만, 몇 가지 가능성을 생각해 보고자 한다. 플루가 신의 존재에 대한 어떤 우주론적 · 목적론적 논증에 대해 전에는 그 주장을 받아들이지 않았지만 후에 받아들이게 되었던 것을 상기해 보자. 그러나 그는 도덕적 논증에 대해서는 여전히 회의적이다. 여러 장소에서 이에 대한 몇 가지 이유를 말한 바 있다. 아리스토텔레스적 신은 이 세상에 존재하는 고통의 문제와 쉽게 양립 가능하다. 왜냐하면 이신론적 신은 그런 문제로 세상에 개입해야 할 도덕적 필요를 느끼지 않을 것이기 때문이다. 플루는 자유의지 옹호에 끌리고 있긴 하지만 어려움을 느끼는 것 같다. 왜냐하면 자유의지 옹호는 그가 믿기 어려워하는 구체적 계시를 근거로 하고 있기 때문이다. 그는 하나님이 완벽하게 선하시다면 세상의 어떤 측면들이 이해되지 않는다는 점을 근거로 C. S. 루이스의 도덕적 논증을 거부한다. 그는 종종 기독교 전통의 고전적인 유일신 하나님과, 피할 수 없었던 삶을 징벌하며 누군가를 영원한 지옥에 던져 넣을 수밖에 없는 신을 동일시하는 경향이 있다. 사실 그는 존 비벌스루이스(John Beversluis)가 지적했던 것처럼, 루이스가 초기에는 하나님의 존재를 증명하기 위해 도덕적 논증을 내세우다가, 후에는 오컴 식의 주의주의(voluntarism)를 택했다고 주장했다.[37] 뿐만 아니라, 도덕성이 신에게 의존하는 것이라면 신은 자체가 도덕을 정당화하는 근거가 되고 신에게 복종하는 데 실패하게 되면 처벌이 주어지므로 결국은 타산적(prudential) 이성이 도덕적인 것으로 간주되는 결과를 초래할 것이다.

따라서 도덕적 논증에 대한 그의 저항은 수긍할 만하다. 그가 하나님을 그저 지적이고 무관심한 존재라고 생각하는 것을 넘어 인격적이고 도덕적인 존재라고 생각하지 않는 한, 특별 계시에 대한 그의 저항은 아마도 계속될 것이다. 그는 목적론과 우주론적 논증에는 설득될 수 있지만 도덕적 논증은 받아들이지 않을 것이며, 하나님이나 자유의지의 양립 가능론에 대해서는 마음을 바꾸었을지 몰라도 사후세계는 받아들이지 않을 것이다. 부활에 대한 거부도 계속될 것이다.

이러한 이유들 때문에 나는 부활에 대한 그의 거부가 철학적인 것이며, 따라서 최선의 응답 역시 철학적이어야 한다고 생각한다. 논의를 이 수준에서 진행할 때 그는 이 예비적 장애물을 극복하고 하버마스의 추론이 갖는 역사적 힘을 비로소 느끼게 될 수 있다. 여기가 바로 자연 신학이 부활 논증을 지원할 수 있는 좋은 예가 될지 모른다. 두 가지가 결합되었을 때 개별적으로 제시되는 경우보다 설득력이 더 커질 수 있다. 그렇다면 플루가 품고 있는 도덕과 관련된 이 문제들은 어떻게 다루어야 할까?

플루가 악의 문제에 대해서 자유의지를 방어하려면 특별 계시를 전제한다고 주장했던 것을 기억해 보라. 플루의 책에 대한 논평에서, 하버마스는 이신론자도 자유의지를 믿을 수 있다는 점을 지적하며 이 점에 관해 의문을 제기했다. 하지만 나는 조금 다른 관점에서 접근하고자 한다. 만일 인간으로서 우리가 순수하게 자유롭다고 가정한다면, 원하는 모든 것을 할 수도 있고 하지 않을 수도 있다면, 이것은 자연주의적 관점과 조화되기가 대단히 어려워진다. 그 이유는 너무 당연하므로 여기서 반복하지는 않겠다. 그러한 자유는 우리로 하여금 도덕적으로 의미 있는 주체가 되게 한다. 이제 플루는 우리가 그러한 활동 능력을 가지고 있다는 증거가 강력하다고 생각하는 것 같다. 그러니 우리가 그러한 자유, 특히 도덕적 자유를 가졌다는 개념을 플루가 수용한다고 가정해 보자. 그는 또한 어떤 일은 도덕적으로 옳고 어떤 일은 그렇지 않으며, 도덕적 의무는 규범적으로 상한 구속력을 가진다고 굳게 믿는다. 간단하게 구성한 도덕적 논증은 우리에게 도덕적 의무, 도덕적 권리, 도덕적 자유와 도덕적 후회 등을 고려해 보라고 요구한다. 우리가 아는 세계, 궁극적으로 원자들의 우연한 배열과 조합인 이 세계 속에서 이런 실재들을 어떻게 제대로 이해할 수 있을까? 플루는 자연에 법칙이 존재하고, 아무것도 없지 않고 무언가 존재하는 것, 인간에게 의식이 있는 것, 이성의 효용성과 생명의 출현을 신적 지성이 존재하는 증거로 여겼다. 그렇다면 왜 도덕 법칙의 존재는 그 증거가 되지 못하는 것일까?

저항이 계속되는 이유는 아마도, 이런 논증에 굴복하게 되면 단순히 비인격적인 시계공 하나님이 아니라 선하고 사랑 많은 하나님을 인정해야 하기 때문일 것이다. 이것은 다시 악의 문제를 전면에 등장시킨다. 이제 이 어려운 문제에 대해 몇 가지만 짚어 보자. 물론 이론적으로 악의 문제는 유신론을 무너뜨릴 요소가 될 수 있다. 세상에 고통이 넘쳐나고 또 그 정도가 충분히 심각하다면 선한 신을 존재하지 않는다고 추론하는 것이 타당해 보인다. 루이스도 이러한 추론이 가능함을 부인하지 않았다. 이 때문에 플루가 비벌스루이스와 마찬가지로 후기 루이스를 오컴주의자로 규정하는 실수를 저질렀다고 생각한다. 나는 다른 곳에서 이 주장을 다룬 적이 있으므로 여기서 다시 반복하지 않을 것이다.[38] 그저 우리가 사는 세상의 고통이 끔찍하고 괴로운 것은 사실이지만 완전하게 선한 신이 가로막아야 할 정도는 아니라고 말하는 것이, 세상이 더 나빠져도 좋고 그 한계도 없다는 의미는 아니라는 점만 짚어 두자. 우리는 아직 그런 수준에 도달하지 않았다고 말하려는 것이다. 그렇기 때문에 악의 존재를 설명하는 것을 불가능하다고 여기지 않는다고 해서 그 사람이 꼭 반증 불가능한 신앙을 가진 것이라고 말할 수는 없다.

플루는 플라톤 사상에서 유래한 선함과 존재의 동일시를 고민한다. 그가 보기에, 고트프리트 라이프니츠 같은 학자는 이 동일시로부터 유신론적 윤리체계를 끌어냈지만, 그것은 현저히 선하지 않은 것도 선한 것으로 간주하는 가망 없는 자의성을 드러냈다. 이것은 에우티프론 딜레마에서 생겨나는 주의주의에 대한 강력한 도전이다. 흥미롭게도 플루는 기독교 사상의 역사에서 매우 큰 역할을 했던 유신론적 자연법의 경우를 간과했다. 기독교 사상은 존재와 선함을 동일시하거나 적어도 둘 사이에 긴밀한 존재론적 연결이 있다는 전제에 기초하는데, 거기에서 나온 유신론적 자연법에서는, 도덕적 유신 논증이 제시하는 것처럼 도덕이 신에 의존하기는 하지만 자의적인 것과는 거리가 멀다. 오히려 도덕이 하나님의 불변하고 완전한 성품에 뿌리내리고 있기에 매우 안정적이다. 로버트 아담스(Robert Adams)같이 최근 도덕의 신적 명령 기원론을 정교화한 학자들도 이 문제에 대해서는 주의주의와 관련된 최악의 문제를 잘 피하고 있다.[39] 아담스를 비롯해 특히 로크 이후 활동하는 유신론적 윤리학자들은, 신적 강제와 위협이 도덕에 동기와 타산적 계기를 부여한다는 생각보다는 도덕의 존재론적 근거로서 신이 가진 도덕적 사실들에 초점을 맞춰 왔다. 플루가 자연 법칙들의 존재에 대한 최선의 설명으로서 신을 추론할 수 있는 정신적 자유를 느낀다는 것은, 그가 같은 논리로 도덕 법칙을 가지고도 유사한 논증을 펼칠 수 있다는 뜻이다. 특히 그가 문제로 느끼는 에우티프론의 딜레마를 피할 수 있는 정교하고도 유려한 선택 가능성이 있을 때에는 더욱 그러하다.[40]

악의 문제를 신을 부정하는 증거로 바라보는 이들은 지난 몇 십 년 동안 빈대 방향으로 논증을 펴 왔다. 그들이 제기하는 도전은 온전히 선하신 하나님과 원칙적으로 병존할 수 없는 고통이 있다는 것뿐만이 아니라, 세상 자체가 그런 고통을 야기한다는 것이다. 우리가 이 세상에서 목격하게 되는 고통은 종종 대단히 끔찍하다. 그러나 그것들은 완전하신 하나님이 이미 막아 낸 고통을 대표하는 것이라는 반론이 가능하다. 심한 학대를 받은 아이의 죽음을 예로 들어 보자. 하나님이 우리에게 자유의지를 주셨다면 그것은 그런 고통의 가능성도 함께 주어진 것이다. 아이의 죽음이 비극이기는 하지만, 인간이 온전히 자유로운 세상에서는 그러한 고통의 가능성을 피하기 어렵다. 세상은 그 같은 고통 때문에 악한 곳이 되지만, (논란의 여지는 있지만) 우리 모두가 선과 악을 행할 수 있는 온전한 자유를 가지고 있기에 전체적으로는 더 나은 곳이 된다.

이러한 논의는 새로운 것이 아니다. 내가 하고 싶은 말은 자유의지 옹호가 이 세상의 고통을 설명하는 데 어느 정도 도움이 된다는 것이다. 동일한 논리로, 유사한 논증이 세상의 물리법칙의 운용에도 적용될 수 있다. 하나님이 이따금씩 기적적인 사건을 통해 세상에 개입하시는 것은 괜찮다. 그러나 하나님이 끔찍한 고통이 벌어지려 할 때마다 개입하셔야 한다면, 왜 처음부터 이런 자유와 안정적인 자연법칙을 가진 세상을 창조하셨겠는가? 개입이 언제 어디서나 이루어진다면 세상의 현재 모습은 의미가 없어질 것이다. 악을 진지하게 받아들이는 이들이 진지하게 생각해 볼 만한 것이 있다. 자유의지가 없다면 인간의 도덕적 악행 또한 진정한 의미에서는 없을 것이다. 여전히 우리는 남에게 고통을 가할 것이지만, 그런 행동에는 아무런 도덕적 요소가 없게 될 것이다. 플루는 분명히 도덕적 악이 존재한다고 믿는다. 그래서 그는 도덕적 자유를 중요시 한다. 그도 인정했지만 이러한 문제가 그로 하여금 특별 계시를 믿도록 요구하는 것 같다. 그 이유를 다음과 같이 해석해 보고자 한다. 도덕적 사실들과 자유를 중요하게 여기기 때문에 플루는 신의 존재에 관한 도덕적 논증에 대한 부정적 태도를 누그러뜨릴 수 있을 것이다. 그러면 플루는 이신론을 포기하고 인격적인 하나님을 받아들이는 데로 나아갈 것이며, 부활 논증에 대한 마지막 철학적 거부도 사라지게 될 것이다.

악의 문제에 있어 플루가 가장 까다롭게 여기는 부분은, 충분히 이해할 수 있는 부분으로서 바로 지옥의 문제다. 특히 만일 칼뱅주의자들의 주장처럼, 하나님의 택하심을 받지 못한 사람들은 자신들이 피할 수 없었던 삶에 대한 대가로 지옥에 떨어질 운명에 처했고 이 모든 것의 하나님의 주권에 달려 있다는 부분이다. 하버마스와의 두 번째 논쟁에서 플루는 성경의 가르침은 명백하며 칼뱅주의자들의 주석이 옳다고 마하는 것 같다. 더 최근에는 관련 성경 구절들에 관한 아르미니우스주의자들의 해석도 타당성 있다고 인정했다. 흥미롭게도 플루와 나는 같은 감리교 가정에서 성장했지만, 나는 한번도 칼뱅주의자들의 성경 읽기가 설득력 있다고 생각해 본 적이 없었다. 이것은 인간의 자유에 높은 지위를 부여하는 것과는 상관없고, 적어도 아르미니우스 같은 이들에게는, 완전하게 선하신 하나님이 악의 창조자가 아님을 이해하기 위한 노력이었다. 엄격하게 예정론 입장에서는 그런 결론을 피할 수 없다고 보았기 때문이다. 나의 칼뱅주의자 친구들은 내 생각에 동의하지 않을 것이다. 하지만 이 문제에 있어 나는 플루와 어깨를 나란히 하고 있다. 하나님의 사랑은 반드시 인식 가능해야 한다. 그렇지 않다면 하나님이 선하시다는 주장은 어떤 설명을 더한다 해도 폐기될 수밖에 없다. 그래서 나는 플루가 아르미니우스적인 성경 해석, 즉 그리스도를 통해 모두에게 구원을 주고자 하는, 완벽하고 인식 가능한 사랑과 선을 가진 하나님이라는 관점을 정당화할 수 있는 풍부한 근거가 존재함을 알아 주었으면 한다. 하나님의 주권이라는 말이 무슨 다른 뜻을 지니든지 간에, 그것은 이런 성품을 지닌 하나님의 주권이다. 그러므로 플루가 하나님의 존재만이 아니라 하나님이 어떤 분인지를 알고자 씨름하는 것은 핵심적인 한 가지 이슈를 부각시킨다. 즉, 예수님의 생애와 죽음, 부활이야말로 하나님이 누구시고 어떤 존재인지를 알려 주는 가장 분명한 증거다.

「천국과 지옥의 이혼」(*The Great Divorce*, 홍성사)에서 C. S. 루이스는 오컴주의와 칼뱅주의를 격렬히 반대하고 자신의 도덕적 신념을 진지하게 생각하는 사람이 악의 문제 가운데 가장 까다로운 부분인 지옥을 도덕적으로 이해하려고 시도하는 모습을 보여 준다. 루이스의 관점에서 지옥은 그리스도의 구원의 은혜를 자신들의 자유에 따라 거절하는 자들을 위한 장소이며, 고난은 외부에서 주어지는 것이 아니라 하나님을 하나님으로 인정하기를 거부하는 완고함의 논리적 귀결이다. 지옥은 스스로 초래한 공간이며, 진짜를 가짜로 대치해 놓은 진정한 선의 비틀어지고 왜곡된 모습이다. 반대로 천국은 완전한 하나님과 전적으로 동행하는 사람들만이 누리는 곳이며, 하나님이 자기 자녀들의 도덕적 변화 과정을 완성할 것을 요구한다.[41]

그러므로 우리 앞에 놓인 것은 하나님의 선하심, 악의 문제, 지옥, 인간의 자유 등 서로 관련된 이슈들의 덩어리다. 플루가 인간의 자유에 대한 믿음이 특별 계시를 요구한다고 생각한다면, 그가 인간의 자유에 근거하여 신 존재에 대한 도덕적 논증을 믿는다고 말하는 것은 순환논법처럼 들린다. 하지만 내 생각에 그가 이 문제들이 얼마나 밀접하게 연관되어 있는지를 본 것은 옳다고 생각한다. 나는 그가 이 모든 문제를 비판적으로 검토하여 그것의 철학적 힘과 가능성을 알아내길 희망한다. 플루가 하나님에 대한 성경의 이해가 도덕적으로 얼마나 더 이치에 맞는지 알게 된다면, 변덕스러운 하나님, 고문실로서의 지옥, 그리고 미리 프로그램화된 인간이라는 생각을 떨쳐 버릴 수 있을 것이다. 성경의 하나님은 모든 인류에게 구원의 은혜를 베푸시고 인격적이시며 모든 이를 인식 가능한 최대한의 방식으로 사랑하신다. 플루에게도 루이스처럼 지옥은 하나님이 오직 자신의 은혜를 눈을 크게 뜨고 끝까지 고집스럽게 거부하는 이들에게만 허락하신다고 생각할 선택 가능성이 있다. 흥미로운 사실을 하나 지적해 보자면, 플루가 그렇게 좋아하는 아리스토텔레스적 신에 대한 콘웨이의 개념에도 '완벽한 선'의 속성이 포함되어 있다.[42] 어쩌면 플루는 이미 기독교에 종이 한 장 만큼 가까이 다가와 있는 것은 아닐까?

악의 문제가 유신론과 기독교를 부정하는 증거로 사용되는 경우도 있지만, 이 문제는 아직 종결되지 않은 문제다. 특히 부활이 진리라면 더욱 그러하다. 만일 예수님이 성자 하나님이고 정말 그냥 죽으신 것이 아니라 죽은 자들 가운데서 다시 살아나셨다면, 내가 여기에 언급하지 않았지만 하버마스가 충분히 자세히 설명한[43] 이 사건의 온전한 신학적 의미가 지시하는 바는 분명하다. 바로 예수님과 그분의 부활은 악이 이미 극복되었다는 소망을 품을 수 있는 증거가 된다는 사실이다.[44]

부록

베이즈 정리와 부활

이 부록에서는 베이즈 정리를 이용해서 부활이 일어날 확률을 계산하는 방법을 보여 주고자 한다. 이 계산에는 각 사람이 가진 기본 전제와 지식과 세계관이 반영되므로 같은 증거를 가지고도 각자가 다른 수치를 얻게 될 것이다. 이를 통해 우리는 전제가 결론에 어떤 영향을 미치는지 알 수 있으며, 부활과 관련하여 자신이 어떤 지점에 서 있는지도 점검해 볼 수 있다.

베이즈 정리의 기본 형태는 다음과 같다.

$P(A|B) = P(B|A) * P(B) / P(A)$

사건 A가 일어날 확률을 $P(A)$, 사건 B가 일어날 확률을 $P(B)$라고 할 때, 사건 B가 일어났다는 조건 하에서 A라는 사건이 일어날 조건부 확률

은 P(A|B)로 나타내며 P(A|B)와 P(B|A) 사이에는 위와 같은 관계가 성립한다. 그 이유는 다음과 같다.

P(A|B)=P(A∩B)/P(B) (정의에 따라.)
P(A|B)=P(A∩B)/P(B)=[P(A∩B)*P(A)]/[P(B)*P(A)]
　　　=P(B|A)*P(A)/P(B)

부활 가설을 h, 하버마스가 제시한 부활의 증거(즉, 최소한의 사실들)를 e, 어떤 사람이 가진 사전 지식 또는 세계관적 전제를 k라고 하면, 그 사람이, 주어진 증거(e)와 자신이 가진 지식(k)이라는 조건 하에서 그가 판단할 부활 가설이 참일 확률은 P(h|e∩k)로 나타낼 수 있다. 이 값은 베이즈 정리에 의해 다음과 같이 표현될 수 있다.

P(h|e∩k)=P(e|h∩k)*P(h|k)/P(e|k)

그리고 그렇게 표현될 수 있는 이유는 다음과 같다.

P(h|e∩k) = P(h∩e∩k)/P(e∩k)=P(e|h∩k)*P(h∩k)/P(e∩k)
　　　　 = P(e|h∩k)*P(h∩k)*P(k)/P(e∩k)*P(k)
　　　　 = P(e|h∩k)*P(h|k)/P(e|k)

위 공식을 도출한 목적은 각 사람이 가진 전제가 부활의 확률 계산에 어떤 영향을 미치는가를 보여 주려는 것이다. 이 공식을 이용하기 위해 각자는 다음 세 가지 값을 마음속에 생각해 볼 수 있다.

P(h|k): 증거를 고려하지 않은 상태에서 자신의 상식으로 볼 때 부활 가설이 참일 확률

P(e|h∩k): 부활 가설이 참이라면 (자신의 상식으로 판단할 때) 주어진 증거들이 발견될 확률

P(e|h´∩k): 부활 가설이 거짓이라도 (자신의 상식으로 판단할 때) 주어진 증거들이 발견될 확률

이 세 가지 값을 임의로 생각해 본 후에, 위에 주어진 공식에 대입하여 계산하면, 베이즈 정리에 의해 P(h|e∩k), 즉, '자신의 사전 지식과 세계관적 전제에 비추어서(k), 현재 주어진 증거를 고려해 본 결과로(e) 판단하는 부활 가설(h)이 참일 확률'을 얻을 수 있다.

우리가 주어진 증거(즉, 하버마스의 최소한의 사실들)를 고려하여 부활 사건이 일어날 확률을 생각해 본다고 할 때, 우리는 먼저 위에서 제시된 세 가지 확률 값을 직관적으로 판단할 것이다. 그리고 이 세 가지 직관적인 수치를 이용해서 조건부 확률을 계산하는 베이즈 정리를 활용하면, '증거와 지식에 기초하여 부활 가설이 참일 확률'을 계산할 수 있다. 이 값은 주어진 증거를 고려할 때 자신이 부활이 정말로 일어났다고 믿는 정도를 보여 준다.

첫 번째로 어떤 사람이 P(h|k)=0.3, P(e|h∩k)=0.7, P(e|h´∩k)=0.6을 대입하는 경우를 생각해 보자. 이 사람은 자신의 세계관으로 볼 때 부활이 일어났을 가능성을 0.3 정도라고 본다. 또 부활이 정말로 일어났다

면, 주어진 증거들이 관찰될 확률은 0.7 정도라고 본다. 그리고 부활이 일어나지 않아도 다른 이유 때문에 주어진 증거들이 관찰될 확률을 0.6으로 본다. 이 값을 가지고 공식에 대입해 보자. 이때 계산을 위해 주어진 공식에서 추가 변형이 필요한 부분은 P(e|k)이다.

P(h|e∩k)=P(e|h∩k)*P(h|k)/P(e|k)

P(e|k)=P(e∩k)/P(k)=[P(e∩h∩k)+P(e∩h´∩k)]/P(k)

=P(e∩h∩k)/P(k)+P(e∩h´∩k)/P(k)

=[P(e∩h∩k)*P(h∩k)]/[P(k)*P(h∩k)]+[P(e∩h´k)*P(h´∩k)]/[P(k)*P(h´∩k)]

=P(e|h∩k)*P(h|k)+P(e|h´∩k)*P(h´|k)

여기서 P(h´|k)=1-P(h|k)이므로,

P(e|k)=0.7*0.3+0.6*(1-0.3)=0.63

P(h|e∩k)=0.7*0.3/0.63=0.33

그러므로 이 사람의 경우, 주어진 증거를 가지고 부활이 일어났을 확률을 33퍼센트로 보고 있다고 말할 수 있다.

같은 공식을 하버마스의 경우에 가상적으로 적용해 보자. 하버마스는 유신론자이므로 증거가 주어지지 않은 상태에서는 부활이 일어났을 확률을 0.5로 본다고 생각해 보자. 또 부활이 일어났다면 현재 주어진 증거가 발견될 확률을 0.9로 매우 높게 보며, 부활이 일어나지 않았음에도 다른 자

연주의적 이유에서 주어진 증거가 발견될 확률은 상대적으로 낮은 0.2로 본다고 가정해 보자. 즉, P(h|k)=0.5, P(e|h∩k)=0.9, P(e|h´∩k)=0.2 가 된다. 이 값을 대입하여 계산하면 다음과 같다.

P(e|k)=0.9*0.5+0.2*(1-0.5)=0.55

P(h|e∩k)=0.9*0.5/0.55=0.82

하버마스의 경우 주어진 증거들을 근거로 부활이 일어났을 확률을 82퍼센트로 보고 있다고 말할 수 있다.

이제 이 공식을 플루에 경우에 적용해 보자. 플루는 이신론자에 가까움을 감안하여, 증거가 주어지지 않은 상태에서는 부활이 일어났을 확률을 0.2로 본다고 하자. 그리고 부활이 일어났다면 현재의 증거가 발견될 확률은 0.6으로, 부활이 일어나지 않았어도 현재의 증거가 발견될 확률을 0.9로 본다고 해 보자. 즉, P(h|k)=0.2, P(e|h∩k)=0.6, P(e|h´∩k)=0.9 이다. 이 값을 대입하여 계산하면 다음과 같다.

P(e|k)=0.6*0.2+0.9*(1-0.2)=0.84

P(h|e∩k)=0.6*0.2/0.84=0.14

그러므로 우리가 가상한 플루의 경우에는, 주어진 증거들을 볼 때 부활이 일어났을 확률을 14퍼센트로 보고 있다.

이런 결론은 플루나 하버마스 어느 쪽의 논증에 유리한 근거를 제공하는 것은 아니다. 초기의 가정이 결론에 어떤 차이를 만드는지를 보여 줄 뿐이다. 이러한 계산을 통해 전제가 부활 논증에 얼마나 중요한 영향을 미치는지를 볼 수 있었다면 이 부록의 목적을 이룬 셈이다. 특히 자연주의적 설명에 대한 신뢰 정도는 주어진 증거들을 판단하는 데 커다란 영향을 미친다.

 이제 자신이 어느 지점에 서 있는지 한번 계산해 보라.

참고 문헌

Allison, Dale. *Resurrecting Jesus: The Earliest Christian Tradition and Its Interpreters.* New York: T & T Clark, 2005.

Beckwith, Francis J. *David Hume's Argument Against Miracles: A Critical Analysis.* Lanham, Md.: University Press of America, 1989.

_____. "History and Miracles." In *In Defense of Miracles: A Comprehensive Case for God's Actions in History.* Edited by Douglas R. Geivett and Gary R. Habermas, pp. 86-98. Downers Grove, Ill.: InterVarsity Press, 1997.

Brown, Colin. *Miracles and the Critical Mind.* Grand Rapids: Eerdmans, 1984

Bynum, Caroline Walker. *The Resurrection of the Body in Western Christianity, 200-1336.* New York: Columbia University Press, 1995.

Copan, Paul, ed. *Will the Real Jesus Please Stand Up? A Debate Between*

William Lane Craig and John Dominic Crossan. Grand Rapids: Baker, 1998

Copan, Paul, and Ronald K. Tacelli, eds. *Jesus' Resurrection: Fact or Figment? A Debate between William Lane Craig and Gerd Ludermann*. Downers Grove, Ill.: InterVarsity Press, 2000.

Craig, William Lane. *Assessing the New Testament Evidence for the Historicity of the Resurrection of Jesus*. Lewiston, N.Y.: Mellen, 1985.

_____. *The Historical Argument for the Resurrection of Jesus During the Deist Controversy*. Lewiston, N.Y.: Mellen, 1985.

_____. *The Son Rises: Historical Evidence for the Resurrection of Jesus*. Chicago: Moody Press, 1981.

Davis, Stephen T. *Risen Indeed: Making Sense of the Resurrection*. Grand Rapids: Eerdmans, 1993.

Davis, Stephen T., Daniel Kendall and Gerald O'Collins. *The Resurrection: An Interdisciplinary Symposium on the Resurrection of Jesus*. New York: Oxford University Press, 1997.

D'Costa, Gavin, ed. *Resurrection Reconsidered*. Oxford: Oneworld, 1996.

Flew, Antony. *God and Philosophy*. Amherst, N.Y.: Prometheus, 2005.

_____. "Miracles." In *Encyclopedia of Philosophy*. Edited by Paul Edward, pp. 346-53.

_____. "Neo-Humean Arguments about the Miracles," In *In Defense of Miracles: A Comprehensive Case for God's Actions in History*. Edited by Douglas R. Geivett and Gary R. Habermas, pp. 45-57. Downer Grove,

Ill.: InterVarsity Press, 1997.

_____. "Scientific versus Historical Evidence." In *Miracles*. Edited by Richard Swinbrune, pp.97-102. New York: Macmillan, 1989.

Flew, Antony, with Roy Abraham Varghese. *There Is a God: How the World's Most Notorious Atheist Changed His Mind*. New York: HarperCollins, 2007.

Fuller, Reginald H. *The Formation of the Resurrection Narratives*. New York: Macmillan, 1980.

Geisler, Norman L. "Miracles and the Modern Mind." In *In Defense of Miracles: A Comprehensive Case for God's Actions in History*. Edited by Douglas R. Geivett and Gary R. Habermas, pp. 73-85. Downer Grove, Ill.: InterVarsity Press, 1997.

_____. *Miracles and the Modern Mind: A Defense of Biblical Miracles*. Grand Rapids: Baker, 1992.

Geivett, R. Douglas, and Gary R. Habermas, eds. *In Defense of Miracles: A Comprehensive Case for God's Actions in History*. Downer Grove, Ill.: InterVarsity Press, 1997.

Habermas, Gary R. "Did Jesus Perform Miracles?" In *Jesus Under Fire: Modern Scholarship Reinvents the Historical Jesus*. Edited by Michael J. Wilkins and J. P. Moreland. Grand Rapids: Zondervan, 1995.

_____. "Experiencesof the Risen Jesus: The Foundational Historical Issue in the Early Proclamation of the Resurrection." *Dialog, A Journal of Theology* 45(2006), pp. 289-298.

_____. *The Historical Jesus: Ancient Evidence for the Life of Christ*. Joplin, Mo.: College Press, 1996.

_____. "The Late Twentieth-Century Resurgence of Naturalistic Responses to Jesus' Resurrection." *Trinity Journal*, new series, 22 (2001), pp. 179-196.

_____. "Mapping the Recent Trend toward the Bodily Resurrection Appearances of Jesus in Light of other Prominent Critical Position." In *The Resurrection of Jesus: John Dominic Crossan and N. T. Wright in Dialogue*. Edited by Robert B. Steward, pp. 78-92. Minneapolis: Fortress, 2006.

_____. *The Resurrection: Heart of New Testament Doctrine*. Joplin, Mo.: College Press, 2000.

_____. *The Resurrection: Heart of the Christian Life*. Joplin, Mo.: College Press, 2000.

_____. "Resurrection Research from 1975 to the Present: What Are Critical Scholars Saying?" *Journal for the Study of the Historical Jesus 3* (June 2005), pp. 135-153.

_____. *The Risen Jesus and Future Hope*. Lanham, Md.: Rowman and Littlefield, 2003.

Habermas, Gary R., and Antony Flew. *Did Jesus Rise from the Dead? The Resurrection Debate*. Edited by Terry L. Miethe. San Francisco: Harper and Row, 1987.

_____. *Resurrected? An Atheist and Theist Dialogue*. Edited by John

Ankerberg. Lanham, Md.: Rowman and Littlefield, 2005.

Habermas, Gary R., and Michael R. Licona. *The Case for the Resurrection of Jesus*. Grand Rapids: Kregel, 2004.

Hume, David. "Of Miracles." In *In Defense of Miracles: A Comprehensive Case for God's Actions in History*. Edited by Douglas R. Geivett and Gary R. Habermas, pp. 29-44. Downer Grove, Ill.: InterVarsity Press, 1997.

Jaki, Stanley L. *Miracles and Physics*. Front Royal, Va.: Christendom, 1989.

Lapide, Pinchas. *The Resurrection of Jesus: A Jewish Perspective*. Minneapolis: Augsberg, 1983.

Lewis, C. S. *Miracles: A Preliminary Study*. New York: Macmillan, 1960.

Longenecker, Richard N., ed. *Life in the Face of Death: The Resurrection Message of the New Testament*. Grand Rapids: Eerdmans, 1998.

Lorenzen, Thorwald. *Resurrection and Discipleship: Interpretive Models, Biblical Reflections, Theological Consequences*. Maryknoll, N.Y.: Orbis, 1995.

Lubermann, Gerd. *The Resurrection: History, Experience, Theology*. Minneapolis: Fortress, 1994.

Marxsen, Willi. *Jesus and Easter: Did God Raise the Historical Jesus from the Dead?* Nashville: Abingdon, 1990.

Mavrodes, George I. "David Hume and the Probability of Miracles." *International Journal for Philosophy of Religion* 43 (1998), pp. 167-182.

Montgomery, John Warwick. *The Shape of the Past: A Christian Response to Secular Philosophies of History*. Minneapolis: Bethany, 1975.

_____. *Where Is History Going?* Grand Rapids: Zondervan, 1969.

Nowell-Smith, Patrick. "Miracles," In *New Essays in Philosophical Theology*. Edited by Antony Flew and Alasdiar MacIntyre, pp. 251-253. New York: Macmillan, 1955.

Perkins, Pheme. *Resurrection: New Testament Witness and Contemporary Reflection*. Garden City, N.Y.: Doubleday, 1984.

Peters, Ted, Robert John Russell and Michael Welker, eds. *Resurrection: Theological and Scientific Assessments*. Grand Rapids: Eerdmans, 2002.

Purtill, Richard L. "Miracles: What If They Happen?" In *The Resurrection of Jesus: John Dominic Crossan and N. T. Wright in Dialogue*. Edited by Robert B. Stewart, pp. 189-205. Minneapolis: Fortress, 2006.

_____. "Proofs of Miracles and Miracles as Proofs." *Christian Scholar's Review 6* (1976), pp. 39-51.

Schaaffs, Werner. *Theology, Physics, and Miracles*. Translated by Richard L. Renfield. Washington, D.C.: Canon, 1974.

Stewart, Robert B., ed. *The Resurrection of Jesus: John Dominic Crossan and N. T. Wright in Dialogue*. Minneapolis: Fortress, 2006.

Swinburne, Richard. *The Concept of Miracle*. London: Macmillan, 1970.

_____. *The Resurrection of God Incarnate*. New York: Oxford University Press, 2003.

_____. ed. *Miracles*. New York: Macmillan, 1989.

Twelftree, Graham H. *Jesus the Miracle Worker: A Historical and Theological Study*. Downers Grove, Ill.: InterVarsity Press, 1999.

Vermes, Geza. *The Resurrection*. London: Penguin, 2008.

Wedderburn, A. J. M. *Beyond Resurrection*. Peabody, Mass.: Hendrickson, 1999.

Wright, N. T. *The Resurrection of the Son of God*. Minneapolis: Fortress, 2003.

주

들어가는 글: 한 남자, 우정, 그리고 논쟁

1) C. S. Lewis, *The Four Loves*(New York: Harcourt Brace, 1960), p. 87. 「네 가지 사랑」(홍성사).

2) 같은 책, p. 96.

3) John J. McDermott, gen. ed., *The Correspondence of William James*, ed. Ignas K. Skrupsklis, Elizabeth Berkeley and Frederick H. Burkhardt (Charlottesville: University of Virginia Press, 1992-2004), 4:300.

4) Gary R. Habermas and Antony G. N. Flew, *Did Jesus Rise from the Dead? The Resurrection Debate*, ed. Terry L. Miethe(San Francisco: Harper & Row, 1987).

5) Gary R. Habermas and Antony Flew, "From Atheism to Deism: A

Conversation Between Antony Flew and Gary R. Habermas," in *C. S. Lewis as Philosopher: Truth, Goodness and Beauty*, ed. Jerry L. Walls, David Baggett and Gary Harbermas(Downers Grove, Ill.: IVP Academic, 2008), p. 40.

6) 같은 책, p. 46.

7) Lee Strobel, *Case for Christ: A Journalist's Personal Investigation of the Evidence for Jesus*(Grand Rapids: Wondervan, 1998), p. 226.

8) Gary R. Habermas and Antony G. N. Flew, *Resurrected? An Atheist and Theist Dialogue*, ed. John F. Ankerberg(Lanham, Md.: Rowman and Littlefield, 2005).

9) Harbermas and Flew, "From Atheism to Deism," p. 46.

10) Antony Flew with Roy Abraham Varghese, *There Is a God: How the World's Most Notorious Atheist Changed His Mind*(New York: HarperCollins, 2007). 「존재하는 신」(청림출판).

1부 앤터니 플루와 게리 하버마스의 2003년 부활 논쟁

1) Gary R. Habermas, *The Historical Jesus: Ancient Evidence for the Life of Christ*(Joplin, Mo.: College Press, 1996), p. 158을 보라.

2) 추가 설명을 위해 Robert K. Wilcox, *Shroud*(New York: Macmillan, 1977), pp. 23-25, 161을 보라.

3) William D. Edwards, Wesley J. Gabel and Floyd E. Hosmer, "On the Physical Death of Jesus Christ," *Journal of the American Medical Associ-*

ation 255(March 1986), pp. 1455-1463.

4) Martin Hengel, *Crucifixion*(Philadelphia : Fortess, 1977), p. 70.

5) John Dominic Crossan, *Jesus : A Revolutionary Biography*(San Francisco : HarperSanPrancisco, 1994), pp. 145-158.

6) David Strauss, *A New Life of Jesus*, 2nd ed.(Edinburgh : Williams and Norgate, 1879), 1 :412. Albert Schweitzer는 Strauss의 비판이 그러한 자연주의적 가설을 붕괴시켰다고 이야기했고, 1840년 이후로 기절설을 지지한 사람은 없다고 했다. Albert Schweitzer, *The Quest of the Historical Jesus*, trans. W. Montgomery(New York : Macmillan, 1968), p. 56을 보라.

7) 십자가형으로 인한 예수님의 죽음에 관한 심층 논의를 보고자 한다면, Habermas, *The Historical Jesus*, pp. 69-75을 보라.

8) 예수님이 무덤에 묻혔다고 믿는 이유들을 보고자 한다면, Habermas, *The Historical Jesus*, pp. 126-129을 보라.

9) *Dialogue with Trypho* 108.

10) *On Spectacles* 30.

11) 이 논쟁에서 성경 인용은 이 구절과 다음 인용 구절을 제외하고는 대체로 다른 말로 바뀌었다.

12) Hans von Campenhausen, "The Events of Easter and the Empty Tomb," in *Tradition and Life in the Church*(Philadelphia : Fortress, 1968), p. 44.

13) Edwin Yamauchi, *Jesus, Zoroaster, Buddha, Socrates, Muhammad*, rev. ed.(Downers Grove, Ill. : InterVarsity Press, 1972), p. 40.

14) Habermas and Flew, *Resurrected?*, pp. 7-11을 보라.

15) 환영설의 다양한 유형에 대한 열아홉 가지 반대 주장과 함께 '애도 환영'에

관해 세부적으로 알고자 한다면, Gary R. Habermas, "Explaining Away Jesus' Resurrection: The Recent Revival of Hallucination Theories," *Christian Research Journal 23*(2001), pp. 26-31, 47-49을 보라.

16) *Encyclopedia of Philosophy*, s.v. "miracles,"Antony Flew, pp. 350, 352.

17) Antony Flew, "Theology and Falsification," in *New Essay in Philosophical Theology*, ed. Antony Flew and Alasdair MacIntyre(London: SCM Press, 1955), pp. 96-99.

18) R. Douglas Geivett and Gary R. Habermas, eds., *In Defense of Miracles* (Downers Grove, Ill.: InterVarsity Press, 1997), pt.1에도 인용됨.

19) 다니엘서 7:13-14, "내가 또 밤 환상 중에 보니 인자 같은 이가 하늘 구름을 타고 와서 옛적부터 항상 계신 이에게 나아가 그 앞으로 인도되매 그에게 권세와 영광과 나라를 주고 모든 백성과 나라들과 다른 언어를 말하는 모든 자들이 그를 섬기게 하였으니 그의 권세는 소멸되지 아니하는 영원한 권세요 그의 나라는 멸망하지 아니할 것이니라."

2부 앤터니 플루의 유신론으로의 여정

1) 이 장에서 소개되는 내용은 본래 Antony Flew와 Gary Habermas의 "My Pilgrimage from Atheism to Theism: A Discussion Between Antony Flew and Gary Habermas," *Philosophia Christi 6*(2004), pp. 197-211; Gary Habermas, "Antony Flew's Deism Revisited: A Review Essay on There is a God," *Philosophia Christi 9*, no.2(Winter 2007), pp. 431-441에 수록되어 있었다. *Philosophia Christi*와 Evangelical Philosophical Society(www.

epsociety.org)의 허가를 받아 사용하였다.

2) "Christianity Challenges the University: An International Conference of Theists and Atheists," Dallas, February 7-10, 1985, organized by Roy Abraham Varghese.

3) Gary R. Habermas and Antony G. N. Flew, *Did Jesus Rise from the Dead? The Resurrection Debate*, ed. Terry L. Miethe(San Francisco: Harper & Row, 1987)를 보라.

4) 앤터니 플루의 연구 업적을 살피고자 한다면 다음을 참고하라. "Miracles and Methodology," in his *Hume's Philosophy of Belief: A Study of His First Inquiry*(London: Routledge and Degan Paul, 1961); "The Credentials of Revelation: Miracle and History," in his *God and Philosophy*(New York: Dell, 1966); "Miracles," in *Encyclopedia of Philosophy*, ed. Paul Edwards(New York: Macmillan, 1967); "The Impossibility of the Miraculous," in David Hume, *Philosophy of Religion*(Winston-Salem, N.C.: Wake Forest University Press, 1985); "Introduction," in David Hume, *Of Miracles*(LaSalle, Ill.: Open Court, 1985); "Neo-Humean Arguments about the Miraculous," in *In Defense of Miracles: A Comprehensive Case for God's Action in History*, ed., R. Douglas Geivett and Gary R. Habermas(Downers Grove, Ill.: InterVarsity Press, 1997).

5) 게리 하버마스의 연구 업적을 살피고자 한다면 다음을 참고하라. *The Risen Jesus and Future Hope*(Lanham, Md.: Rowman and Littlefield, 2003); *The Historical Jesus: Ancient Evidence for the Life of Christ*(Joplin, Mo.: College Press, 1996); *The Resurrection of Jesus: An Apologetic*(Lanham,

Md.: University Press of America, 1984); "Knowing that Jesus' Resurrection Occurred: A Response to Stephen Davis," *Faith and Philosophy* 2(1985), pp. 295-302; "Resurrection Claims in Non-Christian Religions," *Religious Studies* 25(1989), pp. 167-177; "The Late Twentieth-Century Resurgence of Naturalistic Responses to Jesus' Resurrection," *Trinity Journal* 22(2001), pp. 179-196. 좀더 대중적인 활동 사항을 보고자 한다면 다음을 참고하라. Habermas and Michael R. Licona, *The Case for the Resurrection of Jesus*(Grand Rapids: Kregel, 2004).

6) Gary R. Habermas and Antony G. N. Flew, *Resurrected? An Atheist and Theist Debate*, ed. John Ankerberg(Lanham, Md.: Rowman and Littlefield, 2005).

7) Veritas Forum의 허가를 얻어 이 책에 실음.

8) Gary Habermas와의 전화 통화, 2004년 9월 9일.

9) John Rawls, *A Theory of Justice*(Cambridge, Mass.: Harvard University Press, 1971).

10) Gerald L. Schroeder, *The Science of God: The Convergence of Scientific and Biblical Wisdom*(New York: Broadway Books, 1998).

11) Antony Flew에게 받은 편지, 2000년 11월 9일.

12) Antony Flew, "God and the Big Bang"(lecture, 2000), pp. 5-6: 이것은 Charles Darwin의 *The Origin of the Species* 관련하여 진행한 British Association 140주년 기념 강연. 「종의 기원」(동서문화사).

13) C. S. Lewis, *Mere Christianity*(New York: Macmillan, 1980), 특히 1권을 보라. 「순전한 기독교」(홍성사).

14) Gilbert Ryle, *The Concept of Mind*(London: Hutchinson, 1948).

15) Gottfreid W. Leibniz, *Theodicy*, ed. A. Farrer, trans. E. M. Huggard(1710; reprint, London: Routledge, 1965).

16) Donald W. Livingston, *Philosophical Melancholy and Delirium: Hume's Pathology of Philosophy*(Chicago: University of Chicago Press, 1998), p. 150을 보라.

17) Antony Flew, *Social Life and Moral Judgment*(New Brunswick, N.H.: Transactions, 2003).

18) Antony Flew, "Selves," *Mind*(1949), pp. 355-358.

19) Antony Flew, *The Logic of Mortality*(Oxford: Blackwell, 1987).

20) Richard Swinburne, *The Evolution of the Soul*(Oxford: Clarendon, 1986).

21) Antony Flew, *Merely Mortal? Can You Survive Your Own Death?* (Amherst, N.Y.: Prometheus, 2000).

22) Joseph Butler, *Works*, ed. W. E. Gladstone(Oxford: Clarendon, 1986), 1:387.

23) 사례를 더 보고자 한다면 다음을 참고하라. Gary R. Habermas and J. P. Moreland, *Beyond Death: Exploring the Evidence for Immortality* (Wheaton, Ill.: Crossway, 1998), chaps. 7-9.

24) Antony Flew에게 받은 편지, 2000년 9월 6일.

25) Antony Flew, *The New Approach to Psychical Research*(London: C. A. Watts, 1953).

26) Antony Flew에게 받은 편지, 2000년 9월 6일.

27) Antony Flew, "God and the Big Bang," p. 2. 여기 Flew의 발표에 Habermas가 미친 영향은 2000년 11월 9일자 Flew의 편지에 언급되어 있다.

28) Thomas Aquinas, *Summa Theologiae 1*, q. 23, a. 3.

29) Thomas Aquinas, *Summa Contra Gentiles* 3.67.

30) Thomas Aquinas, *Summa Theologiae 3*, supp. 94, a. 1-3

31) 코란 2장 6-7절.

32) 코란 5장 42절.

33) Thomas Hobbes, Leviathan, ed. J. C. A. Gaskin(Oxford: Oxford University Press, 1998), p. 416.

34) 이것은 다음의 해석본임. Arthur Arberry in the Oxford University Press.

35) Bernard Smith, *The Fraudulent Gospel: Politics and the World Council of Churches*(London: Foreign Affairs, 1977).

36) 예시를 보고자 한다면 다음을 보라. Bertrand Russell, *Bertrand Russell Speaks His Mind*, ed. Woodrow Wyatt(New York: Bard Books, 1960), pp. 19-20.

37) Paul Kurtz, foreword to Antony Flew, *God and Philosophy*(Amherst, N.Y.: Prometheus, 2005), p. 6.

38) 같은 책, pp. 6-7.

39) Flew, *God and Philosophy*, pp. 10-16.

40) 또 다른 사례는 다음과 같다. *The Associated Press*, "There is a God, Leading Atheist Concludes," December 9, 2004; David Roach, "Famed Atheist Sees Evidence for God, Cites Recent Discoveries," *BP News*, December 13, 2004; David Roach, "Atheist's Turn Toward God Was a

Four-Year Process, Friends Says," *BP News*, December 22, 2004; Gene Edward Veith, "Flew the Coup," *World Magazine*, 2004; "Quotables" and "The Buzz," both in *World Magazine*, 2004.

41) Antony Flew and Gary Habermas, "My Pilgrimage from Atheism to Theism: A Discussion Between Antony Flew and Gary Habermas," *Philosophia Christi* 6(2004), pp. 197-211.

42) James A. Beverly, "Thinking Straighter," *Christianity Today*, April 2005, pp. 80-83.

43) *Philosophia Christi*에 실릴 Flew와의 인터뷰를 진행할 때, 그에게 어떤 용어를 선호하는지 물었다. 그는 정확하지는 않지만 유신론(Theism)이 기사에는 더 나은 용어일 것이라고 생각했다. 왜냐하면 이신론(Deism)이라는 용어의 미묘한 의미가 잘 알려지지도 않았을 뿐더러 용어의 정의에 관한 문제를 일으킬 것이라 생각했기 때문이다. 그러나 이신론은 잘 받아들여지는 용어임이 드러났고, 따라서 이 글에서는 더 정확한 표현으로 사용했다.

44) 좀더 세부적인 내용은 앞의 글 "무신론에서 유신론으로의 순례"를 참고하라.

45) Antony Flew and Roy Abraham Varghese, *There Is a God: How the World's Most Notorious Atheist Changed His Mind*(New York: HarperCollins, 2007), p. 1.

46) Varghese는 오랜 세월 철학과 과학 분야 컨퍼런스를 기획해 왔고, 편집자이자 1996년 과학과 자연 신학 분야 Templeton Book Prize 수상자다.

47) Flew, *There Is a God*, p. viii.

48) 같은 책.

49) 같은 책, p. ix.

50) 같은 책, p. x.

51) 같은 책.

52) 같은 책, p. 8.

53) A. J. Ayer, *Language, Truth, and Logic*(New York: Dover, 1946). 1936년에 발행된 이 저서의 이후 개정판 서문에서 Ayer는 자신의 검증 원칙에 대한 공격들이 그 개념의 허점을 드러내는 데 어느 정도 성공적이었다고 인정했다(pp. 5-26).

54) Flew, *There Is a God*, p. xiv.

55) Antony Flew, "Theology and Falsification: A Golden Jubilee Celebration," *Philosophy Now*, October/November 2000, p. 28.

56) Antony Flew, "From Atheism to Theism: A Discussion Between Antony Flew and Gary Habermas," in *C. S. Lewis as Philosopher: Truth, Goodness and Beauty*, ed. Jerry L. Walls, David Baggett and Gary Habermas(Downers Grove, Ill.: IVP Academic, 2008).

57) Flew, *There Is a God*, p. xi.

58) 같은 책, p. 1.

59) 같은 책, p. 2.

60) 같은 책, p. 3.

61) 이것과 앞의 인용은 같은 책, p. 13.

62) 같은 책, p. 14.

63) 같은 책, pp. 22-26.

64) 같은 책, p. 33.

65) 같은 책, p. 49.

66) 같은 책, p. 55.

67) 같은 책, pp. 56-64.

68) 같은 책, p. 74.

69) 같은 책, p. 90.

70) 같은 책.

71) 같은 책, p. 91.

72) 같은 책, p. 92.

73) 같은 책, p. 103.

74) 같은 책, p. 107.

75) 같은 책, p. 112.

76) 같은 책, pp. 118-119.

77) 같은 책, p. 121.

78) 같은 책, p. 129.

79) 같은 책, p. 132.

80) 같은 책, p. 139.

81) 같은 책, p. 145.

82) 같은 책, p. 148.

83) 같은 책, pp. 153-154.

84) 같은 책, p. 156.

85) 같은 책, pp. 156-157.

86) 같은 책, p. 157. 또한 pp. 185-186을 보라.

87) 같은 책, p. 158.

88) 같은 책, p. 161.

89) 같은 책, p. 183.

90) 같은 책, pp. 187-213.

91) 같은 책, p. 187.

92) 같은 책, p. 213.

93) 저자와의 대화에서 Antony Flew, 2007년 10월 3일.

94) Flew, *There Is a God*, p. 156.

3부 하버마스와 플루의 대화 검토

1) Alvin Plantinga, "Historical Arguments and Dwindling Probabilities: A Response to Timothy McGrew," *Philosophia Christi 8*, no. 1(2006), pp. 19-20.

2) Gary R. Habermas, *The Historical Jesus: Ancient Evidence for the Life of Christ*(Joplin, Mo.: College Press, 1996), p. 158을 보라.

3) 이 이야기는 또한 부활의 역사성을 주장하는 사람들이 직면하는 수사적 불이익을 조명하기도 한다. 의구심을 던지거나 논의의 흐름을 흐리려는 반대는 그저 한두 문장 정도로도 노골적으로 표현될 수 있다. 반면 그에 대한 대응은 대체로 절박하고 듣는 이들의 인내심을 시험할 만큼 수십 쪽 분량의 분석과 추론이 포함된다. 오늘날과 같은 초고속 시대에는 바로 이런 점이 비판자들에게 일종의 전략적 이익을 부여한다. 그러나 그것은 실질적인 이익이라기보다는 보여지는 모습이 그렇다는 것이다. 이러한 통찰을 갖는 데 도움을 준 Timothy McGrew에게 감사한다(전화 통화, 2008년 7월).

4) "Is There Historical Evidence for the Resurrection of Jesus? A Debate

Between William Lane Craig and Bart D. Ehrman," 2006년 3월 28일 Holy Cross 대학에서 열렸다. 기록을 보고 싶다면 이 사이트를 방문하라. 〈www.holycross.edu/departments/crec/website/resurrdebate.htm〉.

5) C. S. Lewis, "Myth Became Fact," in *God in the Dock*, ed. Walter Hooper (Grand Rapids: Eerdmans, 1970), p. 67.

6) 개인 서신, 2008년 6월 20일.

7) William Lane Craig and Gerd Ludemann, *Jesus' Resurrection: Fact or Figment? A Debate Between William Lane Craig and Gerd Ludermann*, ed. Paul Copan and Ronald K. Tracelli(Downers Grove, Ill.: InterVarsity Press, 2000), p. 119.

8) Lee Strobel, *The Case for Faith*(Grand Rapids: Zondervan, 2000), p. 71.

9) Gerd Ludemann, *What Really Happened to Jesus?* trans. John Bowden (Louisville, Ky.: Westminster John Knox Press, 1995), p. 8.

10) Luke Timothy Johnson, *The Real Jesus*(San Francisco: HarperSanFrancisco, 1996), p. 136.

11) David Strauss, *A New Life of Jesus*, 2nd ed.(Edinburgh: Williams and Norgate, 1879), 1:412.

12) Ehrman은 Craig와의 논쟁에서 이 시나리오를 제안했다. 온라인에서도 찾아볼 수 있다. (4번 주석 참고).

13) 흥미로운 역사적 사실은, 열성적인 반(反)초자연주의자이자 William James나 Charles Peirce 등의 학자들의 학문적 틀에 큰 영향을 준 Chauncey Wright는 귀납적으로 관찰을 통해 자연을 연구하는 학자들에 대한 호칭으로 실증과학이라는 용어를 사용했다. 특히 정신적 사고체계와 힘을 외부세계를 이

해하고 해석하는 열쇠로 본 선험적(연역적) 학파와 구분하기 위한 목적이었다. 이 용어는 현재도 그 같은 의미로 널리 사용되고 있다. Wright의 동료 Charles Eliot Norton이 이같이 설명했다. 그런데 흥미로운 사실은 오늘날 유신론 관련 논의에서는 역할 역전 현상이 나타나고 있다는 것이다. 즉, 유신론자들은 증거를 가지고 유신론을 주장하고 무신론자들은 선험적 추론에 의해 유신론에 반대하는 것이다. Chauncey Wright, *Philosophical Discussions* (New York: H. Holt, 1877), p. xvii.

14) Robert Greg Cavin은 부활한 예수님이 가지는 함의를 전체적으로 이해하기 위해 여기서 논란이 되고 있는 결론을 역사적 근거에만 기대는 것은 어려운 일이라고 주장했다. 예를 들어 초자연적 능력을 가진 영화롭게 된 몸과 같은, 엄청난 함의를 결론으로 끌어내는 데 그 같은 역사적 근거들은 충분치 않다는 것이다. 그러나 Habermas의 부활 결론은 기적에 관한 함의를 최대한 배제한 것임을 기억해야 한다. 그렇기 때문에 Cavin의 비판은 Habermas의 경우에는 적용되지 않는다. Robert Greg Cavin, "Is There Sufficient Historical Evidence to Establish the Resurrection of Jesus?" *Faith and Philosophy 12*, no. 3(1995), pp. 361-379.

15) Gary R. Habermas and Antony G. N. Flew, *Resurrected? An Atheist and Theist Dialogue*, ed. John F. Ankerberg(Lanham, Md.: Rowman and Littlefield, 2005), p. 61.

16) Rudolf Bultmann, "The New Testament and Mythology," in *Keryma and Myth*, ed. Hans Werner Bartsch(New York: Harper and Row, 1961), p. 5.

17) Gary R. Habermas and Antony G. N. Flew, *Did Jesus Rise for the Dead? The Resurrection Debate*, ed. Terry L. Miethe(San Francisco: Harper &

Row, 1987), pp. 16-19.

18) Craig and Ludemann, *Jesus' Resurrection*, p. 75.

19) Timothy McGrew, "Has Plantinga Refuted the Historical Argument?" *Philosophia Christi* 6, no. 1(2004), pp. 7-25; Alvin Plantinga, "Historical Arguments and Dwindling Probabilities: A Response to Timothy McGrew," *Philosophia Christi* 8, no. 1(2006), pp. 7-22; Timothy and Lydia McGrew, "On the Historical Argument: A Rejoinder to Plantinga," *Philosophia Christi* 8, no. 1(2006), pp. 23-38. 우연찮게도 같은 *Philosophia Christi* 2006년 호에는 회의주의적 입장의 학자들이 쓴 논문 모음집인 *The Empty Tomb: Jesus Beyond the Grave*에 대한 Stephen T. Davis의 훌륭한 논평이 실려 있다(pp. 38-63). 이 책은 Davis가 지적했듯이 많은 오류를 포함하고 있지만, 부활의 역사성에 관한 세밀하고 강력한 주장을 펼친 증거주의자들에 대응하기 위한 회의주의자들의 노력을 보여 준다.

20) McGrew and McGrew, "On the Historical Argument," p. 29.

21) McGrew 부부는 Swinburne이 자신의 주장에 대한 Plantinga의 평가를 계속해서 거부하고 있음을 강조했다. Plantinga는 Swinburne이 유신론과 부활의 확률을 평가하는 데 전체 증거의 일부인 한 목소리를 내는 증거들만을 사용한다고 보았다. 그러나 Swinburne의 논증에서 우리는 전체 증거로부터 유신론의 확률을 계산해야만 한다. Richard Swinburn, "Natural Theology, Its 'Dwindling Probabilities' and 'Lack of Rapport,'" *Faith and Philosophy* 4(2004), pp. 541-542. Swinburn, *The Resurrection of God Incarnate*(New York: Oxford University Press, 2003), pp. 30-31.

22) 이 책의 짧은 부록을 통해 나는 Bayes 정리를 활용하는 법을 설명할 것이다.

부록으로 마지막에 설명하려는 것은 독자들 가운데 기호나 숫자 공포증이 있는 분들을 위한 배려이기도 하고, 숫자를 좋아하는 분들이라면 원하는 대로 마음껏 즐기라는 의미이기도 하다.

23) Gary R. Habermas, *Dealing with Doubt*(Chicago: Moody Press, 1990), and *The Thomas Factor*(Nashville: Broadman & Holman, 1998). 「의심」 (요단).

24) Timothy McGrew는 확률적 논증과 귀추법적 추론의 관계에 대한 또 다른 참신한 논점을 제시한다. 두 이론 모두 논란이 되는 사실들을 동일하게 잘 설명할 수 있다. 하지만 한쪽이 좀더 통합된 설명을 제공하며 더 나은 인식론적 미덕을 가지고 있을 수 있다. 예를 들어 바울의 경험이나 예수님의 현현을 보았다는 주장, 빈 무덤 등에 대해 각각 독립적인 자연주의적 설명을 제공하는 세속적 시나리오가 있다고 할 때, 모든 사건이 동시에 벌어질 확률을 구하다 보면 그 불확실성은 커질 수밖에 없다. 제공된 설명들은 서로 연결되어 있지도 않고, 다른 쪽의 가능성을 높이지도 않기 때문이다. 그렇기 때문에 Bayes의 분석은 부활에 대한 귀추법적 추론을 지지할 수 있다. 왜냐하면 귀추법적 추론은 부활에 관련된 자료들을 하나의 사건으로 효과적으로 묶을 수 있으므로 통합하는 힘이 더 크고, 더욱이 각 사건들이 서로의 확률을 상호 증대시키기 때문이다. "Confirmation, Heuristics, and Explanatory Reasoning" at ⟨hompages.wmich.edu/~mcgrew/bjps.htm⟩.

25) Antony Flew and Roy Abraham Varghese, *There Is a God: How the World's Most Notorious Atheist Changed His Mind*(New York: HarperCollins, 2007).

26) 같은 책, p. 41.

27) 같은 책, p. 16.

28) 같은 책, p. 56.

29) 같은 책, p. 88.

30) Albert Einstein, *Out of My Later Years*(New York: Philosophical Library, 1950), p. 58.

31) Flew, *There Is a God*, p. 157.

32) 같은 책.

33) 같은 책, p. 160.

34) 같은 책, p. 185.

35) 같은 책, p. 186.

36) Habermas와 Stephen T. Davis는 부활 주장이 이성적으로 얼마나 제약이 있느냐를 두고 논쟁한 적이 있다. 다음을 참고하라. Habermas's "Knowing that Jesus' Resurrection Occurred: A Response to Davis," *Faith and Philosophy* 2, no. 3(1985), pp. 295-302; Davis's의 응답은 그의 책 *Risen Indeed: Making Sense of the Resurrection*(Grand Rapids: Eerdmans, 1993), pp. 170-174을 보라.

37) 플라톤의 대화편 에우티프론을 보면 신이 말한 것은 무엇이든 도덕적인데, 그 이유는 신이 그것을 말했기 때문이라는 논리가 전개된다. 이는 자의적이고 공허하다는 비판을 받는데, 오컴주의자들은 이러한 논리를 수용한다.

38) David Baggett, "Is Divine Iconoclast as Bad as Cosmic Sadist? In *C. S. Lewis as Philosopher: Truth, Goodness and Beauty*, ed. David Baggett, Gary R. Habermas and Jerry L. Walls(Downers Grove, Ill.: IVP Academic, 2008), pp. 115-130.

39) Robert Adams, *Finite and Infinite Goods: A Framework for Ethics*(New York: Oxford University Press, 1999). Adams는 옳음, 특히 도덕적 의무에 대한 주의주의적 분석과 착함, 선에 대한 비(非)주의주의적 분석을 제공하고 있다. 선에 대한 분석에서 그는 자연법 이론가와 다름없는 논지를 편다. 여기서 그는 오컴주의를 옥죄는 자의성과 공허함에 대한 비판을 피하면서 주의주의를 옹호한다. 그는 신에 의존하는 도덕에 대한 비오컴식 분석을 제공하는 데 있어 신적 명령설을 주장하는 현대 이론가들의 입장에 거의 대부분 동조한다. Flew는 이러한 철학적 논의와 그 결과물들을 인지하고 있지 못하다. 그러나 Linda Trinkaus Zagzebski는 또 다른 가능성을 제시한다. 바로 도덕에 대한 신적 동기설이다. 이 역시도 도덕을 신에 의존하는 것으로 보지만 문제가 되는 변형된 주의주의의 문제는 피해 간다. 다음을 참고하라. Linda Trinkaus Zagzebski, *Divine Motivation Theory*(Cambridge: Cambridge University Press, 2004).

40) Flew는 이성과 자연적 인과 법칙의 존재에 근거한 주장이 설득력 있다고 보아 왔다. 그러나 도덕법에 기초한 주장에 대해서는 그렇지 않다. 이 점을 더욱 흥미롭게 하는 것은 전자의 논리가 후자에도 적용되는 것처럼 보인다는 점이다. C. S. Lewis는 이성적 논증과 도덕적 논증을 병행시켰던 적이 있다. Lewis가 동일한 논리를 사용하는 예는 그의 책 *Miracle* 3장과 4장에서 찾아볼 수 있다.

41) 몇 해 전 Jerry Walls[*Hell: The Logic of Damnation*(Notre Dame, Ind.: University of Notre Dame, 1992)의 저자. 이 책은 Lewis가 그의 저서 *The Great Divorce*에서 문학적으로 표현했던 지옥을 철학적인 언어로 설명한 책이라고 볼 수 있다]와의 편지에서 Flew는 만일 그가 자신의 저서 *The Logic*

*of Morality*에서 어떤 심각한 문제를 발견한다면 어떤 종류든 그리스도인이 되었을 거라고 했다. 그는 지옥에 관한 Walls의 책을 읽고 난 후인 2005년 11월 29일 Walls에게 편지를 썼는데, 거기서 지옥의 교리에 대한 그의 방어 논리를 '탁월하다'며 높이 평가했다. Flew는 여전히 사후의 생명이라는 관념이 일관성 없다는 자신의 생각과 싸우고 있었던 것 같다. 그가 하나님과 관련해서 동일화와 개인화 문제에 대해 진전을 이룬 것에서 사회의 생명에 대한 일관성 있는 그림을 그리는 데까지 나아가지 못한 것은 아쉽다. 어쨌든 중요한 것은 Flew는 저주의 교리와 하나님의 선함을 조화시키는 지옥에 대한 Lewis식 관념에 꽤 익숙하다는 것이다. Flew는 또한, Hume처럼 영원한 축복이라는 개념이 그다지 윤리적인 호소력이 없다고 여기지 않는다. Hume의 이런 생각과, 신이 존재한다면 그 신은 반드시 무도덕적일 것이라는 그의 주장에 대한 비판은 다음을 참고하라. Jerry L. Walls, *Heaven: The Logic of Eternal Joy*(New York: Oxford University Press, 2002).

42) David Conway, *The Rediscovery of Wisdom*(London: Macmillan, 2000), p. 74.

43) Habermas, *The Risen Jesus and Future Hope*(Lanham, Md.: Rowman and Littlefield, 2003). 여기서 Habermas는 부활의 신학적 의미와 예수님이 죽었다가 다시 살아난 것으로부터 기독교가 진리임을 추론하는 과정을 기술한다.

44) 이러한 이슈들을 내가 이해할 수 있도록 도와주신 John Azar, Bruce Russell, Tim McGrew, Bill Irwin, Greg Bassham, Jerry Walls, Tom Morris, Gary Habermas에게 감사한다. 특히 Jerry와 Gary는 이 장의 초고를 읽고 세부적인 논평과 제안을 해주었다.

인명 찾아보기

Adams, Robert 210
Alston, William 131
Ankerberg, John 19, 90
Anscombe, Elizabeth 129
Anselmus 23
Aristoteles 99, 103, 104, 111, 132, 198, 199, 206
Augustinus 23
Ayer, A. J. 118, 119, 126, 127, 195

Bauer, David 152
Beck, David 17
Beverly, Jim 123
Beversluis, John 209
Bishop Butler 108, 110
Bruce, F. F. 142

Bultmann, Rudolf 162, 179

Caesar, Julius 92, 203
Campenhausen, Hans von 47, 162
Camus, Albert 126
Chisholm, Roderick 196
Conway, David 132, 133, 198
Copernicus, Nicolaus 68
Copleston, Frederick 119, 130
Craig, William Lane 22, 142, 157, 195
Crossan, John Dominic 34, 159

Darwin, Charles 103, 123
Davies, Paul 132
Davis, Stephen T. 142, 184
Dawkins, Richard 103, 130, 135

Dennett, Daniel 135
Derrida, Jacques 126
Dunn, James 162

Earman, John 183
Ehrman, Bart 148, 153

Falwell, Jerry 123
Funk, Robert 145

Gundry, Robert 153

Haldane, John 131
Harris, Sam 135, 194
Hartshorne, Charles 17
Hawking, Stephen 132
Heidegger, Martin 126
Hick, John 28
Hitchens, Christopher 194
Hobbes, Thomas 113
Holmes, Wendel 16
Hume, David 17, 55, 104, 133, 154, 171, 181

James, William 16, 189
Jefferson, Thomas 100
Johnson, Luke Timothy 145
Johnson, Samuel/Dr. Johnson 107, 109
Justin Martyr 37

Kant, Immanuel 107
Kenny, Anthony 130
Kierkegaard, Søren 23
Kurtz, Paul 123, 126

Leftow, Brian 195, 198
Leno, Jay 15
Lewis, C. S. 16, 18, 101, 127, 129, 149, 155, 187, 193, 209, 212, 213
Lüdemann, Gerd 148, 153, 160
Lynch, Joe 27, 28

Mackie, J. L. 118, 119
Martin, Michael 126
Matson, Wallace 130
Mavrodes, George 131
McGrew, Lydia 184
McGrew, Timothy 184
McInerny, Ralph 130, 131
Miethe, Terry 17, 130

Nielsen, Kai 130, 131

Packer, James 17
Pannenberg, Wolfhart 162
Pascal, Blaise 16, 188
Plantinga, Alvin 22, 130, 131, 142, 173, 184, 195
Plato 101, 102, 209

Rawls, John 99, 105
Reimarus, Hermann 74
Rorty, Richard 126
Roy Abraham, Varghese 20, 194
Russell, Bertrand 108, 126, 179
Ryle, Gilbert 82, 102, 106, 115

Sanders, E. P. 145
Sartre, Jean Paul 126
Schroeder, Gerald 100
Schroeder, Gerry 197
Schweitzer, Albert 162
Smith, Joseph 156, 157
Spinoza 164
Stevenson, Ian 81, 82
Strauss, David 34, 162, 163
Strobel, Lee 19
Suetonius 41
Swinburne, Richard 108, 123, 130, 132-134, 173, 184, 185, 195, 196

Tertullianus 37
Thallus 158
Thomas Aquinas 23, 50, 99, 112
Tolkien, J. R. R. 149
Tracy, Thomas 134, 198
Twain, Mark 23

Vermes, Geza 145

Wald, George 133
Warren, Thomas 130
Wells, G. A. 44
Wesley, Charles 117
Wesley, John 117
West, Donald J. 116
Wright, N. T. 135, 142, 145, 162, 199

Yamauchi, Edwin 50

주제 찾아보기

감각 자료(Sense data) 52
감리교 대회(Methodist Conference) 118
검증 원리(verification principle) 127
결정불가론(underdater mination) 170, 176
귀추법(abductive) 161, 163, 174, 176, 187, 205, 206
기절설(swoon theory) 162, 163
기포드 강의(Gifford Lecture) 107, 108

나사로(Lazaros) 42, 43
논리실증주의(logical positivism) 126, 127, 187
뇌사상태(brain-dead) 62
뇌파(electroencephalography, EEG) 61, 108

도덕적 논증(moral argument) 196, 206, 207, 211, 213
도마(Thomas) 61

마호메트(Mahomet) 43, 114, 115, 120, 156, 157
메이오 클리닉(Mayo Clinic) 33
목적론적 논증(teleological argument) 103, 206
무신론(atheism) 68, 83, 97, 98, 119, 121, 122, 125, 126, 128
미국의사협회(American Medical Association) 33
미세 조정(fine-tuning) 100, 101, 117, 123, 132, 198

베리타스 포럼(Veritas Forum) 11, 12, 17, 19
베이즈 정리(Bayes's theorem) 185, 186, 205, 206, 215
부활 현현(resurrection appearances) 51, 55
빅뱅 이론(big bang theory) 67, 69, 100, 101, 198
빈 무덤(empty tomb) 54, 164-168

사람의 아들(Son of Man) 49, 91
사후세계, 사후의 생명(afterlife) 62, 64, 106, 108, 109, 111, 122, 126, 207
사회적 정의(social justice) 99, 105
선험적 기각(priori dismissal) 170, 172
세계교회협의회(World Council of Churches) 118
소크라테스 클럽(Socratic Club) 101, 127, 129, 130, 187
수난의 기록(pre-Markan Passion narrative) 38
승점 차이 요구(margin of victory objection) 170
신앙고백문(creedal text) 57, 76, 151, 165
신앙 지상주의자(fideist) 23
신적 지성(divine Mind) 208
심령학 연구(psychical research) 51, 116

아르미니우스(Arminius) 117, 212
아리마대 요셉(Joseph of Arimathea) 30, 38, 166, 167
악의 문제(problem of evil) 106, 119, 129, 134, 196, 199
야고보(James) 30, 44, 45, 54, 55, 71, 75, 76, 79, 208, 211
약속 어음 논리(promissory note objection) 170, 175
영지주의 복음서(Gnostic Gospel) 148
애도 현현(grief vision) 52, 53
에우티프론(Euthyphro) 101, 209, 210
엘비스 시나리오(Elvis objection) 170, 175
예수님의 현현(risen Jesus) 29, 30, 45, 46, 52, 145, 164
예수 세미나(Jesus Seminar) 34, 159
오컴의 면도날(Ockham's razor) 189
옥스브리지(Oxbridge) 18
우월성 주장(overriding objection) 170, 172, 181
유신 논증(theistic argumentation) 100, 210
유신론(theism) 19, 20, 97, 121
유월절(Passover) 42, 58
유일성(uniqueness) 64
이신론(deism) 15, 100, 124, 125, 128, 131, 136, 138, 193, 198, 199, 206, 208, 211
인스퍼레이션 네트워크(Inspiration Network) 19, 178, 108, 109, 110, 111, 195

임사체험(Near-Death Experience, NDE) 61, 64, 108-111, 194, 195, 204

자기 계시(self-revelation) 135
자연 신학(natural theology) 198, 204, 206, 207
자유의지 옹호(free-will defense) 138, 199, 206
제1원인(First Cause) 103, 104
집단 환영(group hallucination) 55, 56
존 앵커버그 쇼(John Ankerberg Show) 19
존재론적 논증(ontological argument) 102
주의주의(voluntarism) 207, 209, 210
증거주의(evidentialism) 142, 184, 189
지적 설계(Intelligent Design) 100, 101, 124, 137
초감각적 지각(extrasensory perception) 62
초자연적(supernatural) 63-65, 100, 171, 177, 178
초자연적 현상(paranormal) 51, 64
최소한의 사실들(minimal facts) 144, 151, 158, 159, 161-163, 169, 170, 175, 176, 205, 216, 217

칼람 우주론 논증(Kalam cosmological argument) 101
코란(Qur'an) 113-115

타당성 구조(plausibility structure) 154
토리노의 수의(Shroud of Turin) 92
특별 계시(special revelation) 122, 124, 134, 136, 137, 195, 207, 208
틈새의 신(god of the gaps) 177, 183

파스칼의 내기(Pascal's wager) 73, 83-85, 128
평행 우주론(multiverse) 132, 133
필로소피아 크리스티(Philosophia Christi) 13, 20, 123, 136, 184, 194

하나님의 박사(Angelic Doctor) 112
하나님의 아들(Son of God) 48, 49, 51, 55, 63, 73, 87, 89
확률 감소(diminishing probability) 173, 177, 184, 185
확률적 반대(probability objection) 170, 172
환영 가설(hallucination hypothesis) 53, 54

옮긴이 **최효은**은 연세대 정치외교학과와 한동대 통번역대학원을 졸업하고, 현재 이화여대 통번역대학원 박사 과정에 재학 중이다. 하나님의 지혜와 영감을 전하는 일에 동참하고자 통역과 번역을 하고 있으며, 「세상이 묻고 진리가 답하다」(IVP)를 우리말로 옮겼다.

부활 논쟁

초판 발행_ 2012년 4월 24일

지은이_ 앤터니 플루, 게리 하버마스, 데이비드 바게트
옮긴이_ 최효은
펴낸이_ 신현기

발행처_ 한국기독학생회출판부
등록번호_ 제313-2001-198호(1978.6.1)
주소_ 121-838 서울 마포구 서교동 352-18
대표 전화_ (02)337-2257 팩스_ (02)337-2258
영업 전화_ (02)338-2282 팩스_ 080-915-1515
직영서점 산책_ (02)3141-5321
홈페이지_ http://www.ivp.co.kr 이메일_ ivp@ivp.co.kr
ISBN 978-89-328-1270-0

ⓒ 한국기독학생회출판부 2012

책값은 뒤표지에 있습니다.
무단 전재와 복제를 금합니다.